DEIN ONLINE-PLUS   ZUM FiNALE ARBEITSBUCH

FiNALEonline.de

FiNALEonline.de ist die digitale Ergänzung zu deinem Arbeitsbuch. Hier findest du eine Vielzahl an Angeboten, die dich zusätzlich bei deiner Prüfungsvorbereitung in Deutsch unterstützen!

Das Plus für deine Prüfungsvorbereitung:

→ das Extra-Training Rechtschreibung

→ Original-Prüfungsaufgaben mit Lösungen (bitte Code von S. 2 eingeben)

→ Tipps zur Prüfungsvorbereitung, die das Lernen erleichtern

Online-Grundlagentraining

Du hast noch Lücken aus den vorherigen Schuljahren? Kein Problem! Das Online-Grundlagentraining auf FiNALEonline.de hilft dir dabei, wichtigen Lernstoff nachzuarbeiten und zu wiederholen. Und so funktioniert es:

Für das Fach Deutsch stehen dir über 100 Aufgaben zu prüfungsrelevanten Grundlagen in kurzen Trainingseinheiten zur Verfügung.

Unser Tipp für Lehrerinnen und Lehrer: Nutzen Sie unsere vielfältigen Arbeitsblätter auch für Ihren Unterricht.

Für Lehrerinnen und Lehrer: Die Lehrerhandreichung für den optimalen Einsatz der Arbeitsbücher im Unterricht zum kostenlosen Download!

Du übst lieber auf Papier? Dann klicke auf „PDF" und drucke dir die gewünschte Trainingseinheit einfach aus.

BUCHEMPFEHLUNG   ZUM FiNALE ARBEITSBUCH

Das neue FiNALE Grundlagentraining Deutsch

FiNALE Grundlagentraining ist die ideale Ergänzung zu diesem Arbeitsbuch. Es bietet eine große Auswahl an Materialien, mit deren Hilfe du prüfungsrelevantes Grundlagenwissen auffrischen und aktiv trainieren kannst.

Folgende Inhalte werden im neuen Band behandelt:

- → Überprüfung des Leseverstehens
- → Analyse und Interpretation literarischer Texte
- → argumentativer Umgang mit Sachthemen
- → Arbeitstechniken und prüfungsrelevante Fachbegriffe
- → grundlegendes Grammatikwissen
- → die wichtigsten Operatoren im Fach Deutsch

Zu jeder Trainingseinheit gibt es anschauliche Lösungen.

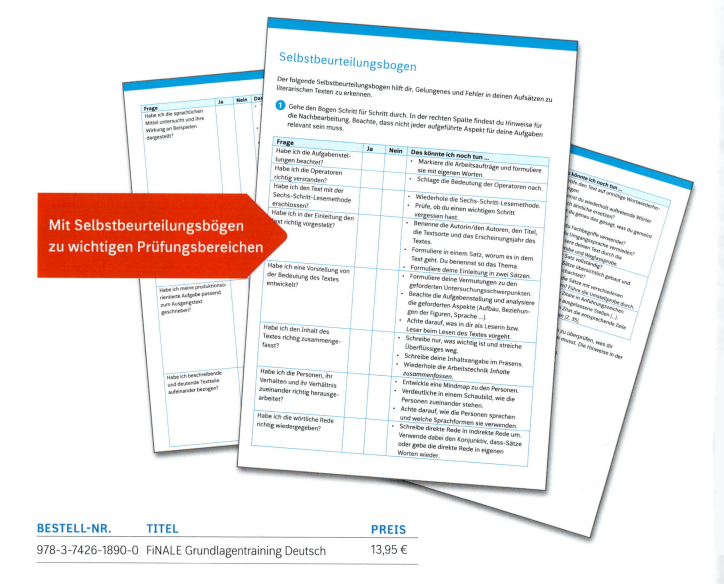

Mit Selbstbeurteilungsbögen zu wichtigen Prüfungsbereichen

BESTELL-NR.	TITEL	PREIS
978-3-7426-1890-0	FiNALE Grundlagentraining Deutsch	13,95 €

FiNALE Grundlagentraining gibt es auch für die Fächer Englisch und Mathematik.

westermann

FiNALE
Prüfungstraining

Nordrhein-Westfalen

Hauptschulabschluss **2021**
Deutsch

Andrea Heinrichs
Martina Wolff

Mit Beiträgen von
Harald Stöveken

Liebe Schülerin, lieber Schüler,

sobald die Original-Prüfungsaufgaben zur Veröffentlichung freigegeben sind, können sie unter www.finaleonline.de zusammen mit ausführlichen Lösungen kostenlos heruntergeladen werden. Gib dazu einfach diesen Code ein:

DEc34vt

Einfach mal reinschauen: www.finaleonline.de

westermann GRUPPE

© 2020 Georg Westermann Verlag
www.westermanngruppe.de

Das Werk und seine Teile sind urheberrechtlich geschützt. Jede Nutzung in anderen als den gesetzlich zugelassenen Fällen bedarf der vorherigen schriftlichen Einwilligung des Verlages. Nähere Informationen zur vertraglich gestatteten Anzahl von Kopien finden Sie auf www.schulbuchkopie.de.
Für Verweise (Links) auf Internetadressen gilt folgender Haftungshinweis: Trotz sorgfältiger inhaltlicher Kontrolle wird die Haftung für die Inhalte der externen Seiten ausgeschlossen. Für den Inhalt dieser externen Seiten sind ausschließlich deren Betreiber verantwortlich. Sollten Sie daher auf kostenpflichtige, illegale oder anstößige Inhalte treffen, so bedauern wir dies ausdrücklich und bitten Sie, uns umgehend per E-Mail davon in Kenntnis zu setzen, damit beim Nachdruck der Verweis gelöscht wird.

Bildnachweis:
Wir arbeiten sehr sorgfältig daran, für alle verwendeten Abbildungen die Rechteinhaberinnen und Rechteinhaber zu ermitteln. Sollte uns dies im Einzelfall nicht vollständig gelungen sein, werden berechtigte Ansprüche selbstverständlich im Rahmen der üblichen Vereinbarungen abgegolten.

Druck A[1] / Jahr 2020
Alle Drucke der Serie A sind im Unterricht parallel verwendbar.

Redaktion: Katrin Spiller
Kontakt: finale@westermanngruppe.de
Layout: Druckreif! Sandra Grünberg, Braunschweig
Umschlaggestaltung: Gingco.Net, Braunschweig
Umschlagfoto: Peter Wirtz, Dormagen
Druck und Bindung: westermann druck GmbH, Braunschweig

ISBN 978-3-7426-**2100**-9

Inhaltsverzeichnis

A Vorbereitung auf die Abschlussprüfung
- A 1 Vorgaben für die Prüfung — 5
- A 2 Die Prüfungsaufgaben — 6
- A 2.1 Das Leseverstehen: ein Beispiel — 6
- A 2.2 Die Schreibaufgabe: ein Beispiel (Aufgabentyp 4a) — 11

B Arbeitstechniken
- B 1 Arbeitstechnik: Im Wörterbuch nachschlagen — 16
- B 2 Arbeitstechnik: Texte erschließen und Inhalte zusammenfassen – literarische Texte — 17
- B 3 Arbeitstechnik: Texte erschließen und Inhalte zusammenfassen – Sachtexte — 19
- B 4 Arbeitstechnik: Schaubilder auswerten — 21

C Strategien zur Bearbeitung von Schreibaufgaben
- C 1 Aufgabentyp 2 — 24
- C 1.1 Was bedeutet die Aufgabenstellung „Informiere …"? — 24
- C 1.2 Aufgabentyp 2: Einen informierenden Text verfassen – Fachwissen — 25
- C 1.3 Aufgabentyp 2: Einen informierenden Text verfassen — 26
- C 1.4 Schreibplan zu Aufgabentyp 2 — 27
- C 1.5 Schreibaufgabe zu einem informierenden Text in sechs Schritten bearbeiten (AT 2) — 28
- C 2 Aufgabentyp 4a — 35
- C 2.1 Was wird bei der Aufgabenstellung „Analysiere …" erwartet? — 35
- C 2.2 Aufgabentyp 4a: Einen epischen Text analysieren – Fachwissen — 36
- C 2.3 Aufgabentyp 4a: Einen lyrischen Text analysieren – Fachwissen — 37
- C 2.4 Aufgabentyp 4a: Einen Text analysieren und interpretieren — 38
- C 2.5 Schreibplan zu Aufgabentyp 4a — 39
- C 2.6 Schreibaufgabe zu einem erzählenden Text in sechs Schritten bearbeiten (AT 4a) — 40
- C 2.7 Schreibaufgabe zu einem lyrischen Text in sechs Schritten bearbeiten (AT 4a) — 49
- C 3 Aufgabentyp 4b — 56
- C 3.1 Was bedeutet die Aufgabenstellung „Untersuche und vergleiche …"? — 56
- C 3.2 Aufgabentyp 4b: Materialien vergleichen, deuten und bewerten – Fachwissen — 57
- C 3.3 Aufgabentyp 4b: Einen Textvergleich verfassen — 58
- C 3.4 Schreibplan zu Aufgabentyp 4b — 59
- C 3.5 Schreibaufgabe zu Sachtext und Schaubild in sechs Schritten bearbeiten (AT 4b) — 60

D Prüfungs-/Übungsaufgaben zum Themenbereich „Sprachkultur und Leselust"
- D 1 Leseverstehen: Wenn Hunde Kindern die Angst vor dem Vorlesen nehmen (angeleitetes Üben) — 67
- D 2 Original-Prüfung 2019: Leseverstehen: Guck mal, eine Ba-na-ne! (selbstständiges Üben) — 73
- D 3 Aufgabentyp 2: Sprachenreichtum an unserer Schule (angeleitetes Üben) — 78
- D 4 Aufgabentyp 2: Comics (selbstständiges Üben) — 83
- D 5 Aufgabentyp 2: Winnetou (selbstständiges Üben) — 87

E Prüfungs-/Übungsaufgaben zum Themenbereich „Eine Frage der Beziehung"
- E 1 Leseverstehen: Während der Ausbildung ins Ausland (angeleitetes Üben) — 91
- E 2 Leseverstehen: Ein Freund, ein guter Freund (selbstständiges Üben) — 96
- E 3 Aufgabentyp 4a: F. Beale: Am Ende des Alphabets (angeleitetes Üben) — 100
- E 4 Original-Prüfung 2019: Aufgabentyp 4a: A. Gerrits: Glücksschimmer (selbstständiges Üben) — 105
- E 5 Aufgabentyp 4a: Silbermond: B 96 (selbstständiges Üben) — 108

F Prüfungs-/Übungsaufgaben zum Themenbereich „Medien und mehr"
- F 1 Leseverstehen: Sechstklässlerin verkauft sichere Passwörter (angeleitetes Üben) — 110
- F 2 Leseverstehen: Warum ich im Supermarkt auch ohne Payback-Karte ausgeforscht werde (selbstständiges Üben) — 115
- F 3 Aufgabentyp 4b: Dialekte (angeleitetes Üben) — 119
- F 4 Original-Prüfung 2019: Aufgabentyp 4b: Tastatur oder Stift? (selbstständiges Üben) — 125
- F 5 Aufgabentyp 4b: Das Smartphone – Unser ständiger Begleiter (selbstständiges Üben) — 128

Was erwartet dich in diesem Arbeitsbuch?

Du bist in der 10. Klasse und vor dir liegt die Zentrale Prüfung nach Klasse 10, das große „FiNALE". Dieses Arbeitsbuch soll dich mit den Prüfungsaufgaben und ihren Anforderungen vertraut machen.

Im **Teil A** erhältst du Hinweise, wie du dich zweckmäßig auf die Prüfung vorbereiten kannst. An Beispielen lernst du Prüfungsaufgaben und ihre Bewertung kennen.

In den **Teilen B** und **C** wiederholst du wichtige Arbeitstechniken und Strategien, wie du Schreibaufgaben bearbeitest. Zu jedem Arbeitsschritt – von der ersten Orientierung bis zur Überarbeitung deines Textes – bekommst du wichtige Informationen und hilfreiche Tipps.

In den **Teilen D, E** und **F** findest du die **Original-Prüfungsaufgaben 2019**. Außerdem findest du dort weitere Prüfungs- und Übungsaufgaben zu den Themenbereichen „Sprachkultur und Leselust", „Eine Frage der Beziehung" und „Medien und mehr". Manche Aufgaben enthalten Lösungshilfen, die darauf hinweisen, worauf du bei der Erschließung der Texte und bei der Anlage deines Schreibplans achten musst. Sie sind dann mit dem Zusatz „angeleitetes Üben" versehen. Andere Aufgaben sind zum selbstständigen Üben gedacht und ebenfalls mit einem entsprechenden Hinweis versehen (selbstständiges Üben).

Die **zentrale Prüfungsarbeit 2020** ist zum Zeitpunkt des Drucks dieses Arbeitsbuches noch nicht geschrieben worden. Sobald die Original-Prüfungsaufgaben zur Veröffentlichung freigegeben worden sind, können sie unter *www.finaleonline.de* zusammen mit ausführlichen Lösungen kostenlos mit dem Codewort **DEc34vt** heruntergeladen werden.

Mit dem **Glossar** schließt dieses Arbeitsbuch zur Abschlussprüfung. Hier kannst du wichtige Grundbegriffe zur Erschließung von literarischen Texten und Sachtexten nachschlagen.
Und natürlich gibt es auch ein **Lösungsheft**, in dem du die Richtigkeit jedes Arbeitsschrittes überprüfen kannst. Außerdem findest du zu jeder Original-Prüfungsaufgabe eine mögliche Beispiellösung, sodass du einschätzen kannst, was in der Abschlussprüfung von dir erwartet wird.

In diesem Arbeitsbuch findest du Schreibraum für wichtige vorbereitende Notizen. Darauf verweist auf den Prüfungsvorlagen (auf blauem Fond) dieses Zeichen:
Deinen Text zur Schreibaufgabe musst du allerdings auf einem Extrablatt anfertigen. Dies gilt auch, wenn du bei bestimmten Aufgaben dieses Zeichen siehst:

Das Zeichen mit der Uhr findest du in den Teilen D, E und F: Damit du ein Gefühl für die zur Verfügung stehende Arbeitszeit bekommst, solltest du dir bei diesen Aufgaben eine Uhr bereitstellen.

> **TIPP**
>
> Hast du noch Lücken aus den vorherigen Schuljahren? Dann empfehlen wir dir das „FiNALE Grundlagentraining Deutsch" (ISBN 978-3-7426-1890-0). Es bietet prüfungsrelevantes Grundlagenwissen zum Nachschlagen und Üben. Ergänzend dazu findest du unter *www.finaleonline.de/grundlagentraining* ein kostenloses Online-Training bestehend aus interaktiven Übungsaufgaben und Arbeitsblättern zum Ausdrucken.
>
>

Wir hoffen, dass du dich nach der Bearbeitung dieses Heftes sicher für das „FiNALE" fühlst, und wünschen dir für die Prüfung toi, toi, toi.
Das Autorenteam

A Vorbereitung auf die Abschlussprüfung
A 1 Vorgaben für die Prüfung

Was erwartet dich in den zentralen Prüfungen nach Klasse 10 im Fach Deutsch? Informiere dich über den zeitlichen Ablauf und die inhaltlichen Vorgaben für deinen Prüfungstag:

INFO

Die Bearbeitung der Aufgaben der schriftlichen Abschlussprüfung in Deutsch umfasst **125 Minuten**. Zusätzlich erhältst du 10 Minuten zur ersten Orientierung (Bonuszeit). Du kannst entscheiden, welchem der beiden Prüfungsteile die Bonuszeit zugerechnet wird; eine Aufteilung ist ebenfalls möglich. Zusätzlich hast du 10 Minuten Zeit, um dich für ein Wahlthema zu entscheiden.
Die Abschlussprüfung besteht aus zwei Teilen:

Erster Prüfungsteil: Leseverstehen
Du erhältst einen Text und bearbeitest dazu Teilaufgaben.
Dafür hast du **30 Minuten** Zeit.

Erster Prüfungsteil: Leseverstehen 30 min

Zweiter Prüfungsteil: Schreiben
Du erhältst **zwei** Schreibaufgaben zur **Auswahl**. Jetzt hast du **10 Minuten Zeit**, um dich für **ein** Wahlthema zu entscheiden.
Das **Wahlthema 1** ist das **Analysieren (AT 4a)**. Das **Wahlthema 2** ist entweder das **Informieren (AT 2)** oder das **Analysieren/Vergleichen (AT 4b)**.

Zweiter Prüfungsteil: Wahlthema 1: Analysieren (AT 4a) 95 min	Zweiter Prüfungsteil: Wahlthema 2: Informieren (AT 2) 95 min	oder	Zweiter Prüfungsteil: Wahlthema 2: Analysieren/ Vergleichen (AT 4b) 95 min

Deine Wahlmöglichkeiten ➔ **Wahlthema 1** oder **Wahlthema 2**

1. Notiere, was du innerhalb der vorgegebenen Zeiten am Prüfungstag erledigst:

   30 Minuten: _____

   10 Minuten: _____

   95 Minuten: _____

   10 Minuten (Bonuszeit): _____

2. Du findest in diesem Heft in den Teilen C bis F verschiedene Schreibaufgaben. Bearbeite sie und notiere jeweils, wieviel Zeit du für die Bearbeitung einplanen musst.

Prüfungsbeispiel: _____	geplante Zeit	benötigte Zeit
Sich über den Text/die Texte und die Aufgabenstellung orientieren		
Aufgabentext oder -texte lesen und Inhalt(e) erfassen		
Einen Schreibplan anlegen		
Materialtext(e) auswerten und Stichworte im Schreibplan festhalten		
Deinen Text schreiben		
Deinen Text überarbeiten		

A 2 Die Prüfungsaufgaben

A 2.1 Das Leseverstehen: ein Beispiel

Im Prüfungsteil I erwarten dich verschiedene Aufgabenarten. Mit ihnen wird überprüft, ob du den Text richtig gelesen und verstanden hast. Dazu musst du richtige Lösungen ankreuzen, Lückentexte ausfüllen, Aussagen aus dem Text erklären, eine Skizze deuten, Zusammenhänge erläutern oder zu bestimmten Aussagen (Standpunkten) Stellung nehmen.

Doch zunächst musst du den Text erschließen: Unterstreiche unbekannte Begriffe und kläre sie, markiere Schlüsselstellen, finde Überschriften zu Sinnabschnitten usw. Lies die Aufgabenstellungen genau und vergewissere dich mithilfe der passenden Textstellen, dass deine Antworten zutreffen.

1. Diese Prüfungsvorlage wurde bereits zum größten Teil bearbeitet. Überprüfe und korrigiere die Antworten. An manchen Stellen war der Schüler unsicher. Dort findest du ??.
Sie sind ein Hinweis für dich, diese Antworten genau zu überprüfen.

 Medien und mehr

Teil I

Lies zunächst den Text sorgfältig durch und bearbeite anschließend die Aufgaben ❶ – ❷.

M1 Die Revolution des Lesens

(1) Die „Welt des Lesens" befindet sich zurzeit im Umbruch. Verlage, Buchhandel, Büchereien und Buchhandlungen sowie die Leserinnen und Leser müssen sich auf die zunehmende Digitalisierung des Lesens einstellen. E-Reader und E-Books, Smartphones und Tablets haben das Lese- und Kaufverhalten von Lesern in der Welt gewaltig verändert. Diese Geräte haben seit 2005, als die ersten bezahlbaren, leichten und gut benutzbaren E-Reader auf den Markt kamen, die größte Revolution seit der Erfindung des modernen Buchdrucks vor mehr als 560 Jahren eingeläutet.

weg vom gedruckten Buch, hin zu E-Reader und E-Book

??

(2) Bis zum Jahr 2013 stiegen die Umsätze aus dem Verkauf von E-Books in Deutschland jährlich um mehr als 50% an, aber im Jahr 2015 ist das Wachstum eingebrochen. Insgesamt bleibt der Anteil von E-Books am gesamten Buchmarkt in Deutschland mit nur 4,3% immer noch sehr niedrig. Während früher Experten damit rechneten, dass bald mehr digitale als gedruckte Bücher verkauft werden würden, haben sie diese Prognose rasch nach unten korrigiert.

(3) Die Perspektiven für die einzelnen Sparten der Buchbranche sind recht unterschiedlich. Die Verlage setzen weiterhin darauf, dass viele ihrer Titel als E-Book erscheinen müssen. Davon profitiert der Online-Buchhandel sehr stark, weil E-Books in der Regel über das Internet gekauft werden. Die Buchhändler in ihren Geschäften vor Ort sehen deshalb starke Einbußen im Umsatz auf sich zukommen. Warum ist aber nicht damit zu rechnen, dass in den nächsten Jahren alle Leser zu elektronischen Lesern werden, obwohl doch nahezu jeder, vor allem Jugendliche, täglich auf dem Handy, dem Smartphone, dem Tablet oder auf dem Computer Texte liest?

(4) Untersuchungen haben ergeben, dass es auch in Zukunft eine „klassische" und eine „digitale Lesewelt" geben wird. Das gedruckte Buch ist

weiterhin so erfolgreich, weil viele Menschen dem digitalen Lesen immer noch misstrauen. Das Lesen auf Bildschirmen sei flüchtig, meinen sie. Wer behalten will, was er liest, müsse es auf Papier gedruckt lesen. Ein Vorurteil? Es gibt verschiedene Untersuchungen zu diesem Thema, die alle zu dem Ergebnis kommen, dass wir digitale Texte ähnlich gut verstehen wie gedruckte Texte. Dennoch hat die Lust am Lesen von Gedrucktem nicht abgenommen. Viele Leserinnen und Leser möchten beim Lesen kein elektronisches Gerät in der Hand halten, sondern ein Buch aus Papier, bei dem man die Seiten umblättern, das Papier fühlen und das man ins Regal stellen kann.

(5) Noch nie haben Menschen so viel gelesen wie heute. Viele wichtige Informationen erhalten wir heute in Form von Kurztexten über Facebook oder WhatsApp, per SMS, über Twitter oder in Blogs. Das Lesen dieser Informationen geschieht ständig. Da wir hierfür aber nicht unsere gesamte Zeit aufwenden wollen, müssen wir uns zukünftig mit zwei Fragen auseinandersetzen: Müssen wir den Text lesen oder wollen wir ihn lesen?

(6) Die Antworten auf diese Fragen führen zu den beiden verschiedenen Arten des Lesens, die in der Wissenschaft unterschieden werden: das zeitaufwendige tiefe Lesen, bei dem sich der Leser ohne Störung in eine andere Welt begeben will, und das informierende Lesen, bei dem es vor allem darum geht, möglichst schnell und genau viele Informationen aufzunehmen und zu verarbeiten. Zum gedruckten Buch greift ein Leser meistens, wenn es ums Lesevergnügen geht. Um schnell an Informationen zu gelangen, werden das Handy oder das Tablet benutzt. Leserinnen und Leser haben heute nicht nur die Wahl, was, sondern auch, wie sie lesen wollen.

Autorentext

> **TIPP zu 1 bis 4**
>
> 1. Lies jede Aufgabe und überlege genau, wie sie gemeint ist.
> 2. Suche im Text die passenden Stellen und vergleiche beide Aussagen.
> 3. Hilfreich ist es, wenn du vor der Bearbeitung der Aufgaben den Text sorgfältig erschlossen hast; d.h. unbekannte Begriffe sind geklärt, Schlüsselstellen markiert, Sinnabschnitte gebildet und Zwischenüberschriften formuliert.

Aufgaben 1 – 12

1 Kreuze die richtige Aussage an. In diesem Text geht es um …

a)	die Veränderungen im Bereich des Buchmarkts durch die zunehmende Digitalisierung des Lesens.	X
b)	die Veränderungen im Bereich des Buchmarkts durch den Einsatz von E-Readern.	
c)	die Veränderungen im Bereich des Buchmarkts durch die sozialen Medien.	
d)	die Veränderungen im Bereich des Buchmarkts durch den Anstieg der Verkaufszahlen von E-Books.	

② Kreuze die richtige Antwort an.

a)	Der moderne Buchdruck wurde um 1450 nach Christus erfunden.	x
b)	Der moderne Buchdruck wurde um 1550 nach Christus erfunden.	
c)	Der moderne Buchdruck wurde um 1650 nach Christus erfunden.	
d)	Der moderne Buchdruck wurde um 1750 nach Christus erfunden.	

③ Kreuze die richtige Antwort an.
Die „Revolution des Lesens" begann (Abschnitt 1), als …

a)	man die ersten Laptops kaufen konnte.	
b)	die ersten Smartphones auf den Markt kamen.	
c)	die ersten bezahlbaren und gut benutzbaren E-Reader auf den Markt kamen.	x
d)	die ersten Tablets gekauft werden konnten.	

④ Kreuze die richtige Antwort an.
Der Satz „Leserinnen und Leser haben heute nicht nur die Wahl, was, sondern auch, wie sie lesen wollen." (Z. 103–105) soll verdeutlichen, dass …

a)	die Menschen überall Bücher und Zeitungen lesen können.	
b)	die Menschen alles lesen können, was gedruckt worden ist.	
c)	die Menschen die Freiheit haben zu entscheiden, welche Bücher und Zeitungen sie gedruckt oder in digitaler Form lesen wollen.	x
d)	die Menschen die Wahl haben, ob sie überhaupt etwas lesen wollen.	

TIPP zu ⑤

Der Wortlaut der Aufgabenstellungen gibt dir den Hinweis darauf, dass es mehrere richtige Lösungsmöglichkeiten geben kann. Also musst du evtl. auch mehrere Kreuze setzen.

⑤ Kreuze die richtigen Antworten an.
Viele Menschen misstrauen dem digitalen Lesen noch (Abschnitt 4), weil …

a)	sie es für zu anstrengend halten.	
b)	sie davon Kopfschmerzen bekommen.	
c)	sie glauben, die so gelesenen Informationen nicht behalten zu können.	x
d)	sie es für flüchtig halten.	x

⑥ Kreuze die richtige Antwort an.
In der Wissenschaft unterscheidet man zwei Arten des Lesens:

a)	das schnelle Lesen und das langsame Lesen.	
b)	das zeitaufwendige Lesen und das tiefe Lesen.	
c)	das zeitaufwendige, störungsfreie Lesen und das schnelle, informationsverarbeitende Lesen.	x
d)	das flüchtige Lesen und das informationsverarbeitende Lesen.	

A 2 Vorbereitung auf die Abschlussprüfung | Prüfungsaufgaben

> **TIPP zu ❼ / ❽ / ❾**
>
> 1. Suche im Text die passenden Stellen und lies sie noch einmal genau.
> 2. Wenn du eine eigene Entscheidung begründen sollst, denke daran, deine Meinung am Text zu belegen. Du musst also Zeilenangaben in Klammern ergänzen.

❼ Kreuze die richtige Antwort an.
Mit „Revolution" meint der Autor im Textzusammenhang (Z. 15), dass sich …

a)	das Lesen grundlegend verändert hat.	
b)	das Lese- und Kaufverhalten von Lesern stark verändert hat.	x
c)	die verschiedenen Medien verändert haben.	
d)	die Einstellung der Menschen dem Lesen gegenüber verändert hat.	

❽ Kreuze die richtige Antwort an.
„Die „Welt des Lesens" befindet sich zurzeit im Umbruch." (Abschnitt 1)
Die Formulierung „befindet sich im Umbruch" soll darauf hinweisen, dass …

a)	eine Veränderung bevorsteht.	
b)	eine Veränderung nicht einsetzen wird.	
c)	eine Veränderung begonnen hat.	x
d)	eine Veränderung unwahrscheinlich ist.	

❾ Im Text nennt der Autor mehrere Gründe, warum die Menschen weiterhin Freude am Lesen von Gedrucktem haben (Abschnitt 4). Notiere einen davon und begründe, weshalb er für dich wichtig ist.

Ich möchte beim Lesen kein elektronisches Gerät in der Hand halten. Bei einem Buch aus

Papier kann ich die Seiten umblättern und das Papier fühlen. Ich mag dieses Gefühl und ich

kann mich mit einem Buch aus Papier beim Lesen leichter in eine andere Welt träumen.

> **TIPP zu ❿ und ⓫**
>
> 1. Als Ergänzung zu den Texten musst du zum Nachweis deines Leseverständnisses zum Teil auch Schaubilder, Grafiken oder Diagramme auswerten. Wie du sie erschließen kannst, übst du im Kapitel B 4 auf den Seiten 21–23.
> 2. Die Aufgaben verlangen von dir, dass du das Material im Vorfeld erschlossen hast.
> 3. Oftmals musst du die Aussagen aus Text und Schaubild, Grafik oder Diagramm miteinander vergleichen.

M2 Freizeitverhalten von Kindern und Jugendlichen (2013) http://wikis.zum.de/dsb/Deutsch/Grafiken_auswerten

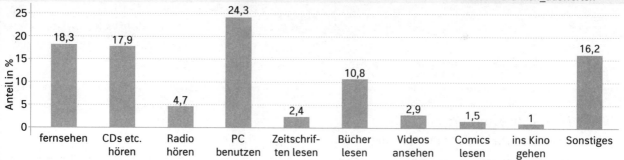

10 Beschreibe das Schaubild mit eigenen Worten.

Das Säulendiagramm stellt das Freizeitverhalten von Kindern und Jugendlichen im Jahr 2013 dar. Es zeigt, wie groß der Anteil von verschiedenen Tätigkeiten in ihrer freien Zeit ist. Dabei wird deutlich, dass Tätigkeiten, wie den PC benutzen, Fernsehen und das Hören von CDs, die Beschäftigungen sind, denen am meisten Zeit eingeräumt wird. Auf Platz vier ist die Kategorie Sonstiges zu finden, vermutlich Sport treiben oder mit Freunden chillen. Das Lesen von Büchern nimmt bei der Freizeitgestaltung von Jugendlichen nur einen Anteil von 10,8 Prozent ein.

11 Begründe, ob Text und Schaubild zusammenpassen.

Meiner Ansicht nach passen der Text und die Grafik nur teilweise zusammen. Der Text beschreibt die Veränderung des Leseverhaltens im Zusammenhang mit der Digitalisierung des Lesens. Die Grafik stellt bezüglich des Themas „Lesen" nur dar, welchen Anteil das Lesen im Jahr 2013 an der Freizeitgestaltung der Jugendlichen hatte (ca. 15 Prozent). Ob sie lieber digital lesen oder eher Gedrucktes bevorzugen, wird in dem Diagramm nicht dargestellt.

12 Eine Schülerin sagt nach dem Lesen des Textes: *„Im Internet finde ich alle Informationen, die ich brauche. Außerdem kann ich mir auf mein iPad alle Texte herunterladen, die ich benötige. Gedruckte Bücher brauche ich deshalb nicht mehr."* Du kannst dieser Aussage zustimmen oder nicht. Wichtig ist, dass du deine Meinung begründest und dich auf mehrere Textaussagen beziehst.

Ich stimme dieser Aussage nicht zu, weil ich finde, dass Lesen mehr ist, als sich Informationen herunterzuladen. Auch sind nicht alle Texte und Bücher, die ich lesen möchte, bereits in digitaler Form erschienen. Manchmal kaufe ich mir auch ein gedrucktes Buch, um das Vergnügen zu haben, die Buchseiten umzublättern, es neben meinem Bett abzulegen oder es morgens im Schulbus zu lesen, während alle anderen mit ihren Handys beschäftigt sind. Viele gedruckte Bücher sind nämlich einfach schön anzuschauen, weil sie hübsch eingebunden und illustriert sind. Da kann ein E-Book nur schwer mithalten.

A 2 Vorbereitung auf die Abschlussprüfung | Prüfungsaufgaben

A 2.2 Die Schreibaufgabe: ein Beispiel (Aufgabentyp 4a)

Im Teil II der Prüfung wird überprüft, ob du Sachtexte, literarische Texte, Gedichte und ggf. auch Schaubilder und Anzeigen analysieren und miteinander vergleichen bzw. aufeinander beziehen (Aufgabentyp 4a oder 4b) oder ob du zu einem bestimmten Sachverhalt einen informierenden Text schreiben kannst (Aufgabentyp 2). Beim Aufgabentyp 4a musst du den vorgegebenen Text zunächst untersuchen. Dabei orientierst du dich an vorgegebenen Teilaufgaben. In einem zweiten Schritt musst du deine Untersuchungsergebnisse in einem zusammenhängenden Text ausformulieren. In einer abschließenden Aufgabe wird entweder eine Stellungnahme zu einer Aussage zum Text bzw. zu einem Zitat aus dem Text oder ein kurzer Text aus der Perspektive einer Figur (vgl. Aufgabe f) von dir erwartet.

1. Die unten stehende Prüfungsvorlage wurde bereits von einem Schüler bearbeitet. Lies dir die an ihn gestellten Aufgaben durch und markiere die Verben und Schlüsselwörter.
2. Bereite den Text selbst für eine Analyse vor. Erschließe ihn mit der Lesemethode (S. 17) und setze die Anmerkungen am Rand fort. Orientiere dich dabei an den Teilaufgaben.

Eine Frage der Beziehung
Teil II

Lies bitte zuerst den Text, bevor du die Aufgaben bearbeitest.
Schreibe einen zusammenhängenden Text.

❶ **Analysiere** die Erzählung „Die Kirschen" von Wolfgang Borchert. Gehe dabei so vor:
   a) **Schreibe** eine Einleitung, in der du Titel, Autor und Erscheinungsjahr **benennst** und das Thema **formulierst**.
   b) **Fasse** den Text **zusammen**.
   c) **Stelle dar**, welches Missverständnis zwischen Vater und Sohn besteht.
   d) **Untersuche**, wie die Gedanken des Sohnes durch die formalen und sprachlichen Mittel deutlich gemacht werden (*mögliche Aspekte: Erzählverhalten, Wiederholungen, Satzbau*).
   e) **Erläutere**, warum der Sohn am Ende „*den Kopf tief unter die Decke*" (Z. 91–92) steckt.
   f) **Verfasse** einen kurzen Text aus der Sicht des Vaters:
      – Was denkt der Vater, als ihm das Glas Kirschen in der Küche zerbricht und sein Sohn hereinkommt?
      – Warum möchte er, dass der Sohn sofort wieder ins Bett geht?
      – Welche weiteren Sorgen macht er sich?
      Schreibe in der Ich-Form und berücksichtige die Informationen, die der Textauszug gibt.

Die Kirschen *von Wolfgang Borchert* (1962)

unvermittelter Einstieg

Nebenan klirrte ein Glas. Jetzt isst er die Kirschen auf, die für mich sind, dachte er. Dabei habe ich das Fieber. Sie hat die Kirschen extra 5 vors Fenster gestellt, damit sie ganz kalt sind. Jetzt hat er das Glas hingeschmissen. Und ich hab das Fieber.

Fieberkranker hört, dass Glas zerbricht; denkt, jemand würde seine Kirschen essen

Der Kranke stand auf. Er schob sich die Wand entlang. Dann sah 10 er durch die Tür, dass sein Vater auf der Erde saß. Er hatte die ganze Hand voll Kirschsaft.

Sohn glaubt, Vater habe seine Kirschen gegessen; hat die Hand voller Saft

Alles voll Kirschen, dachte der Kranke, alles voll Kirschen. Dabei sollte ich sie essen. Ich hab doch 15 das Fieber. Er hat die ganze Hand voll Kirschsaft. Die waren sicher schön kalt. Sie hat sie doch extra vors Fenster gestellt für das Fieber. Und er isst mir die ganzen Kirschen 20 auf. Jetzt sitzt er auf der Erde und hat die ganze Hand davon voll. Und ich hab das Fieber. Und er hat den kalten Kirschsaft auf der Hand. Den

Wiederholung

Marginalie (links): Junge betrachtet Vater; der ist besorgt und schickt seinen Sohn ins Bett; Sohn bemerkt nicht, dass der Vater blutet; er denkt nur an die Kirschen, die die Mutter kalt gestellt hat

schönen kalten Kirschsaft. Er war bestimmt ganz kalt. Er stand doch extra vorm Fenster. Für das Fieber. Er hielt sich am Türdrücker.¹ Als der quietschte, sah der Vater auf.
Junge, du musst doch zu Bett. Mit dem Fieber, Junge. Du musst sofort zu Bett.
Alles voll Kirschen, flüsterte der Kranke. Er sah auf die Hand. Alles voll Kirschen.
Du musst sofort zu Bett, Junge. Der Vater versuchte aufzustehen und verzog das Gesicht. Es tropfte von seiner Hand.
Alles Kirschen, flüsterte der Kranke. Alles meine Kirschen. Waren sie kalt?, fragte er laut. Ja? Sie waren doch sicher schön kalt, wie? Sie hat sie doch extra vors Fenster gestellt, damit sie ganz kalt sind. Damit sie ganz kalt sind.
Der Vater sah ihn hilflos von unten an. Er lächelte etwas. Ich komme nicht wieder hoch, lächelte er und verzog das Gesicht. Das ist doch zu dumm, ich komme buchstäblich nicht wieder hoch.
Der Kranke hielt sich an der Tür. Die bewegte sich leise hin und her von seinem Schwanken. Waren sie schön kalt?, flüsterte er, ja?
Ich bin nämlich hingefallen, sagte der Vater. Aber es ist wohl nur der Schreck. Ich bin ganz lahm, lächelte er. Das kommt von dem Schreck. Es geht gleich wieder. Dann bring ich dich zu Bett. Du musst ganz schnell zu Bett. Der Kranke sah auf die Hand. Ach, das ist nicht so schlimm. Das ist nur ein kleiner Schnitt. Das hört gleich auf. Das kommt von der Tasse, winkte der Vater ab. Er sah hoch und verzog das Gesicht. Hoffentlich schimpft sie nicht. Sie mochte gerade diese Tasse so gern. Jetzt hab ich sie kaputt gemacht. Ausgerechnet diese Tasse, die sie so gern mochte. Ich wollte sie ausspülen, da bin ich ausgerutscht. Ich wollte sie nur ein bisschen kalt ausspülen und deine Kirschen da hinein tun. Aus dem Glas trinkt es sich so schlecht im Bett. Das weiß ich noch. Daraus trinkt es sich so schlecht im Bett. Der Kranke sah auf die Hand. Die Kirschen, flüsterte er, meine Kirschen?
Der Vater versuchte noch einmal, hochzukommen. Die bring ich dir gleich, sagte er. Gleich, Junge. Geh schnell zu Bett mit deinem Fieber. Ich bring sie dir gleich. Sie stehen noch vorm Fenster, damit sie schön kalt sind. Ich bring sie dir sofort.
Der Kranke schob sich an der Wand zurück zu seinem Bett. Als der Vater mit den Kirschen kam, hatte er den Kopf tief unter die Decke gesteckt.

aus: Borchert, Wolfgang: Die traurigen Geranien und andere Geschichten aus dem Nachlaß. Hrsg. von Peter Rühmkorf. Reinbek bei Hamburg: Rowohlt 1962. S. 13 ff.

¹ der Türdrücker: die Türklinke

3. Untersuche den folgenden Schülertext.
   a) Finde heraus, wie der Schüler seinen Text strukturiert hat:
      Halte am Rand stichwortartig die Inhalte der einzelnen Abschnitte fest.
   b) Bearbeite die folgenden Aufgaben und schreibe dein Ergebnis an den Rand.
      • Kennzeichne, wo die Aspekte der Aufgabenstellung berücksichtigt werden, z. B. Aufgabe ❶ a: Z. 1–Z. 3 …
      • Überprüfe, ob die genannte Textart vorliegt und durch welche Merkmale sie belegt wurde.
      • Wo hat der Schüler Aussagen mit Textbelegen gestützt? Unterstreiche diese Stellen.
      • An welchen Stellen würdest du etwas ergänzen, wo etwas streichen?
      • Ist der Text aus der Sicht des Vaters nachvollziehbar geschrieben? Passt er zum Inhalt der Erzählung?
      • Schreibe dir die Ausdrücke und Wendungen, die du dir merken willst, heraus.

In der Kurzgeschichte „Die Kirschen" von Wolfgang Borchert aus dem Jahr 1962 wird beschrieben, wie ein Missverständnis zwischen einem fieberkranken Sohn und seinem gestürzten Vater dafür sorgt, dass sich der Sohn für seine Gedanken und sein Verhalten schämt.

Nachdem ein fieberkranker Junge gehört hat, dass ein Glas zerbrochen ist, denkt er, sein Vater hätte die Kirschen darin gegessen, die eigentlich für ihn bestimmt waren. Er geht in das Zimmer, aus dem er die Geräusche gehört hat, und sieht seinen Vater auf dem Boden sitzen. Zunächst denkt er, dieser habe Kirschsaft auf seiner Hand. Obwohl der Vater gestürzt ist und offensichtlich Schmerzen verspürt, sorgt er sich um seinen Sohn und will ihn zurück ins Bett schicken, kann aber selbst nicht aufstehen. Der Junge denkt nur an seine Kirschen, nicht an die Folgen des Sturzes für den Vater. Dieser erklärt ihm, dass er sich an der Tasse geschnitten habe, als er die Kirschen umfüllen wollte. Außerdem macht er sich Sorgen darüber, was seine Frau sagen wird, wenn sie nach Hause kommt, da er bei dem Sturz ihre Lieblingstasse kaputt gemacht hat. Der Junge geht wieder zu Bett. Und als der Vater mit den Kirschen ins Zimmer kommt, hat er die Decke bis über den Kopf gezogen.

Zu Beginn der Erzählung, als der kranke Junge das Geräusch hört, denkt der Sohn sofort, dass der Vater die Kirschen isst (Z. 1–3), die für ihn bestimmt waren. Vermutlich hat seine Mutter („sie", Z. 4) diese extra für ihn kalt gestellt. Daher ist er furchtbar enttäuscht und geht nachsehen. Er fühlt sich bestätigt, denn er sieht seinen Vater auf dem Boden sitzen. Dieser hat eine ganz rote Hand. Also schlussfolgert er in seinem Fieberwahn (Z. 30–31), dass es Kirschsaft sein müsse (Z. 11–12). Das Missverständnis klärt sich auch nicht auf, denn der Vater erklärt die Situation nicht. Er denkt bei Erscheinen des Sohnes in der Tür (Z. 28–29) nur daran, dass sein kranker Sohn eigentlich ins Bett gehört (Z. 30–32), und schickt ihn in sein Zimmer. Der Junge aber starrt nur auf die Hand des Vaters (Z. 11–12, Z. 33–35) und denkt an die Kirschen. So entsteht ein zweites Missverständnis, denn der Vater glaubt, der Junge habe erkannt, dass es sich um Blut handelt. Also erklärt er, wie es zu der Verletzung gekommen ist (Z. 57–60, Z. 64–66). Als er seinen Sohn erneut zu Bett schickt (Z. 84–85), geht der in sein Zimmer und steckt den Kopf unter die Bettdecke.

Die Gedanken des Sohnes werden deutlich, da sie in der Ich-Form wiedergegeben werden (z. B. Z. 14–16). Durch das personale Erzählverhalten kann der Leser nachvollziehen, was der Sohn denkt: „Jetzt isst er die Kirschen auf, die für mich sind." (Z. 1–3). Dabei denkt er nur an seine eigene Situation – vermutlich aufgrund seines Fieberwahns: „Der Kranke hielt sich an der Tür. Die bewegte sich leise hin und her von seinem Schwanken." (Z. 53–55). Daher traut er seinem Vater zu, dass dieser ihn hintergeht und die Kirschen, die für ihn bestimmt sind, heimlich aufisst („Dabei sollte ich sie essen.", Z. 14–15). Durch den parataktischen Satzbau, Wiederholungen (z. B. Z. 13–14) und Anaphern (z. B. Z. 22–23)

wird die Konzentration des Jungen auf die Kirschen betont. Aufgrund dieser Erwartungshaltung deutet er auch den roten Saft auf der Hand des Vaters falsch. Dadurch, dass durch die Erzählweise nicht die Gedanken des Vaters deutlich werden, wird die Situation erst am Ende durch die wörtliche Rede des Vaters aufgelöst (Z. 57 und Z. 64–65), denn es handelt sich nicht um Kirschsaft, sondern um Blut, da dieser sich geschnitten hat.
Als der Vater ihm die Kirschen bringt (Z. 90–91), hat der Sohn den Kopf in seinem Bett „(...) tief unter die Decke gesteckt" (Z. 92). Dafür gibt es zwei Erklärungen. Einerseits könnte es sein, dass der Sohn so enttäuscht vom Vater ist, dass er ihn nicht sehen will. Andererseits, und das scheint mir wahrscheinlicher, schämt sich der Sohn vermutlich, dass er seinem Vater zugetraut hat, dass dieser ihn hintergeht, obwohl er sich eigentlich rührend um ihn bemüht. Denn auch als der Vater im Nebenraum gestürzt ist (Z. 1) und der Junge kommt, um nachzusehen (Z. 28), denkt der Vater zuallererst nur daran, dass sein Sohn aufgrund der Krankheit ins Bett gehört (Z. 30–32). Außerdem wird durch die Redeanteile deutlich, dass er freundlich mit ihm spricht und ihn anlächelt (Z. 48), obwohl er „hilflos" (Z. 47) auf dem Boden sitzt, nicht aufstehen kann (Z. 47–52) und Schmerzen hat. Die Erklärung zeigt, dass er seinem Sohn nur Gutes tun wollte: „Aus dem Glas trinkt es sich so schlecht ..." (Z. 76–77). Außerdem denkt er an seine Frau, deren Lieblingstasse er zerbrochen hat („Hoffentlich schimpft sie nicht.", Z. 68–69). Nur an sich denkt er nicht, da er helfen will. Da das Ende aber offen ist, muss der Leser für sich selber eine Erklärung finden.

<u>Text aus der Sicht des Vaters:</u>
Oh nein, jetzt ist mir auch noch das Glas mit den gekühlten Kirschen zerbrochen. Sie liegen nun auf dem Boden und meine Hand ist voller Kirschsaft. Jetzt ist auch noch der Junge aufgestanden, dabei hat er doch Fieber. Sicher habe ich ihn durch den Lärm aufgeschreckt. Er muss wieder ins Bett, er soll sich keine Sorgen um mich machen. Nein, aufstehen kann ich nicht, vielleicht habe ich mich verletzt, als ich hinfiel. Ach, es wird sicher gleich wieder gehen. Aber der Junge muss dringend ins Bett, er ist doch krank. Er soll sich keine Sorgen machen, denn ich habe mich nur ein bisschen an den Scherben geschnitten. Aber für ihn sieht es sicher aus wie Blut. Beim Hinfallen ist mir die Tasse von Mutter kaputtgegangen, ausgerechnet ihre Lieblingstasse. Das tut mir so leid. Dabei wollte ich die nur ausspülen, weil unser Kranker besser den Kirschsaft daraus hätte trinken können. Nun ist sie zerbrochen. Der Junge muss nun aber wirklich schnell wieder ins Bett. Geh, Junge, und mach dir keine Sorgen um mich! Ich bin nicht schlimm verletzt. Ich bringe dir die Tasse mit den Kirschen gleich ans Bett, sobald ich hier hochgekommen bin. Bei deiner Mutter werde ich mich später entschuldigen. Ich komme gleich ...

Wonach richtet sich die Note der Schreibaufgabe (Aufgabentyp 4a)?

1. Beurteile den Schüleraufsatz anhand des Bewertungsbogens.

Inhaltliche Leistung

Aufgabe	Anforderung	erfüllt	nicht erfüllt
	Der Prüfling …		
1 a)	schreibt eine Einleitung, in der er Titel, Autor, Textart sowie das Thema *(Missverständnis zwischen fieberkrankem Sohn und besorgtem Vater, das zur Scham des Sohnes führt)* benennt.		
1 b)	fasst den Text kurz zusammen *(fieberkranker Junge hört Geräusch zerbrechenden Glases; denkt, Vater würde die Kirschen essen, die für ihn bestimmt waren; sieht Vater am Boden liegen; meint, Blut sei Kirschsaft; Vater gibt erst spät eine Erklärung; Sohn geht in sein Zimmer und steckt den Kopf unter die Decke)*.		
1 c)	stellt das Missverständnis zwischen Vater und Sohn dar, z. B.: • Sohn: meint, Vater würde seine Kirschen essen; beurteilt Situation mit dieser Erwartungshaltung; denkt schlecht vom Vater …, • Vater: glaubt, Sohn würde die Situation richtig erfassen, gibt daher erst später eine Erklärung ab; interpretiert die Blicke seines Sohnes nicht richtig, erfasst dessen Gedanken zunächst nicht …		
1 d)	untersucht, wie die Gedanken des Sohnes durch die formalen und sprachlichen Mittel deutlich gemacht werden, z. B.: • Erzählverhalten: personal, Gedanken des Sohnes werden wiedergegeben, die des Vaters nicht, Leser kann Innensicht des Sohnes erfassen (Z. 1–7, Z. 13–27, …), • Wiederholungen: betonen die Sichtweise des Sohnes/Gedanken des Sohnes, verdeutlichen dessen Erwartungshaltung und Interpretationsweise (Z. 13–14, Z. 7 und 15–16, …), • Satzbau: parataktisch, Reduktion auf Wesentliches: Innensicht des Sohnes sowie sein Zustand (Fieberwahn) werden betont.		
1 e)	erläutert, warum der Sohn am Ende „den Kopf tief unter die Decke" (Z. 92) steckt, z. B. … • dem Sohn sind sein Auftreten und sein Verhalten dem sich sorgenden Vater gegenüber peinlich; er empfindet Scham. • er bereut Gedanken, da Vater sich nur um ihn kümmern wollte und nicht an seine eigene Verletzung nach dem Sturz denkt.		
1 f)	verfasst einen kurzen Text aus der Sicht des Vaters, in dem er dessen Gedanken darstellt, als sein Sohn nach Zerbrechen des Glases in die Küche kommt; erläutert außerdem den Grund, warum der Sohn wieder ins Bett gehen soll, und gibt an, welche weiteren Sorgen er sich macht (Ich-Form).		

Darstellungsleistung

	Anforderung	erfüllt	nicht erfüllt
	Der Prüfling …		
1	strukturiert seinen Text schlüssig und gedanklich klar.		
2	belegt seine Aussagen durch angemessenes/korrektes Zitieren.		
3	formuliert syntaktisch variabel (Satzbau).		
4	drückt sich präzise und differenziert aus.		
5	schreibt sprachlich richtig (Rechtschreibung, Zeichensetzung, Grammatik).		

B Arbeitstechniken

B 1 Arbeitstechnik: Im Wörterbuch nachschlagen

Das Wörterbuch ist für die Abschlussprüfung ein wichtiges Hilfsmittel:
- Du benötigst es zum Klären von unbekannten Wörtern.
- Du kannst nachschlagen, um die Rechtschreibung von Wörtern zu überprüfen. Das ist vor allem für die Überarbeitung eigener Texte wichtig.

1. Erkläre, welche Bedeutung die unterstrichenen Wörter im Textzusammenhang haben. Benutze dein Wörterbuch.

Millionen Menschen nutzen jede Gelegenheit, um zum Smartphone zu greifen. Nun zeigt eine Studie von Medienforschern, dass diese <u>exzessive</u> Nutzung große <u>Risiken</u> birgt. Besonders häufig chatten, posten und spielen die <u>Probanden</u> unter 25 Jahren. Die Angst, nicht alles von seinen Freunden mitzubekommen, führt zu <u>permanentem</u> Kommunikationsdruck und dazu, dass viele Menschen Hunderte Male am Tag auf ihr Mobiltelefon schauen oder selbst Kurznachrichten verbreiten.

exzessive Nutzung: _____

_____

Risiken: _____

_____

die **Probanden**: _____

_____

permanentem Kommunikationsdruck: _____

2. In dem folgenden Text befinden sich sechs Rechtschreibfehler. Streiche falsch geschriebene Wörter durch und schreibe sie richtig auf.

Smartphones sind genial, weil ich damit mit meinen Freunden über Hausaufgaben und anstehende Klassenarbeiten diskutiren kann. Natürlich kommt an einem einziegen Tag eine riesige menge von Nachrichten zusammen, weil viele über flüssige und unwichtige Miteilungen geschrieben werden. Wenn ich mich durch mein Handy gestrest fühle, stelle ich einfach den Signalton aus.

> **TIPP**
>
> 1. Bei Fremdwörtern gibt es oft mehrere Bedeutungen. Um die richtige Bedeutung herauszufinden, mache die **Ersatzprobe**: Setze jede angegebene Bedeutung im Text an die Stelle des Fremdwortes. Welche Bedeutung ist im Textzusammenhang sinnvoll? Prüfe und wähle aus.
> 2. Manche Wörter findet man nicht auf Anhieb im Wörterbuch, weil sie im Text in veränderter Form vorkommen. Gehe daher vor dem Nachschlagen so vor:
>   - Bilde von gebeugten Verben die Grundform (den Infinitiv): *aß → essen*.
>   - Bilde bei Nomen die Einzahl (Singular): *Kakteen → Kaktus*.
>   - Schlage bei zusammengesetzten Wörtern erst unter dem ersten Wortteil nach. Wenn dort die Wortzusammensetzung nicht zu finden ist, musst du auch den zweiten Wortteil nachschlagen:
>   – Reflexionsprozess:
>   → *Reflexion* → *Prozess*.

> **TIPP**
>
> Alle wichtigen Rechtschreibregeln findest du auch noch einmal auf der Internetseite www.finaleonline.de.
> Einfach „Hauptschulabschluss" und dein Bundesland eingeben und dann das kostenlose „EXTRA-Training Rechtschreibung" herunterladen.
> Neben den Regeln findest du dort auch noch weitere Übungen mit Lösungen.

B 2 Arbeitstechnik: Texte erschließen und Inhalte zusammenfassen – literarische Texte

1. Um einen literarischen Text zu erschließen, gehst du am besten schrittweise vor. Ein Lesefächer kann dir dabei helfen. Kopiere diese Seite, um einen Lesefächer anzulegen. Gehe dann folgendermaßen vor.
    - Schneide die einzelnen Streifen aus und lege die Papierstreifen in der Reihenfolge der Schritte übereinander (den ersten Schritt nach oben). Loche sie an einem Ende.
    - Hefte die Streifen mit einer Klammer oder binde sie mit einem Band zusammen.

2. Bearbeite mithilfe des Lesefächers den Text „Streuselschnecke" auf Seite 18.

○ **1. Schritt: Vermutungen äußern**

Stelle Vermutungen zum Inhalt an:
– Lies die Überschrift des Textes. Worum geht es wohl in der Erzählung?
– Gibt es zu dem Text eine Abbildung? Was ist darauf zu sehen?

Vor dem Lesen

○ **2. Schritt: Unbekannte Begriffe klären**
– Markiere mit einer Wellenlinie Begriffe und Textstellen, die du nicht verstehst.
– Erschließe ihre Bedeutung aus dem Satzzusammenhang, dem dazugehörigen Text oder durch Nachschlagen im Wörterbuch (siehe B 1, S. 16). Notiere die Bedeutung am Rand.

Während des Lesens

○ **3. Schritt: Schlüsselstellen markieren**
– Markiere **Schlüsselstellen**. Das sind die Textstellen, die Anworten auf folgende Fragen geben: *Wo und wann spielt die Erzählung? Welche Personen handeln dort? Worum geht es?*
– Halte am Rand **weitere Beobachtungen** fest: Wie wirkt der Text auf dich (lustig, ernst, spannend ...)? *Wer erzählt die Geschichte (siehe Glossar „Merkmale erzählender Texte", S. 132)? Welche sprachlichen Mittel werden verwendet (siehe S. 134)? Welche Wirkung entsteht durch den Satzbau?*

Während des Lesens

○ **4. Schritt: Wichtiges herausschreiben**
– Bilde **Sinnabschnitte**. Das sind Absätze, die inhaltlich eng zusammengehören. Ein neuer Sinnabschnitt beginnt, wenn z. B. eine neue Person auftritt oder ein wichtiges Ereignis geschieht. Du kannst dich auch an den vorhandenen Absätzen orientieren.
– Formuliere zu jedem Sinnabschnitt eine **Überschrift** (ein Stichwort oder einen kurzen Satz).
– Notiere zu jeder Überschrift stichwortartig den **Inhalt des Sinnabschnittes**. Orientiere dich dabei daran, welche Schlüsselstellen du markiert hast.

Nach dem Lesen

○ **5. Schritt: Inhalte zusammenfassen**
– Bilde aus den Stichpunkten zum Inhalt vollständige Sätze und verknüpfe sie miteinander. So erhältst du eine kurze Inhaltszusammenfassung des Textes.
– Bestimme die Textart (Erzählung, Kurzgeschichte, Roman, Jugendbuchauszug, Gedicht ...; siehe Glossar, S.135).

Nach dem Lesen

Streuselschnecke *Julia Franck (2000)*

14-Jährige erhält Anruf von einem Fremden, will sie kennenlernen, findet ihn sympathisch

Ort: Berlin

Ich-Form, personales Erzählverhalten

Der Anruf kam, als ich vierzehn war. Ich wohnte seit einem Jahr nicht mehr bei meiner Mutter und meinen Schwestern, sondern bei Freunden in Berlin. Eine fremde Stimme meldete sich, der Mann nannte seinen Namen, sagte mir, er lebe in Berlin, und fragte, ob ich ihn kennenlernen wolle. Ich zögerte, ich war mir nicht sicher. Zwar hatte ich schon viel über solche Treffen gehört und mir oft vorgestellt, wie so etwas wäre, aber als es so weit war, empfand ich eher Unbehagen. Wir verabredeten uns. Er trug Jeans, Jacke und Hose. Ich hatte mich geschminkt. Er führte mich ins Café Richter am Hindemithplatz und wir gingen ins Kino, ein Film von Rohmer[1]. Unsympathisch war er nicht, eher schüchtern. Er nahm mich mit ins Restaurant und stellte mich seinen Freunden vor. Ein feines, ironisches Lächeln zog er zwischen sich und die anderen Menschen. Ich ahnte, was das Lächeln verriet.

besucht Mann öfter, bekommt aber kein Geld; hat keine Ansprüche, kennt ihn kaum

Einige Male durfte ich ihn bei seiner Arbeit besuchen. Er schrieb Drehbücher und führte Regie bei Filmen. Ich fragte mich, ob er mir Geld geben würde, wenn wir uns treffen, aber er gab mir keins, und ich traute mich nicht, danach zu fragen. Schlimm war das nicht, schließlich kannte ich ihn kaum, was sollte ich da schon verlangen? Außerdem konnte ich für mich selbst sorgen, ich ging zur Schule und putzen und arbeitete als Kindermädchen. Bald würde ich alt genug sein, um als Kellnerin zu arbeiten, und vielleicht wurde ja auch noch eines Tages etwas Richtiges aus mir.

Zwei Jahre später, der Mann und ich waren uns noch immer etwas fremd, sagte er mir, er sei krank. Er starb ein Jahr lang, ich besuchte ihn im Krankenhaus und fragte, was er sich wünsche. Er sagte mir, er habe Angst vor dem Tod und wolle es so schnell wie möglich hinter sich bringen. Er fragte mich, ob ich ihm Morphium[2] besorgen könne. Ich dachte nach, ich hatte einige Freunde, die Drogen nahmen, aber keinen, der sich mit Morphium auskannte. Auch war ich mir nicht sicher, ob die im Krankenhaus herausfinden wollten und würden, woher es kam. Ich vergaß seine Bitte.

Mann wird krank, bittet sie um Morphium; Mädchen kümmert sich nicht weiter

Manchmal brachte ich ihm Blumen. Er fragte nach dem Morphium, und ich fragte ihn, ob er sich Kuchen wünsche, schließlich wusste ich, wie gerne er Torte aß. Er sagte, die einfachen Dinge seien ihm jetzt die liebsten – er wolle nur Streuselschnecken, nichts sonst. Ich ging nach Hause und buk[3] Streuselschnecken, zwei Bleche voll. Sie waren noch warm, als ich sie ins Krankenhaus brachte. Er sagte, er hätte gerne mit mir gelebt, es zumindest gern versucht, er habe immer gedacht, dafür sei noch Zeit, eines Tages – aber jetzt sei es zu spät. Kurz nach meinem siebzehnten Geburtstag war er tot. Meine kleine Schwester kam nach Berlin, wir gingen gemeinsam zur Beerdigung. Meine Mutter kam nicht. Ich nehme an, sie war mit anderem beschäftigt, außerdem hatte sie meinen Vater zu wenig gekannt und nicht geliebt.

aus: Julia Franck: Bauchlandung. Geschichten zum Anfassen. München: Deutscher Taschenbuch Verlag, 2002. © 2000 DuMont Buchverlag, Köln.

[1] Rohmer: Spielfilme von Rohmer thematisieren Beziehungen von Erwachsenen. Sie sind ohne Aktion; es wird viel gesprochen und diskutiert.

[2] Morphium: Droge; eines der stärksten Schmerzmittel

[3] buk: Präteritum von backen

B 3 Arbeitstechnik: Texte erschließen und Inhalte zusammenfassen – Sachtexte

1. Um einen Sachtext zu erschließen, gehst du am besten schrittweise vor. Ein Lesefächer kann dir dabei helfen. Kopiere diese Seite, um einen Lesefächer anzulegen. Gehe dann folgendermaßen vor.
   - Schneide die einzelnen Streifen aus und lege die Papierstreifen in der Reihenfolge der Schritte übereinander (den ersten Schritt nach oben). Loche sie an einem Ende.
   - Hefte die Streifen mit einer Klammer oder binde sie mit einem Band zusammen.

2. Bearbeite mithilfe des Lesefächers den Text „Was ist ein Blog und was macht ein Blogger eigentlich genau?" auf Seite 20.

○ **1. Schritt: Vermutungen äußern**
Stelle Vermutungen zum Inhalt an:
– „Überfliege" den Text: Wovon könnte der Sachtext handeln?
– Lies die Überschrift, die Zwischenüberschriften und betrachte die Abbildungen:
  • Notiere am Rand, was du bereits über das Thema weißt.
  • Stelle W-Fragen an den Text: Was …? Wer …? Warum …? Wo …? Wann …?

Vor dem Lesen

○ **2. Schritt: Unbekannte Begriffe klären**
– Markiere mit einer Wellenlinie Begriffe und Textstellen, die du nicht verstehst.
– Erschließe ihre Bedeutung aus dem Satzzusammenhang, dem dazugehörigen Text oder durch Nachschlagen im Wörterbuch (siehe B 1, S. 16). Notiere die Bedeutung am Rand.

Während des Lesens

○ **3. Schritt: Schlüsselstellen markieren**
– Markiere **Schlüsselstellen**.
  • Textstellen, die Antworten auf die W-Fragen geben
  • Informationen, die du interessant findest
  • Wenn du Aufgaben zum Text bereits gelesen hast, unterstreiche die Textstellen, die du zur Bearbeitung nutzen kannst.

Während des Lesens

○ **4. Schritt: Informationen entnehmen**
– Bilde **Sinnabschnitte**. Das sind Absätze, die inhaltlich eng zusammengehören. Du kannst dich auch an den vorhandenen Absätzen orientieren.
– Formuliere zu jedem Sinnabschnitt eine **Überschrift** (ein Stichwort oder einen kurzen Satz).
– Notiere zu jeder Überschrift stichwortartig den **Inhalt des Sinnabschnittes**. Orientiere dich dabei daran, welche Schlüsselstellen du markiert hast.

Nach dem Lesen

○ **5. Schritt: Inhalte zusammenfassen**
– Bilde aus den Stichpunkten zum Inhalt vollständige Sätze und verknüpfe sie miteinander. So erhältst du eine kurze Inhaltszusammenfassung des Textes.
– Bestimme die Textart (Reportage, Bericht, Interview …; siehe Glossar, S. 135).

Nach dem Lesen

Was ist ein Blog und was macht ein Blogger eigentlich genau? *Andreas Meyhöfer*

Was? Weblog/Blog = Online-Tagebuch

[...] Das Weblog, das Blog oder mittlerweile laut Duden auch der Blog ist aus dem Ursprung heraus nichts anderes als ein Online-Tagebuch. User[1], die das Internet früh für sich entdeckt hatten, stellten ihre Lebensereignisse online. Wofür einst das gute alte Tagebuch aus Papier herhalten durfte, wurde nun das World Wide Web als Medium genutzt. Das Kunstwort Weblog als Kurzform für World Wide Web & Logbuch entstand und die ersten Web-Logger, also Blogger, waren geboren.

Weblog: Kurzform für World Wide Web & Logbuch
Wer? Web-Logger/Blogger

Mittlerweile ist das Medium Blog den Kinderschuhen entwachsen und schon lange kein reines Tagebuch mehr für persönliche Gedanken und Träume. Blogs entstehen aus den unterschiedlichsten Gründen, Zielsetzungen und mit den vielfältigsten Themen. Der Unterschied zwischen teilweise überladenen Webseiten und Blogs ist der einfache und schlichte Aufbau.

Was? Unterschied Webseite/Blog

[...] Reine Blogs bieten dem Leser eine sauber strukturierte Informationsquelle ohne viel Drumherum. In der Regel sind Blogbeiträge absteigend nach Datum aufgelistet und geben dem Blogleser eine genaue Übersicht über die Aktualität eines Beitrags.

Dank Kategorien und Schlagwörtern können Blogleser schnell und einfach durch den Blog navigieren. Die entsprechende interne Verlinkung und Auflistungen aller Artikel, die einer Kategorie oder einem Schlagwort zugeordnet sind, tragen erheblich zur Nutzerfreundlichkeit bei. [...]

steuern

Die Faszination Blog hat weltweit mittlerweile viele Millionen Anhänger und täglich werden es mehr.

Das Tolle an einem Blog ist, dass er dank der Kommentarfunktion ganz einfach zu einem regen Gedankenaustausch von Gleichgesinnten beitragen kann. [...] Möchte man einen eigenen Blog erstellen, findet man im Netz kostenlose Blogging-Dienste und kann so ohne finanziellen Aufwand und mit wenigen Klicks sofort loslegen. Für eine einfache und schnelle Einrichtung ist in der Regel keine Registrierung vonnöten, es reicht, einen Nickname sowie eine Mailadresse anzugeben.

Egal, ob jemand aus Spaß an der Freude im Hobbybereich bloggt oder seinen Lebensunterhalt damit bestreiten möchte, inzwischen ist alles möglich. Dabei gibt es zahlreiche unterschiedliche Blogthemen wie Fashionblogs, Kunstblogs, Newsblogs, Mikroblogs (wie z.B. Twitter), Wissenschaftsblogs und viele mehr. Die Liste lässt sich endlos verlängern. [...]

Vom Einzelkämpfer bis zu ganzen Gruppen gibt es Blogger, die einzelne Blogs oder gar Blognetzwerke betreiben. Der Blog ist global betrachtet weitaus mehr als nur ein Tagebuch oder eine Website, sondern ein Medium, das mitunter eine sehr große Meinungsmacht mit sich bringt. [...] Von professionellen Journalisten werden Blogger oft fachlich nicht ernst genommen, sei es wegen der fehlenden journalistischen Ausbildung oder einfach, weil man die neue Konkurrenz fürchtet. Zudem sind Blogger oftmals schneller und damit aktueller in ihrer Berichterstattung.

https://blogsheet.info/blog-blogger-genau-erklaert-18677, Zugriff: 23.10.2017 (verändert)

[1] User: jemand, der einen Computer benutzt

B 4 Arbeitstechnik: Schaubilder auswerten

Häufig findest du in Prüfungsaufgaben auch Schaubilder wie Diagramme und Tabellen. Diese enthalten Zusammenfassungen von Daten, die nach bestimmten Gesichtspunkten geordnet sind. Folgende Aufgabenstellungen sind bei Schaubildern möglich:

- Du musst überprüfen, ob die vorgegebenen Aussagen zu einem Schaubild richtig sind oder nicht.
- Du musst feststellen, ob die Informationen eines Schaubildes die Aussagen eines Textes bestätigen, ergänzen oder widerlegen. Dazu musst du ein Schaubild richtig lesen und verstehen.

1. Werte Schaubild A (Seite 22) nach folgenden Schritten aus:

Erster Schritt: Sich orientieren

a) Worum geht es in dem Schaubild A? Notiere stichpunktartig.

Thema: _____

Zahlenangaben: _____

hellgraue Balken: _____

dunkelgraue Balken: _____

Vergleiche zwischen: _____

_____

_____

TIPP zum ersten Schritt
1. Lies die Überschriften und Erläuterungen. Um welches Thema geht es?
2. Welche Zahlenangaben werden gemacht? Werden sie in Prozent, Promille oder in absoluten Zahlen (z. B. in Tausend) angegeben?
3. Worauf beziehen sich diese Angaben?
4. Was wird miteinander verglichen?

Zweiter Schritt: Den Inhalt des Schaubildes erfassen und stichpunktartig aufschreiben

b) Schreibe die Informationen auf, die du dem Schaubild entnehmen kannst.

_____

_____

_____

_____

TIPP zum zweiten Schritt
1. Sieh dir das Schaubild genauer an. Worauf bezieht sich der größte Wert?
2. Worauf bezieht sich der niedrigste Wert?
3. Gibt es weitere Auffälligkeiten?

Dritter Schritt: Aufgabenstellung beantworten und Ergebnisse aufschreiben

c) Beantworte die Aufgaben zu Schaubild A (Seite 22). Achte genau auf die Aufgabenstellung. Wenn du dir bei der Formulierung der Ergebnisse unsicher bist, findest du auf Seite 23 Formulierungshilfen.

_____

_____

_____

TIPP zum dritten Schritt
1. Formuliere in ganzen Sätzen.
2. Verwende folgende Formulierungen:
   es gibt weniger als …
   mehr als bei …
   genauso oft …
   seltener …
   auffällig ist, dass …

2. Bearbeite in gleicher Weise die Schaubilder B und C.

Schaubild A: Balkendiagramm
Medienbeschäftigung in der Freizeit (2018)

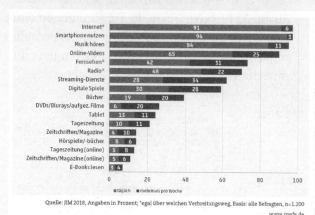

Quelle: JIM 2018, Medienpädagogischer Forschungsverbund Südwest

INFO

Balkendiagramme zeigen oft absolute Zahlen oder Prozentzahlen an. Die Länge des Balkens gibt die Anzahl an, die man meist auf der x-Achse ablesen kann. Neben der y-Achse wird angegeben, worauf sich die Balken beziehen.

Aufgaben:
1. Welches Medium wird von den Jugendlichen am häufigsten täglich genutzt?
2. Welche Medien sind bei der regelmäßigen Nutzung (mehrmals pro Woche) am beliebtesten?

Schaubild B: Kreisdiagramm
Familien, Paare ohne Kinder, Alleinstehende

Familien, Paare ohne Kinder und Alleinstehende in %

2012: Paare ohne Kinder 29 | Familien 28 | Alleinstehende 44
1996: Paare ohne Kinder 28 | Familien 35 | Alleinstehende 38

Quelle: Statistisches Bundesamt, Wiesbaden 2013

INFO

Kreisdiagramme zeigen die prozentuale Zusammensetzung einer Gesamtmenge. Dabei ist der Kreis in mehrere Teile unterteilt, die jeweils den Anteil an der Gesamtmenge wiedergeben.

Aufgaben:
1. Welche Lebensweise hat von 1996 bis 2012 am meisten zugenommen?
2. Beschreibe die Entwicklung der Lebensweisen von 1996 bis 2012.

Schaubild C: Verlaufsdiagramm
Preisentwicklung Telekommunikation

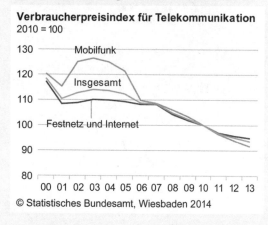

Verbraucherpreisindex für Telekommunikation
2010 = 100

© Statistisches Bundesamt, Wiesbaden 2014

INFO

Kurven- oder Liniendiagramme eignen sich dazu, Daten von verschiedenen Zeitpunkten grafisch vergleichend darzustellen.

Aufgaben:
1. Beschreibe die Entwicklung der Preise für Telekommunikation.
2. In welchem Zeitraum und in welchem Bereich stiegen die Preise für Telekommunikation am stärksten an?

B 4 Arbeitstechniken | Schaubilder auswerten

Schaubilder auswerten – Formulierungshilfen

1. a) Nachdem du die Schaubilder ausgewertet hast, fasse die wesentlichen Inhalte zusammen und beantworte in deinem Text die auf Seite 22 gestellten Fragen. Ergänze dazu die Lückentexte unten.
   b) Sammle in einer Liste Formulierungshilfen, die du zum Beschreiben von Schaubildern nutzen kannst.

Schaubild A: Das vorliegende _____ stellt die „Medienbeschäftigung von Jugendlichen in der Freizeit" dar. Es wurde durch den _____ im Jahre 2018 veröffentlicht. Dazu wurden _____ Jugendliche befragt. Auf der x-Achse kann man die _____ zu den Nennungen ablesen. Dabei stellen die hellgrauen Balken die _____ dar, während die dunkelgrauen Balken die _____ verdeutlichen. Das heißt, die Studie ermöglicht einen Vergleich zwischen täglicher und wöchentlicher Nutzung. Auf der y-Achse sind die _____ aufgelistet, die Jugendliche nutzen. Die Auflistung beginnt mit dem am häufigsten genannten Medium und endet mit dem am wenigsten genannten. Bezüglich der täglichen Mediennutzung werden _____ (94 Prozent), Internet (_____) und _____ (_____) besonders häufig genannt. Beliebt sind außerdem _____ (65 Prozent). Mindestens mehrmals pro Woche nutzen die Jugendlichen insbesondere _____ (34 Prozent), gefolgt von Fernsehen (_____) und _____ (_____). Zusammenfassend ist festzustellen, dass für viele Jugendliche das _____ im Alltag mittlerweile eine große Bedeutung hat.

Schaubild B: Das _____ mit dem Titel „Familien, Paare ohne Kinder, Alleinstehende", veröffentlicht im Jahre _____, befasst sich mit den unterschiedlichen _____ _____. Diese Aufschlüsselung wurde vom _____ in Wiesbaden veröffentlicht. Das Schaubild besteht aus zwei _____, die durch die Anordnung einander gegenübergestellt werden können. Der äußere Kreis enthält _____-Angaben zum Jahr _____, während der _____ Angaben zum Jahr _____ darstellt. Durch den Vergleich beider Angaben lässt sich ermitteln, dass sich im angegebenen Zeitraum, also von _____ bis _____, die Anzahl der Familien um 7 % auf _____ verringert hat. Demgegenüber hat der Anteil der Alleinstehenden um _____ zugenommen, denn er ist von 38 % auf 44 % gestiegen. Nahezu gleich geblieben ist der Anteil der _____ (1996: 28 %, 2012: _____).
Insgesamt verdeutlicht das Kreisdiagramm die Tendenz, dass Menschen eher allein leben. Allerdings enthält das Schaubild keine Angaben über das Alter der Befragten.

Schaubild C: Das _____, das den Titel _____ trägt, stellt die Preisentwicklung für Telekommunikation im Jahr _____ dar. Diese wurde erhoben durch das Statistische Bundesamt in _____. Auf der _____ sind die Jahreszahlen ablesbar, während auf der _____ Angaben zum Verbraucherpreisindex gemacht werden. Ausgehend vom Verbraucherpreisindex (2010 = 100) sind die _____ als Kurven für „Mobilfunk" (hellgraue Kurve), „Festnetz und Internet" (_____) kombiniert und „insgesamt" (_____) über den Zeitraum von _____ bis _____ abzulesen. Dabei fällt auf, dass, nachdem die Preise bis _____ für Mobilfunk, Festnetz und Internet _____, die Kosten für den _____ zwischen 2001 und _____ besonders stark anstiegen. Festnetz und _____ wurden nur etwas teurer. Bis _____ glichen sich die Kosten in allen Bereichen an und _____ seitdem jedes Jahr. Das heißt zusammenfassend betrachtet, Telekommunikation wird tendenziell _____.

C Strategien zur Bearbeitung von Schreibaufgaben
C 1 Aufgabentyp 2
C 1.1 Was bedeutet die Aufgabenstellung „Informiere ..."?

Die Aufgabenstellung stammt aus einer Prüfungsvorlage, in welcher ein informierender Text verfasst werden sollte. (ACHTUNG: Die zugehörigen Texte und Materialien findest du auf den Seiten 78 – 80.)

Am 1. Juli findet an deiner Schule ein Projekttag „Sprachenreichtum an unserer Schule" statt. Dafür wird ein Ordner zur Vorbereitung erstellt, der allen Schülerinnen und Schülern sowie Lehrkräften zur Verfügung steht. Du bist gebeten worden, für den Vorbereitungsordner einen informierenden Text zum Thema „Mehrsprachigkeit" zu verfassen. Um deinen Text schreiben zu können, bekommst du eine Materialsammlung (M1 – M6).

<u>Verfasse</u> auf der Grundlage der Materialien M1 – M6 einen informierenden Text zum Thema „Mehrsprachigkeit". Schreibe nicht einfach aus den Materialien ab, sondern achte auf eine eigenständige Darstellung in einem zusammenhängenden Text.
Gehe dabei so vor:
- <u>Formuliere</u> für den Text eine passende Überschrift.
- <u>Schreibe</u> eine Einleitung, in der du kurz <u>erklärst</u>, was Mehrsprachigkeit ist.
- Stelle die Vorteile dar, wenn man von Geburt an mehrsprachig aufwächst.
- Erläutere, wie sich die Meinungen zu „Mehrsprachigkeit ab Geburt" geändert haben.
- Schlussfolgere anhand der Materialien und eigener Überlegungen, warum viele Firmen es gut finden, wenn Auszubildende neben Deutsch auch noch andere Sprachen sprechen.
- Notiere unterhalb des Textes die Nummern der von dir genutzten Materialien.

> **INFO zu 1.**
>
> Um einen informierenden Text schreiben zu können, musst du dir Folgendes verdeutlichen:
> – An welchen **Adressaten** richtest du dich?
> – **Worüber** sollst du informieren (Situation/Thema)?
> – Welches **Schreibziel** hast du?
> – Welche **Informationen** aus dem vorgegebenen Material sind für deinen Text geeignet?
> Orientiere dich sprachlich und inhaltlich an deinem Adressaten.

1. Die Aufgabenstellungen geben dir Hinweise zum Adressaten, der Situation bzw. dem Thema und dem Schreibziel. Markiere diese Stellen und notiere sie:

   Adressat: _____

   Situation/Thema: _____

   Schreibziel: _____

2. In der Aufgabenstellung oben ist zum Teil schon unterstrichen worden, was von dir erwartet wird. Unterstreiche auch in den weiteren Teilaufgaben, was du tun sollst. Die Verben geben dir Hinweise.

> **INFO**
>
> In der letzten Teilaufgabe sollst du die von dir genutzten Materialien angeben. Damit vergewisserst du dich, dass du die Materialien, die du nennst, bewusst bearbeitet hast. Außerdem machst du deutlich, dass die Informationen der Materialien nicht von dir persönlich stammen.

> **INFO zu 2.**
>
> *verfassen/formulieren:* einen Text schreiben
> *erklären:* Textaussagen oder Sachverhalte auf der Basis von Kenntnissen und Einsichten darstellen
> *darstellen:* Inhalte, Aussagen oder Zusammenhänge sachlich und strukturiert formulieren
> *erläutern:* Sachverhalte oder Textaussagen veranschaulichen
> *schlussfolgern:* auf der Grundlage gegebener Informationen zu eigenen Erkenntnissen gelangen

C 1.2 Aufgabentyp 2: Einen informierenden Text verfassen – Fachwissen

Um einen **informierenden Text** schreiben zu können, musst du anhand der Aufgabenstellung zunächst ermitteln, wer dein(e) **Adressat(en)** ist/sind (Für wen schreibe ich?), in welcher **Situation** du schreibst (Was ist der Anlass?) und welches **Schreibziel** du verfolgst (Welche Funktion hat der Text?). Diese Informationen entnimmst du dem Vortext der Aufgabe. Sie geben dir Hinweise dazu, wie du formulieren musst:

Adressaten: Schülerinnen und Schüler, Lehrerinnen und Lehrer, Eltern → höfliche und freundliche Ansprache

Situation: Schulfeier zur Namensgebung der Schule / Formulierung durch Schulsprecher → Personalpronomen (wir) und Possessivpronomen (unsere) verwenden, da Autor und Adressaten der Schulgemeinschaft angehören

Schreibziel: Informationen zur Namensgeberin Mirjam Pressler → informativ, sachlich, anschaulich (vgl. Aufgabe ❶, Kapitel C 1.5, S. 29)

Die **Gliederung** deines Informationstextes wird dir durch die Teilaufgaben vorgegeben. Abschließend nimmst du zumeist selber zu einer Aussage bzw. einem im Text dargestellten Sachverhalt Stellung:

– Formuliere ... Überschrift → Thema und Situation beachten
– Schreibe eine Einleitung ...
– Stelle dar, ... → Schwerpunkte der Aufgaben beachten
– Erläutere ...
– Schlussfolgere ... → ziehe auch Schlussfolgerungen, die nicht im Text stehen

Ziele des Textes (= Funktion)
- Information
- Unterhaltung

Schreibstil und Art der Informationen
- informativ
- beschreibend
- sachlich
- interessant
- anschaulich
- unterhaltsam

Beachte dabei:
✔ Wähle eine **Interesse weckende Überschrift**, die das Thema trifft.
✔ Formuliere **verständlich** (ggf. Fremdwörter erklären) und für die Adressaten angemessen.
✔ Schreibe nicht aus dem Text ab. **Zahlen**, **Daten**, **Namen** und **Fakten** solltest du aber **richtig übernehmen**.
✔ **Originaltöne** machen deinen Text anschaulich. Wenn du **wörtlich zitierst**, z. B. aus einem Interview, setze das Zitat in Anführungsstriche und gib Namen, Ort, Funktion und Erscheinungsjahr an:
In einem Interview mit der Tageszeitung DIE WELT (2016) sagte Pressler dazu: „Geschichten waren essenziell für mich."
(vgl. dazu Teilaufgabe ❶ d, S. 29)
Auch beim **indirekten Zitieren** sind diese Angaben notwendig. Dann verwendest du den **Konjunktiv I**, um deutlich zu machen, dass du die Äußerungen einer anderen Person wiedergibst.
✔ Nenne im Text **keine Materialien**, denn deine Leser verfügen nicht darüber. Diese benennst du nur **kurz im letzten Satz**.

TIPP

– Weise bereits beim Lesen der Schreibaufgabe den einzelnen Teilaufgaben unterschiedliche Farben zu.
– Beim Erschließen des Textes markierst du in diesen Farben die Informationen, die du für die Bearbeitung der jeweiligen Teilaufgabe verwenden willst.

C 1.3 Aufgabentyp 2: Einen informierenden Text verfassen

Hier erhältst du eine Übersicht über die **Vorgehensweise zur Bearbeitung der Schreibaufgabe zum Aufgabentyp 2**. Die blau markierten Wörter (Arbeitstechniken, Operatoren, Fachbegriffe) kannst du im Glossar (ab S. 130) oder den Kapiteln C 1.1 (S. 24) und C 1.5 (ab S. 28) nachschlagen. Orientiere dich bei der Bearbeitung der Aufgabenstellungen in den Kapiteln D 3 – D 5 an dieser Übersicht.

Sechs Schritte zur Bearbeitung der Aufgabenstellung

1. Schritt: Sich orientieren
- Aufgabenstellung und Teilaufgaben lesen
- Adressaten ermitteln
- Situation/Thema erfassen
- Teilaufgaben und Operatoren erfassen
- Schreibziel erkennen (→ informieren)

2. Schritt: Materialien erschließen und Inhalte erfassen
- Texte, Grafiken, Tabellen lesen
- unbekannte Begriffe und Ausdrücke klären (Wörterbuch, Sinnzusammenhang)
- Schlüsselstellen markieren und bewerten (mit Symbolen, Pfeilen)
- Stichpunkte in der Randspalte notieren

3. Schritt: Einen Schreibplan anlegen
- Tabelle anlegen (nach Teilaufgaben und Materialien gliedern)
- ggf. Alternative zum Schreibplan anlegen: farbige Markierungen pro Teilaufgabe vornehmen

4. Schritt: Materialien auswerten und Stichworte im Schreibplan festhalten
- Überschrift: Thema nennen, Interesse wecken
- Einleitung: ins Thema einführen, Vorgaben der Teilaufgaben ❶ a und ❶ b berücksichtigen
- Hauptteil: Teilaufgaben ab ❶ c berücksichtigen
- Schlussteil: Schlussfolgerungen zu den Aspekten der Teilaufgabe ❶ e ziehen
- Materialiennutzung: Nummern der verwendeten Materialien notieren

5. Schritt: Einen informierenden Text schreiben
Inhalt:
- Überschrift formulieren
- zusammenhängenden Text verfassen
- schlüssige Reihenfolge beachten
- Adressaten berücksichtigen (sachlich, verständlich, anschaulich schreiben)
- inhaltliche Zusammenhänge richtig darstellen (Fakten, Zahlen, Fachbegriffe)

Darstellung:
- nach Teilaufgaben Absätze einfügen
- in eigenen Worten formulieren
- verwendete Materialien aufzählen

6. Schritt: Text überarbeiten
- Interessante Überschrift?
- Alle Teilaufgaben berücksichtigt (→ Operatoren)?
- Informationen für die Adressaten nachvollziehbar und interessant formuliert?
- Informationen richtig dargestellt?
- Sinnvolle Gliederung des Textes?
- Vollständige Sätze?
- Im Präsens geschrieben?
- In eigenen Worten formuliert?
- Rechtschreibung, Zeichensetzung, Grammatik korrekt?

C 1.4 Schreibplan zu Aufgabentyp 2

Nutze diese Tabelle zur Planung deines informierenden Textes. Ergänze die Kategorien der Teilaufgaben und die Informationen aus den Materialien stichwortartig. Nutze für jedes Material eine Zeile. Überflüssige Zeilen bzw. Spalten streichst du.

Adressat: _____

Situation / Thema: _____

Schreibziel: _____

Aufgaben/ Material	❶ a) Überschrift	❶ b) Einleitung	❶ c)	❶ d)	❶ e)	Daran muss ich denken:
M 1						
M 2						
M 3						
M 4						
M 5						
M 6						
M 7						

C 1.5 Schreibaufgabe zu einem informierenden Text in sechs Schritten bearbeiten (Aufgabentyp 2)

Auf den folgenden Seiten lernst du die wichtigsten Arbeitsschritte zur Erarbeitung eines informierenden Textes kennen. Auf den Seiten 29–31 findest du die Materialien, mit deren Hilfe du diese Schritte üben kannst. Auch in der angeleiteten Prüfungsaufgabe (Teil D) wird auf diese grundlegenden Seiten verwiesen.

Erster Schritt: Sich orientieren

> **TIPP zum ersten Schritt**
>
> Stürze dich nicht gleich in die Arbeit, sondern verschaffe dir einen ersten Überblick:
> 1. Mache dir klar, was die Aufgabe von dir verlangt. Lies dazu die einzelnen Teilaufgaben und unterstreiche alle wichtigen Hinweise auf das, was du tun sollst. Die Verben in den Aufgaben sind zur besseren Orientierung fett gedruckt. Eine Erklärung der Verben findest du im Teil C 1.1 auf Seite 24.
> 2. Die Informationen zum Adressaten und zur Situation findest du im Vortext über der Aufgabenstellung.

1. Lies die Aufgabenstellung in der Prüfungsvorlage (S. 29) „mit dem Stift". Markiere die Verben und die Schlüsselwörter.

2. Mache dir klar, in welcher Situation und an wen du schreibst.

    Adressat: _____

    Situation/Thema: _____

    Schreibziel: _____

3. Notiere stichpunktartig, was dir zu dem Thema „Mirjam Pressler" einfällt. Wer ist Mirjam Pressler? Wovon könnten die Materialien handeln?

    _____

    _____

    _____

Zweiter Schritt: Materialien erschließen und Inhalte erfassen

4. a) Erschließe die Materialien (Texte, Bilder, Tabellen) wie im TIPP zum zweiten Schritt dargestellt. Setze dazu die Bearbeitung fort.
   b) Kennzeichne durch Unterstreichungen und Randbemerkungen die Informationen, die die Teilaufgaben erfordern (z. B. zum Lebenslauf, zum Inhalt ihrer Bücher, …). Verwende dazu für jede Teilaufgabe eine eigene Farbe.

> **TIPP zum zweiten Schritt**
>
> 1. Markiere alle Textstellen, die dir unklar sind. Kläre unbekannte Ausdrücke aus dem Sinnzusammenhang oder schlage im Wörterbuch nach. Beachte auch die Worterklärungen unter dem Text.
> 2. Unterstreiche Schlüsselstellen. Das sind Antworten auf die W-Fragen und Textstellen, die du zur Bearbeitung der Teilaufgaben heranziehen willst.
> 3. Kennzeichne mit Markierungen und Symbolen (!?) Textstellen, die für das Verständnis der Materialien wichtig sind. Verweise kannst du mit Pfeilen (→) verdeutlichen.
> 4. Notiere zu jedem Abschnitt Stichpunkte zum Inhalt in der Randspalte.

Die Autorin Mirjam Pressler

Teil II

Deine Schule soll nach der Autorin Mirjam Pressler benannt werden. Zur Namensgebung soll es eine große Schulfeier geben, an der alle Schülerinnen und Schüler, Lehrerinnen und Lehrer und Eltern teilnehmen. Damit alle für diesen Termin gut vorbereitet sind, bist du als Redakteur der Schulzeitung gebeten worden, einen Informationstext über Mirjam Pressler zu schreiben. Um deinen Text schreiben zu können, bekommst du eine Materialsammlung (M1–M5).

Lies zunächst die Aufgabenstellung und dann die Materialien gut durch, bevor du mit dem Schreiben beginnst.

1. **Verfasse** auf Grundlage der Materialien M1 bis M5 einen **informierenden Text** über Mirjam Pressler. Schreibe nicht einfach aus den Materialien ab, sondern achte auf eine eigenständige Darstellung in einem zusammenhängenden Text.
   Gehe dabei so vor:
   a) **Formuliere** für den Text eine passende Überschrift.
   b) **Schreibe** eine Einleitung, in der du die Autorin Mirjam Pressler kurz **vorstellst** *(Wann und wo wurde sie geboren? Welche Berufe hat sie ausgeübt? Wo hat sie gelebt?)*.
   c) **Erkläre**, welche Themen Mirjam Pressler in ihren Kinder- und Jugendbüchern verarbeitet.
   d) **Erläutere**, wie Mirjam Pressler ihre eigenen Lebenserfahrungen mit der Welt ihrer Figuren verknüpft.
   e) **Schlussfolgere** anhand der Materialien und eigener Überlegungen, warum Mirjam Pressler gerade für Kinder und Jugendliche schreibt.
   f) **Notiere** unterhalb des Textes die Nummern der von dir genutzten Materialien.

M1 Lebensdaten von Mirjam Pressler

Geburtsjahr	1940
Geburtsort	Darmstadt
Kindheit	– uneheliches Kind einer jüdischen Mutter – wuchs bei Pflegeeltern und in einem Kinderheim auf
Ausbildung	Abitur, Studium: Kunst (Frankfurt) und Sprachen (München)
Berufstätigkeit	unterschiedliche Jobs: z. B. Bürotätigkeiten, Inhaberin eines Jeansladens
Besonderheiten	– ein Jahr Aufenthalt in Kibbuz[1] in Israel – erste Veröffentlichung: Roman „Bitterschokolade" (1980) – mittlerweile mehr als 30 veröffentlichte Kinder- und Jugendbücher
aktueller Wohnort	Landshut (Bayern)
Auszeichnungen	– mehrfach: Deutscher Jugendliteraturpreis: 1994 für Übersetzungswerk, 1995 für Roman »Wenn das Glück kommt, muss man ihm einen Stuhl hinstellen«, 2010 für das Gesamtwerk – Trägerin des Bundesverdienstkreuzes erster Klasse

[1] der Kibbuz: eine Wohngemeinschaft in Israel

M2 Auszug aus einem Interview mit Mirjam Pressler

Die Welt: Sie wuchsen erst in einer Pflegefamilie auf, später im Kinderheim. Wenn Sie nicht einschlafen konnten, dachten Sie sich Fortsetzungs-Schauer-Geschichten aus. Waren Geschichten für Sie eine Art Lebenshilfe?

Pressler: Geschichten waren essenziell[1] für mich. Ich habe mir sehr oft welche ausgedacht, aber nicht nur Schauer-Geschichten, auch Kitsch-Geschichten.

Die Welt: Welche?

Pressler: Eher märchenhafte: dass auf einmal der Vater auftaucht, reich und berühmt, und mich mitnahm – solche Sachen halt. Ich habe damals auch Karl May[2] gelesen und seine Geschichten weitergesponnen. Ich habe mir auch in der Straßenbahn immer Geschichten weitererzählt, nicht nur beim Einschlafen. Immer wenn ich irgendwo etwas machen musste, was mich langweilte, habe ich mir selbst Geschichten erzählt. Ich war eine Tagträumerin.

Die Welt: Ihre Jugendbücher spielen überhaupt nicht in der heilen Welt: Sie schildern darin Kinder, die von Eltern auf der Flucht getrennt werden, oder Kinder, die mit Behinderungen leben müssen. Es gibt Verhältnisse, die ein Kind nicht ändern kann, haben Sie mal gesagt und geraten, es solle möglichst schnell erwachsen werden. Das ist ein harter Satz.

Pressler: Das stimmt. Aber zu diesem Satz stehe ich nach wie vor. Viele meiner Bücher handeln von einer beschädigten Kindheit. Es gibt Situationen, die Kinder von sich aus nicht ändern können. Ich finde es wichtig, dass sie verstehen, dass nicht sie daran schuld sind, sondern dass es die Umstände sind. Man kann als Kind seine Eltern nicht ändern, auch die sozialen Umstände nicht. Wenn Kinder merken, dass es nicht ihre Schuld ist, können sie vielleicht anfangen, darüber zu reden. Denn vorher ist ja alles schambesetzt[3]. In dem Moment, da man es aussprechen oder hinschreiben kann, verliert es seinen Stachel. Und je öfter man das macht, umso leichter fällt es einem. Man bekommt so eine gewisse Distanz.

https://www.welt.de/kultur/literarischewelt/article141884756/Ich-wollte-Erfolg-als-Autorin-nicht-als-Juedin.html

[1] essenziell: bedeutungsvoll, wichtig
[2] Karl May: Autor von „Winnetou"
[3] schambesetzt: sich für etwas schämen, peinlich sein

M3 Klappentext „Wenn das Glück kommt, muss man ihm einen Stuhl hinstellen"

Das Glück kam bisher nur selten zu Halinka. Halinka ist zwölf und lebt seit Jahren im Heim. Was vor dieser Zeit war, erzählt sie nicht. Halinka hat keine Freundin und will auch keine. Am liebsten ist sie allein in ihrem wunderbaren Versteck auf dem Speicher. Dort schreibt sie all die Sprüche und Sätze auf, die ihr durch den Kopf gehen. Manchmal lässt sie sich mit Huckleberry Finn[1] auf einem Floß den Mississippi hinuntertreiben. Dann hat Fräulein Urban, die Heimleiterin, die verrückte Idee, alle Mädchen für das Müttergenesungswerk sammeln zu lassen. Halinka möchte unbedingt Sammelkönigin werden. Vielleicht kann sie dann wieder ihre geliebte Tante Lou besuchen. Halinka weiß – wenn das Glück kommt, dann muss man ihm einen Stuhl hinstellen. Und darauf wartet sie.

Beltz und Gelberg. 12. Auflage 2015

[1] Huckleberry Finn: eine Figur aus dem Roman „Tom Sawyer"

M4 Auszug aus einer Buchbesprechung zu „Wenn das Glück kommt, muss man ihm einen Stuhl hinstellen"

Möglich, dass solche Gerüche, Farben, Klänge Jugendlichen von heute fremd sind; die Gefühle, um die es in dieser merkwürdigen Woche im Leben eines zwölfjährigen Heimkinds geht, sind es nicht – Verlassenheit, Eifersucht, verletzter Stolz, Wut, Hass, Sehnsucht nach Zärtlichkeit und gleichzeitig ängstliche Abwehr jeder Zärtlichkeit. Um das tiefe Misstrauen eines verlassenen Kindes geht es in dem Roman; ums Sichbehaupten in einer Welt, die nicht freundlich ist zu Kindern, in der man kämpfen muss, um nicht unterzugehen, und mit Zuneigung oder Hoffnung geizig haushält, damit man am Ende nicht reinfällt. Weshalb Halinka auch Distanz hält zu Renate, die nachts im Schlafsaal so oft vor sich hin weint. Denn „was nützt eine Freundin, die nicht stark ist" im Heim, wo nur der Starke recht hat. O ja, sie kennt sich aus, diese Zwölfjährige, und sie ist so wenig gut, wie die Welt wenig gut ist. Und so wird sie also auch zehn Mark klauen aus der vollen Sammelbüchse.

Authentizität[1] rühmten die Kritiker an den Romanen Presslers, mit mehr als 30 Büchern einer der erfolgreichsten deutschen Kinder- und Jugendbuchautorinnen, vielfach ausgezeichnet, auch für ihre vorzüglichen Übersetzungen. Authentisch ist sie, weil sie Phantasie hat und Einfühlungsvermögen in die komplizierte Seelenlage von Kindern. Es sind Geschichten von Außenseitern – von Eva, die ihren Kummer in sich hineinfrisst („Bitterschokolade"), von Thomas, einem gehbehinderten 15-Jährigen („Stolperschritte"), von Herbert, dem Schulversager („Kratzer im Lack"). Oder, mit autobiografischen[2] Zügen, eben von Halinka, die ins Heim kommt wegen Verwahrlosung.

Liebeserklärung an Tante Lou, Elisabeth Bauschmid, Süddeutsche Zeitung, 18.05.2006

[1] die Authentizität: die Echtheit
[2] autobiografisch: das eigene Leben beschreibend

M5 Große Literatur für kleine Leser

[...] Inzwischen war sie (Mirjam Pressler) auf Jugendbücher voll ungeahnter Ernsthaftigkeit gestoßen. Das machte ihr Mut: „Was ich mir wünsche, ist ein Ernstnehmen der kindlichen Welt, der äußeren und der inneren, mit allem Schwierigen, was dazugehört." Die Helden ihrer Bücher sind Außenseiter. [...] Nicht immer gehen ihre Geschichten gut aus.
Daher wird ihr häufig ein Mangel an Positivem vorgeworfen. Eltern vermissen heitere Lebensperspektiven in ihren Büchern. Doch die jungen Leser sind begeistert. „Ich finde, Sie schreiben genauso wie es wirklich ist. Ganz ohne Kompromisse beim Inhalt und bei der Sprache", findet der Jungleser Johannes. Und eine Mira schreibt: „Jedes Mal kommt es einem so vor, als hätten Sie die Geschichte, die Sie schreiben, selber erlebt." Sie spüren: Es geht der Autorin um eine stabile Identität ihrer Leser. [...]

Claudia Schülke, Hamburger Abendblatt, 07.06.2010 (http://www.abendblatt.de/kultur-live/article107692930/Grosse-Literatur-fuer-kleine-Leser.html)

Dritter Schritt: Schreibplan anlegen

INFO zum dritten Schritt

Ein Schreibplan hilft dir, alle Materialien nach den Vorgaben der Teilaufgaben übersichtlich zu bearbeiten:
1. Nutze die Aufgabenstellung und deren Unterpunkte für deine Gliederung.
2. Lege in einem Schreibplan (Tabelle) die Gliederung deines Textes nach den Teilaufgaben (oberste Zeile) fest. In den senkrechten Spalten trägst du dazu passende Informationen aus den Materialien M1–M5 ein. Wenn du schon oft mit einem Schreibplan gearbeitet hast und gut formulieren kannst, kannst du diesen Schritt auch überspringen. Weise den einzelnen Teilaufgaben stattdessen verschiedene Farben zu. Mit diesen Farben markierst du zugehörige Passagen in den Materialien (siehe 2. Schritt, Aufgabe 4b).
3. In die Spalte „*Daran muss ich denken*" trägst du ein, worauf du bei der anschließenden Verschriftlichung achten willst. Notiere hier auch, welche Materialien du verwendet hast (Aufgabe ❶ f).

5. Übertrage den folgenden Schreibplan auf eine DIN-A4-Seite. Lasse in den einzelnen Zeilen ausreichend Platz. Du kannst auch den vorbereiteten Schreibplan von Seite 27 kopieren (C 1.4).

Schreibplan
Adressat: deine Mitschüler, Lehrer, Eltern
Situation/Thema: Namensgebung der Schule/Autorin Mirjam Pressler
Schreibziel: informierender Text über Mirjam Pressler

Aufgaben / Material	❶ a) Überschrift	❶ b) Einleitung	❶ c) …	❶ d) …	❶ e) …	Daran muss ich denken:
M 1		– geb. 1940 in Darmstadt – …				– Material sichten – wichtige Informationen zu den Teilaufgaben markieren – Randbemerkungen – Stichworte aus den Materialien in Schreibplan übertragen – …
M 2		– Pflegefamilie – Kinderheim …				
M 3			– …	– Figur Halinka lebt auch im Heim …		
M 4			– Bücher über Außenseiter – …			
M 5						

Vierter Schritt: Materialien auswerten und Stichworte im Schreibplan festhalten

INFO zum vierten Schritt

Deine Schreibaufgabe besteht darin, in einem informierenden Text alle Teilaufgaben zusammenhängend zu bearbeiten:
a) Finde eine passende **Überschrift** (Teilaufgabe ❶ a), die zum Lesen anregt (Adressatenbezug). Orientiere dich dabei an der Vorgabe des Themas.
b) In der **Einleitung** führst du in das Thema ein und machst kurz Angaben zu dem, was die Teilaufgabe fordert (Teilaufgabe ❶ b).
c) Im **Hauptteil** erarbeitest du die Teilaufgaben ❶ c–d. Das sind Aufgaben zu inhaltlichen Aspekten (z. B. *Lebenserfahrungen*). Beachte dazu genau die Verben (z. B. *erklären, erläutern ...*) und die Schlüsselwörter in den Teilaufgaben (z. B. *verarbeitete Themen ...*).
d) Im **Schlussteil** ziehst du Schlüsse zu den genannten Aspekten der Teilaufgabe (Aufgabe ❶ e, z. B. *Warum schreibt die Autorin gerade für Jugendliche?*)
e) Abschließend nennst du in einem Satz noch die **Materialien**, die du verwendet hast (Aufgabe ❶ f). Orientiere dich dazu an deiner Tabelle bzw. deinem Schreibplan oder an den von dir genutzten farbigen Markierungen.

6. Ergänze nun den Schreibplan stichwortartig. Beginne mit der ersten Spalte zur Überschrift (❶ a).

7. Notiere in der zweiten Spalte Stichworte zur Einleitung (Teilaufgabe ❶ b). Gehe dazu auf die vorgegebenen Aspekte in der Teilaufgabe (*Geburtsjahr, -ort, Berufe, Aufenthaltsorte*) ein.

TIPP zum 4. Schritt

Wenn du dich dazu entschieden hast, dass dir die farbigen Markierungen zu den Teilaufgaben als Schreibplan reichen, überprüfe noch einmal, ob du zu allen Teilaufgaben ausreichende Informationen markiert hast.

8. Markiere in den Materialien, welche Themen Pressler in ihren Büchern verarbeitet. Übertrage diese in Spalte 3 des Schreibplans.

9. Sammle Hinweise darauf, wie die Autorin ihre Lebenserfahrung mit der Welt ihrer Figuren verknüpft. Notiere sie in Spalte 4.

10. Ziehe Schlüsse aus den Informationen, die du über die Autorin gesammelt hast. Notiere dir, warum sie deiner Meinung nach für Kinder und Jugendliche schreibt (❶ e). Ergänze die Ergebnisse in Spalte 5 des Schreibplans.

TIPP zu 8./9./10.

Orientiere dich beim Festhalten der Notizen an den Verben (*erkläre, ...*) und am Wortlaut (*Schlüsselwörter*) der Teilaufgaben. So kannst du beim Ausformulieren der Ergebnisse Wiederholungen vermeiden. Achte darauf, dass du in **mehreren** Materialien Informationen zu **einer** Teilaufgabe finden kannst.

Fünfter Schritt: Einen informierenden Text schreiben

TIPP zum fünften Schritt

1. Schreibe deinen Text. Lasse einen **breiten Rand** an der Seite und unten, damit du Platz für die Überarbeitung und Ergänzungen hast.
2. Formuliere eine passende Überschrift (*Wissenswertes über Mirjam Pressler*).
3. Bringe die Ergebnisse aus deinem **Schreibplan** bzw. deine farbigen Markierungen als Alternative zum Schreibplan in eine **schlüssige und zusammenhängende Reihenfolge**. Achte darauf, dass du die Stichpunkte/Informationen aus den verschiedenen Materialien miteinander verknüpfst. Orientiere dich an den Teilaufgaben. Setze nach jeder Teilaufgabe einen **Absatz**.
4. Berücksichtige beim Ausformulieren deines informierenden Textes den **Adressaten** (*deine*

C 1.5 Strategien | Aufgabentyp 2 | Schreibaufgabe bearbeiten

Mitschülerinnen und Mitschüler, Lehrerinnen und Lehrer, Eltern). Schreibe **sachlich**, **verständlich** und **anschaulich**: *Mirjam Pressler wählt in ihren Büchern Themen, die für uns alle eine Bedeutung haben.*
5. Halte dich an die dargestellten Fakten und Zahlen. Verwende Fachbegriffe, erkläre aber auch Begriffe und Namen, die in der Alltagssprache nicht häufig vorkommen.
6. Formuliere **in eigenen Worten** und im **Präsens**.

11. Verfasse deinen informierenden Text auf einem Extrablatt. Orientiere dich am TIPP und nutze die Ergebnisse deiner Vorarbeit.

Teilaufgabe ❶ a): Wissenswertes über …

Teilaufgabe ❶ b): Unsere Schule soll nun nach der Autorin Mirjam Pressler benannt werden. Deshalb sollten alle Beteiligten genauer wissen, wer Mirjam Pressler eigentlich ist. Die Autorin wurde 1940 in … geboren und …

Teilaufgabe ❶ c): Presslers Bücher sind sicher deshalb so beliebt, weil sie darin Themen aufgreift, die für uns alle eine große Bedeutung haben und mit denen sich viele identifizieren können, z. B. …

Teilaufgabe ❶ d): Wenn man die Themen von Mirjam Presslers Büchern genauer betrachtet, kann man feststellen, dass sie ihre eigenen Lebenserfahrungen mit denen der Figuren darin verknüpft, denn …

Teilaufgabe ❶ e): Für Mirjam Pressler sind wir Jugendlichen und Kinder eine wichtige Lesergruppe, da …

Teilaufgabe ❶ f): Ich habe für meinen Text Informationen aus den Materialien … genutzt.

Sechster Schritt: Text überarbeiten

12. Überarbeite deinen informierenden Text. Verwende dazu die CHECKLISTE.

CHECKLISTE zur Überarbeitung von Texten (Aufgabentyp 2)

1. **Den Text inhaltlich überprüfen (Inhaltsleistung)**
   ✓ Hast du eine interessante Überschrift gewählt?
   ✓ Hast du in deinem Text alle Ergebnisse aus deiner Vorarbeit berücksichtigt?
   ✓ Sind deine Informationen für den Leser nachvollziehbar und interessant formuliert?
   ✓ Wurden die Informationen (Aussagen, Fakten, Zahlen) richtig aus den Materialien übernommen?
   ✓ Wurden nachvollziehbare Schlussfolgerungen gezogen, die sich sinnvoll aus den Materialien ergeben?
   ✓ Hast du die Nummern der von dir genutzten Materialien notiert?

2. **Den Text sprachlich überprüfen (Darstellungsleistung)**
   ✓ Hast du den Text sinnvoll gegliedert? Ist er durch Absätze überschaubar gestaltet?
   ✓ Hast du unnötige Wiederholungen und unklare Formulierungen vermieden?
   ✓ Sind deine Sätze vollständig?
   ✓ Kannst du komplizierte Sätze vereinfachen?
   ✓ Hast du Zusammenhänge durch sinnvolle Satzverknüpfungen verdeutlicht?
   ✓ Hast du im Präsens geschrieben?
   ✓ Überprüfe auch Rechtschreibung, Zeichensetzung und Grammatik, denn sie fließen in die Bewertung ein und können den Lesefluss beeinträchtigen. Kontrolliere deinen Text mehrfach und berücksichtige deine persönlichen Fehlerschwerpunkte.

C 2 Aufgabentyp 4a

C 2.1 Was wird bei der Aufgabenstellung „Analysiere …" erwartet?

1. Die Aufgabenstellung unten stammt aus einer Prüfungsvorlage, in welcher ein analysierender Text verfasst werden sollte. Lies die Aufgaben. (ACHTUNG: Die zugehörigen Texte und Materialien findest du auf den Seiten 100 bis 102.)

<u>Analysiere</u> den Textauszug aus dem Roman „Am Ende des Alphabets" von Fleur Beale. Gehe dabei so vor:
- <u>Schreibe</u> eine Einleitung, in der du Textsorte, Titel, Autorin und Erscheinungsjahr <u>benennst</u> sowie das Thema <u>formulierst</u>.
- Fasse den Text kurz zusammen.
- Stelle dar, wie sich Mr Vine gegenüber Ruby und den Kunden verhält.
- Untersuche, welche Empfindungen Ruby während des Konflikts durchlebt.
- Erläutere, wie durch sprachliche und formale Mittel deutlich wird, dass Ruby sich über Mr Vine ärgert (mögliche Aspekte: Wortwahl, Sprachbilder, Erzählperspektive).
- Setze dich im Schlussteil mit der folgenden Aussage eines Schülers kritisch auseinander:
 „So wie Ruby sollte man am ersten Tag beim neuen Job nicht auftreten."
 – Nimm Stellung zu der Aussage.
 – Begründe deine Meinung.
 – Belege deine Ausführungen am Text.

INFO zu 2.

benennen: Informationen zusammentragen
zusammenfassen: Inhalte oder Textaussagen in eigenen Worten wiedergeben
darstellen: Inhalte, Aussagen oder Zusammenhänge sachlich und strukturiert formulieren
untersuchen: an Texten, Textaussagen, Problemstellungen, Sachverhalten kriterienorientiert bzw. fragengeleitet arbeiten
erläutern: Textaussagen, Sachverhalte auf der Basis von Kenntnissen und Einsichten darstellen und durch Informationen und Beispiele veranschaulichen
Stellung nehmen: eine Problemstellung bzw. einen Sachverhalt auf der Grundlage von Kenntnissen, Einsichten und Erfahrungen kritisch prüfen und die Einschätzung sorgfältig abwägend formulieren
begründen: eigene Aussagen erklären, z. B. durch Konjunktionen (*weil, denn* …) einleiten
belegen: Aussagen anhand von Beispielen aus dem Text verdeutlichen

2. In der Aufgabenstellung oben ist zum Teil schon unterstrichen worden, was von dir erwartet wird. Unterstreiche auch in den weiteren Aufgaben, was du tun sollst. Die Operatoren geben dir Hinweise. Lies dazu die Info rechts. Sie erklärt, was unter den Arbeitsanweisungen genau zu verstehen ist.

3. a) Lies die Aufgabenstellungen oben noch einmal gründlich.
   b) Woran erkennst du an der Aufgabenstellung e), dass du dich auf den Text beziehen musst?
   c) Woran erkennst du, dass du in der Aufgabenstellung f) auch bewerten musst?

INFO zu 3.

Um einen erzählenden Text zu verstehen, musst du ihn **analysieren**:
– Wo und wann spielt die Handlung?
– Welche Personen sind wichtig?
– In welchem Verhältnis stehen die Personen zueinander?
– Wie ist die Handlung aufgebaut?
– Wie wird erzählt (Erzählverhalten)?
– Welche sprachlichen Besonderheiten fallen auf und welche Funktion haben sie?
– Um welche Textsorte handelt es sich?
Zur Analyse gehört auch die **Deutung**. Dazu beantwortest du folgende Fragen:
– Welche Wirkung hat der Text auf die Leser?
– Mit welcher Absicht wurde er geschrieben?
– Welches Problem macht der Text deutlich?

C 2.2 Aufgabentyp 4a: Einen epischen Text analysieren – Fachwissen

Bei der Analyse eines epischen (= erzählenden) Textes (z.B. Romanauszug, Erzählung, Satire ...) musst du nach der Vorstellung (TATTE-Satz) und der Zusammenfassung des Inhalts auch Aufgaben zu Inhalt und **Erzählweise** bearbeiten. Dadurch ermittelst du die Wirkung des Textes auf den Leser sowie die Textaussage (= Funktion). Anschließend nimmst du zu einer Aussage bzw. einem Zitat Stellung oder schreibst aus der Perspektive einer Figur.

Zur Analyse der **Erzählweise** werden dir in der Aufgabe Schwerpunkte (= mögliche Aspekte) vorgegeben. Diese solltest du auf jeden Fall untersuchen, du kannst aber auch auf weitere formale Merkmale eingehen: *Erläutere, warum diese Freundschaft Therese schließlich in einen inneren Konflikt stürzt (Z. 182–193). Untersuche dazu, wie die Autorin diesen Konflikt durch die* **formale und sprachliche Gestaltung** *verdeutlicht (mögliche Aspekte:* **Erzählform, Erzählverhalten, Satzbau***).* (vgl. dazu Teilaufgabe ❶ e, S. 41)

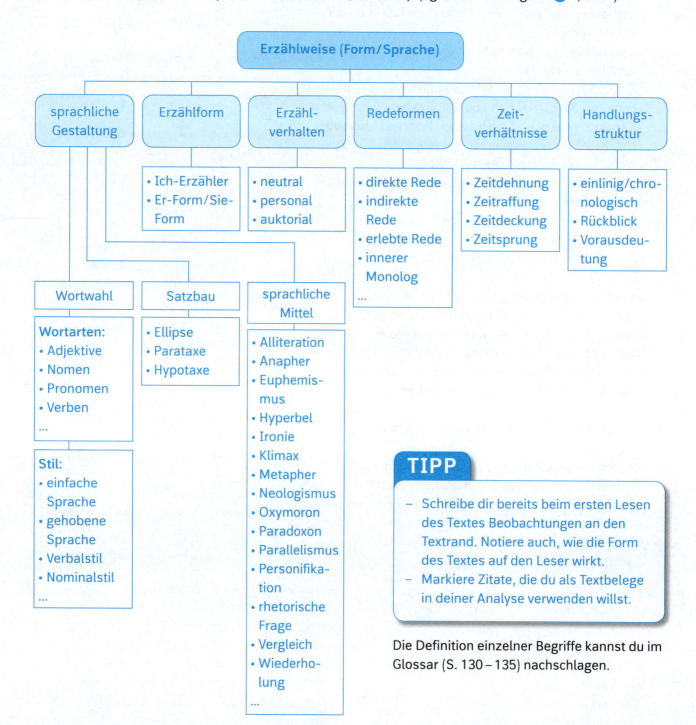

TIPP

– Schreibe dir bereits beim ersten Lesen des Textes Beobachtungen an den Textrand. Notiere auch, wie die Form des Textes auf den Leser wirkt.
– Markiere Zitate, die du als Textbelege in deiner Analyse verwenden willst.

Die Definition einzelner Begriffe kannst du im Glossar (S. 130–135) nachschlagen.

C 2.3 Aufgabentyp 4a: Einen lyrischen Text analysieren – Fachwissen

Bei der Analyse eines lyrischen Textes (z.B. Gedicht, Lied ...) musst du nach der Vorstellung (TATTE-Satz) und der Zusammenfassung des Inhalts auch Aufgaben zu Inhalt und **Form** bearbeiten. Dadurch ermittelst du die Wirkung des Textes auf den Leser sowie die Textaussage (= Funktion). Anschließend nimmst du zu einer Aussage bzw. einem Zitat Stellung oder schreibst aus der Perspektive einer Figur.

Zur Analyse der **Form** werden dir in der Aufgabe Schwerpunkte (= mögliche Aspekte) vorgegeben. Diese solltest du auf jeden Fall untersuchen, du kannst aber auch auf weitere formale Merkmale eingehen:
*Erläutere, wie die Einstellung des lyrischen Ich durch **sprachliche Mittel** (mögliche Aspekte: Wortwahl, **sprachliche Bilder**) deutlich gemacht wird.* (vgl. dazu Teilaufgabe ❶ d, S. 50)

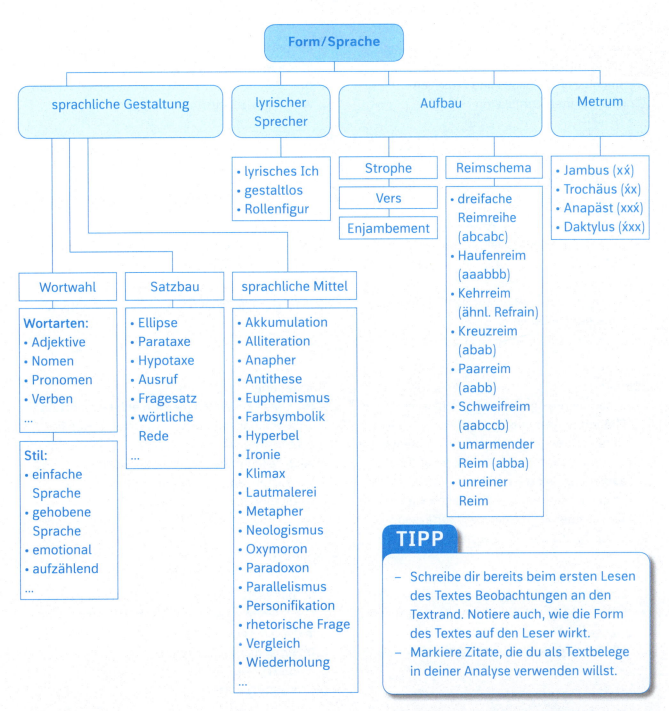

TIPP

- Schreibe dir bereits beim ersten Lesen des Textes Beobachtungen an den Textrand. Notiere auch, wie die Form des Textes auf den Leser wirkt.
- Markiere Zitate, die du als Textbelege in deiner Analyse verwenden willst.

Die Definition einzelner Begriffe kannst du im Glossar (S. 130 – 135) nachschlagen.

C 2.4 Aufgabentyp 4a: Einen Text analysieren und interpretieren

Hier erhältst du eine Übersicht zur **Vorgehensweise bei der Bearbeitung der Schreibaufgabe zum Aufgabentyp 4a**. Die blau markierten Wörter (Arbeitstechniken, Operatoren, Fachbegriffe) kannst du im Glossar (ab S. 130) oder den Kapiteln C 2.1 (S. 35), C 2.6 (ab S. 40) und C 2.7 (ab S. 49) nachschlagen. Orientiere dich bei der Bearbeitung der Aufgabenstellungen in den Kapiteln E 3 – E 5 an dieser Übersicht.

Sechs Schritte zur Bearbeitung der Aufgabenstellung

1. Schritt: Sich orientieren
- Aufgabenstellung und Teilaufgaben lesen
- Teilaufgaben und Operatoren erfassen
- Schreibziel erkennen (→ analysieren)

2. Schritt: Text erschließen und Inhalt erfassen
- Text lesen, unbekannte Begriffe und Ausdrücke klären (Wörterbuch, Sinnzusammenhang)
- Schlüsselwörter und -stellen markieren
- Sinnabschnitte bilden und Zwischenüberschriften formulieren
- Stichworte zum Inhalt machen
- Beobachtungen zu den formalen und sprachlichen Merkmalen der Textart (episch, lyrisch, dramatisch oder Sachtext) notieren und deren Wirkungsweise festhalten

3. Schritt: Schreibplan anlegen
- Tabelle anlegen (nach Teilaufgaben gliedern)

4. Schritt: Text untersuchen und Stichworte im Schreibplan festhalten
- Informationen für Einleitung notieren: TATTE-Satz (Titel, Autor, Textart, Erscheinungsjahr und Thema)
- Inhalt zusammenfassen: Handlung stichpunktartig notieren
- Aufgaben zu Inhalt und Form stichpunktartig bearbeiten und passende Textbelege notieren
- zu einer Aussage/einem Zitat Stellung nehmen oder einen Text aus Sicht einer Figur verfassen

5. Schritt: Text schreiben/Analyse verfassen

Inhalt:
- zusammenhängenden Text verfassen
- Einleitung formulieren
- Inhalt mit eigenen Worten zusammenfassen
- Zusammenhang zwischen Inhalt und Form aufgabengeleitet darstellen
- zu einer Aussage/Zitat Stellung nehmen oder Text aus der Sicht einer Figur verfassen

Darstellung:
- Präsens verwenden (bei Vorzeitigkeit: Perfekt)
- Beobachtungen belegen, Zitiertechniken beachten
- nach Teilaufgaben Absätze einfügen
- Überleitungen formulieren
- in eigenen Worten formulieren

6. Schritt: Text überarbeiten
- Einleitung vollständig?
- Inhalt richtig und mit eigenen Worten zusammengefasst?
- Alle Teilaufgaben berücksichtigt (→ Operatoren)?
- Stellungnahme auf das Zitat/die Aussage abgestimmt oder Text aus der Sicht einer Figur in der Ich-Form verfasst?
- Im Präsens geschrieben?
- Rechtschreibung, Zeichensetzung, Grammatik korrekt?

C 2.5 Schreibplan zu Aufgabentyp 4a

Nutze diesen Schreibplan zur Planung deines analysierenden Textes. Ergänze in der linken Spalte die Verben und Schlüsselwörter aus den Teilaufgaben und notiere in der rechten Spalte stichwortartig deine Ergebnisse mit passenden Textbelegen. Überflüssige Zeilen streichst du.

Teilaufgaben zu ❶	Stichworte zur Bearbeitung
a) Einleitung: TATTE-Satz	Titel: _____ Autor: _____ Textart: _____ Erscheinungsjahr: _____ Thema: _____
b) Inhalt zusammenfassen	
c) Aufgabe zu Form und/oder Inhalt	
d) Aufgabe zu Form und/oder Inhalt	
d) Aufgabe zu Form und/oder Inhalt	
f) Stellungnahme <u>oder</u> Text aus Sicht einer Figur	

C 2.6 Schreibaufgabe zu einem erzählenden Text in sechs Schritten bearbeiten (Aufgabentyp 4a)

Auf den folgenden Seiten werden die wichtigsten Arbeitsschritte für das Lesen und Erschließen eines erzählenden Textes und die Schritte für die Bearbeitung der Prüfungsaufgaben dargestellt. Auf den Seiten 41 – 43 findest du den erzählenden Text, mit dem du diese Schritte üben kannst. Auch in der angeleiteten Prüfungsaufgabe zum Thema „Eine Frage der Beziehung" (Teil E) wird auf diese grundlegenden Seiten verwiesen.

Erster Schritt: Sich orientieren

> **TIPP zum ersten Schritt**
>
> Stürze dich nicht gleich in die Arbeit, sondern verschaffe dir eine erste Orientierung:
> 1. Mache dir klar, was die Aufgabe von dir verlangt. Lies dazu die einzelnen Teilaufgaben und unterstreiche alle wichtigen Hinweise auf das, was du tun sollst. So erhältst du oft schon Anhaltspunkte, worauf du beim Lesen und Erschließen des Textes achten musst.
> 2. Worum geht es in dem Text? Was verrät dir die Überschrift?

1. Lies die Aufgabenstellung in der Prüfungsvorlage (S. 41) „mit dem Stift". Markiere die Verben und die Schlüsselwörter.

2. Gib mit eigenen Worten wieder, was du tun sollst. Beachte auch die Reihenfolge der einzelnen Schritte.

3. Notiere stichpunktartig, was dir zu dem Titel „Der Freund" einfällt. Um welches Thema könnte es gehen? Wovon könnte der Text handeln?

   _____

   _____

   _____

Zweiter Schritt: Text lesen und Inhalt erfassen

4. a) Erschließe den Text wie im TIPP zum zweiten Schritt dargestellt. Setze dazu die Bearbeitung fort.
   b) Kennzeichne durch Unterstreichungen und Randbemerkungen Besonderheiten, die dir auffallen (z. B. zu Satzbau, sprachlichen Gestaltungsmitteln, Erzählform und -verhalten).

5. Worum geht es im Text? Formuliere Stichworte zum Thema.
   - _Beziehung zwischen zwei Jugendlichen mit_

     unterschiedlichen Wertvorstellungen und ...

   _____

   _____

> **TIPP zum zweiten Schritt**
>
> 1. Markiere alle Textstellen, die dir unklar sind. Kläre unbekannte Ausdrücke aus dem Sinnzusammenhang oder schlage im Wörterbuch nach. Beachte auch die Worterklärungen unter dem Text.
> 2. Unterstreiche Schlüsselstellen. Das sind Antworten auf die W-Fragen und Textstellen, die du zur Bearbeitung der Teilaufgaben heranziehen willst.
> 3. Bilde Sinnabschnitte und notiere dazu jeweils eine Überschrift.
> 4. Notiere zu jedem Abschnitt Stichpunkte zum Inhalt.
> 5. Bestimme die Textart.

Eine Frage der Beziehung
Teil II

1 **Analysiere** den Text „Der Freund" von Gina Ruck-Pauquèt. Gehe dabei so vor:
  a) **Schreibe** eine Einleitung, in der du Titel und Autor **benennst** und das Thema **formulierst**.
  b) **Fasse** den Text **zusammen**.
  c) **Stelle dar**, was das Besondere an der Beziehung zwischen Therese und Bull ist.
  d) **Erkläre**, warum Therese zu Hause nichts von Bull erzählt.
  e) **Erläutere**, warum diese Freundschaft Therese schließlich in einen inneren Konflikt stürzt (Z. 182–193). **Untersuche** dazu, wie die Autorin diesen Konflikt durch die formale und sprachliche Gestaltung verdeutlicht *(mögliche Aspekte: Erzählform, Erzählverhalten, Satzbau)*.
  f) **Verfasse** einen kurzen Text aus der Sicht von Therese.
  – Warum findet Therese Bull zunächst interessant?
  – Wie reagiert sie auf seine Lügen?
  – Warum ist sie während des Besuches bei ihrer Lehrerin traurig?
  Schreibe in der Ich-Form und berücksichtige die Informationen, die die Erzählung gibt.

Der Freund (1987) *Gina Ruck-Pauquèt*

Bull und Therese sind befreundet, obwohl sie unterschiedlich sind

Er war älter als sie. Aber das machte Therese nichts aus. „Das Kind ist weit über sein Alter hinaus", pflegte ihre Mutter zu sagen. Vielleicht war
5 das der Grund dafür, dass Therese keine Freundin in ihrer Klasse hatte. Bull war mindestens vierzehn. Er ging nicht mehr in die Schule. Möglicherweise ging er auch dar-
10 um nicht, weil er einfach keine Lust hatte. Bull war das zuzutrauen! „Warum heißt du Bull? Warum hat deine Mutter dich Bull genannt?" Bull hatte gelacht. „Den Namen
15 habe ich mir selbst gegeben." „Und wie heißt du echt?" „Rumpelstilzchen", hatte Bull gesagt. Normalerweise hätte ja Therese einen Jungen wie Bull überhaupt nicht kennen
20 gelernt. In ihrer Gegend waren die Jungen anders. Entweder sie gingen in die Schule oder sie arbeiteten irgendetwas. Bull machte nichts. Jedenfalls nichts von dem, was man
25 meinen sollte. Nichts von all den vielen Dingen, die Erwachsene für vernünftig halten.

Als Therese Bull zum ersten Mal sah, lag er im Gras. Sie hatte ihrem
30 Vater das Essen in die Gärtnerei gebracht. Die Gärtnerei war am Stadtrand. Therese fuhr mit dem Fahrrad hin. Sie machte das gern. [...] Therese hockte sich zu ihrem Vater ins
35 Treibhaus und sah zu, wie er aß und dabei auf einem Zettel die Preise ausrechnete. Viel sprachen sie nie miteinander. Höchstens, dass der Vater fragte, ob in der Schule alles
40 gut gegangen war. „Ja", sagte Therese dann. Sie wartete, bis er alles aufgegessen hatte, packte den Teller und das Besteck in Zeitungspapier und stopfte alles in die Strohtasche.
45 „Tschüs!", sagte sie. Aber manchmal hörte der Vater das schon nicht mehr.

An dem Tag, als Therese Bull traf, drangen zuerst die Fetzen einer
50 Melodie zu ihr hin. Dann sah sie ihn draußen vor der Gärtnerei, wo das Gras ausgebleicht und hoch stand, weil es nie jemand mähte. Er lag auf dem Rücken, die Hände unter dem Kopf, und schaute
55 sie an. „Na?", sagte Bull. „Hast du Mundharmonika gespielt?", fragte Therese. Er zog das Instrument aus

Therese bringt ihrem Vater gern Essen in die Gärtnerei; Vater ist nicht gesprächig

der Hosentasche und spielte noch einmal. „Willst du?", fragte er dann und hielt es ihr hin. „Das kann ich nicht", sagte Therese. „Probier's." Therese schüttelte den Kopf. Bull stand auf. Er war lang und dünn und hatte breite Schultern. „Wohnst du hier irgendwo?", fragte Therese. Er zeigte hinter sich. Da waren die Häuser, die sie Silos nannten. „Wohnmaschinen", hatte die Mutter gesagt. „Die sind nicht mal alt. Aber das Gesindel[1], das da lebt, lässt alles verkommen[2]." [...]

Von da an trafen sie sich fast jeden Tag. Sie saßen da, aßen Sonnenblumenkerne und wetteten, wer die Schalen am weitesten spucken konnte. Bull spielte Mundharmonika oder er ahmte Tiere nach. Sprang herum wie ein Affe, hüpfte wie ein Känguru und machte den Stier mit gesenkten Hörnern. Therese hatte nie so gelacht. „Woher hast du die Sonnenblumenkerne?", fragte sie einmal. Da guckte er bloß und drückte ein Auge zu. Therese versuchte, nicht daran zu denken, dass sie aus der Gärtnerei stammen mussten. Vielleicht war es ja auch nicht wahr. Ein andermal fragte sie, was er denn werden wolle. Bull machte einen Handstand. „Wieso?", meinte er. „Naja, du brauchst doch einen Beruf." „Ich werd Seifenblasenfabrikant", sagte Bull. Am nächsten Tag brachte Therese Seifenblasen mit. Sie hatten so viel Spaß, dass sie fast vergessen hätte, nach Hause zu fahren. Mit Bull war alles anders, leichter, fröhlicher. Ganz einfach war alles mit Bull. Daheim hatte Therese nichts von ihm erzählt. Die hätten das doch nicht verstanden.

Als Therese ihn eines Tages von ihrem Fensterplatz im Klassenzimmer auf dem Schulhof sah, erschrak sie. Er schien da nicht hinzupassen. Sie erinnerte sich, ihm gesagt zu haben, in welche Schule sie ging. Aber was wollte er hier? Wollte er sie abholen? Am Schluss der Stunde war er nicht mehr da. „Mein Wollschal ist weg!", sagte da Brigitte. „Der hat hier im Flur gehangen. Bei den anderen Sachen. Mein gelber Wollschal. Den hat einer geklaut!" [...]

Zum ersten Mal war sie schon vor Bull bei der Gärtnerei. „Hallo", sagte er. „Ich hab Brombeeren." „Das war gemein von dir!", Therese musste es gleich aussprechen. „Du hast den Wollschal weggenommen. Bei uns in der Schule!" Sie sah ihn an und hoffte, es möge sich herausstellen, dass er unschuldig war. Aber Bull grinste bloß. Und die Art, wie er grinste, sprach für sich. „Gib ihn zurück", sagte Therese. „Bitte, gib ihn mir. Ich häng ihn hin, dann ist er einfach wieder da." „Du bist ja verrückt", sagte Bull. „Ich klaue doch nicht!"

Therese brachte ihrem Vater das Essen. Und wenn sie wirklich Unrecht hatte? Und wenn er es nicht gewesen war? Lieber Gott, dachte Therese, mach, dass er es nicht gewesen ist. [...]

Er ist mein Freund, dachte Therese, als sie am Abend nicht einschlafen konnte. Er wird es nicht wieder tun. Sie wollte, dass alles so wurde, wie es gewesen war. Bull war wie immer, am nächsten Tag und am übernächsten. Aber Therese musste sich anstrengen, um fröhlich zu wirken.

Es wurde jetzt Winter. In einer der Nächte waren die Dahlien erfroren. „Hast du nichts Wärmeres anzuziehen?", fragte Therese. „Werd mir schon was besorgen", sagte Bull. „Bull!" Therese packte ihn am Arm. „Bleib ein anständiger Mensch" – Bull grinste – „willst du doch sagen, oder!" Therese ließ ihn stehen. Sprang aufs Fahrrad und fuhr weg.

Am nächsten Tag fehlte der Janker³. Jochens dicker, grauer Janker, der im Flur der Schule an einem Haken gehangen hatte. Die aufgeregten Kinder und Lehrer summten um Therese herum wie ein Bienenschwarm. Nein, dachte sie immer wieder. Nein! „Ist dir nicht gut?", fragte jemand. Therese gab keine Antwort. „Soll ich dich heimbringen?" Therese schüttelte den Kopf.

Dann war sie daheim, und etwas später saß sie auf dem Fahrrad und fuhr zur Gärtnerei. Bull war nicht da. Erst als sie wieder herauskam, sah sie ihn. Der Janker stand ihm gut. „Gib her!", sagte Therese. „Gib die Jacke her!" „Bei dir piept`s wohl!" Bull sprang einen Schritt zurück. „Du hast sie gestohlen", sagte Therese. „Was geht es dich an?", sagte Bull. „Gib sie her, oder ich sag, dass du es warst." „Das machst du nie!" Bull lachte. „Ich zähle bis drei", sagte Therese. Dann fuhr sie, und während des ganzen Weges dachte sie sich Entschuldigungen für Bull aus. Dass er arm war. Dass seine Mutter sich nicht um ihn kümmerte. Dass er keinen Vater hatte. Und dass er aus dem Silo kam. Aber dazwischen schossen immer wieder die anderen Gedanken. Dass er es trotzdem nicht durfte. Weil kein Mensch das Recht hat, einem anderen etwas wegzunehmen.

Als Therese in die Straße einbog, in der die Lehrerin wohnte, war sie ganz ruhig. Sie klingelte und wartete, bis aufgemacht wurde. „Therese?" Die Lehrerin wunderte sich. „Ich weiß, wer die Sachen genommen hat", sagte Therese. Und sie dachte, dass sie es schnell hinter sich bringen wollte. Noch bevor sie anfangen würde zu weinen.

aus: Westhoff, Hannelore (Hrsg.):
Die schönsten Freundschaftsgeschichten.
Ravensburg: Otto Maier 1987, S. 61 ff.

[1] das Gesindel: früher: Dienstboten; heute: Bezeichnung für Menschen, denen sich andere moralisch überlegen fühlen, weil sie z. B. nicht arbeiten oder stehlen
[2] verkommen lassen: sich nicht kümmern
[3] der Janker: Trachtenjacke

Dritter Schritt: Schreibplan anlegen

> **INFO zum dritten Schritt**
>
> 1. Deine Schreibaufgabe besteht darin, in einem zusammenhängenden Text alle Teilaufgaben zu bearbeiten. Nutze die Aufgabenstellung und deren Unterpunkte für deine Gliederung.
> 2. Lege in einem Schreibplan (Tabelle) die Gliederung deines Textes (linke Spalte) fest:
>   a) In der **Einleitung** stellst du den Text vor, machst Angaben zu Titel, Autor, Textart, Erscheinungsjahr und Thema (Aufgabe ❶ a). Du formulierst den sogenannten TATTE-Satz.
>   b) Im **Hauptteil** wendest du dich den Aufgaben ❶ b–e zu. Das sind Aufgaben zu inhaltlichen und formalen Aspekten (z. B. *Textart, Form, Sprache, Erzählweise*). Beachte genau die Verben (z. B. *darstellen, beschreiben, erklären* …) und die Schlüsselwörter in den Teilaufgaben (z. B. *Darstellung der Beziehung; Gründe, warum Therese zu Hause nichts von ihrem neuen Freund erzählt* …). Ergänze Zitate und Belege. Sie unterstützen deine Aussagen.
>   c) Zum **Schluss** verfasst du einen Text aus der Sicht von Therese. Achte dabei genau auf die Fragen, auf die du eingehen sollst (Teilaufgabe ❶ f) und verwende die Ich-Form.

6. a) Übertrage den folgenden Schreibplan auf eine DIN-A4-Seite. Lasse in den einzelnen Zeilen ausreichend Platz. Du kannst auch den vorbereiteten Schreibplan von Seite 39 kopieren (C 2.5).
   b) Vervollständige stichwortartig die linke Spalte. Orientiere dich an der Aufgabe von Seite 41 (Verben und Schlüsselwörter). So behältst du die Aufgaben im Blick und vermeidest Wiederholungen.

Teilaufgaben	Stichworte zur Bearbeitung
❶ a) Einleitung: TATTE-Satz	– <u>Titel</u>: Der Freund – <u>Autorin</u>: … – <u>Textart</u>: kurze Erzählung (epischer Text) – <u>Erscheinungsjahr</u>: – <u>Thema</u>: …
❶ b) Inhalt zusammenfassen	– Therese und Bull sind befreundet, obwohl sie unterschiedlich sind: Therese kommt aus behüteten Verhältnissen, während Bull gar nicht mehr die Schule besucht … – …
❶ c) Darstellung der Art der Beziehung zwischen Therese und Bull	– im ersten Absatz wird erzählt, dass Therese keine Freunde hat (Z. 4–7); auch zu ihrem Vater scheint sie kein inniges Verhältnis zu haben (Z. 37–38, 45–47), obwohl …; Bull genießt das Leben (Z. 28–29); er ist unkompliziert … – …
❶ d) Erklärung dazu, warum Therese zu Hause nichts von Bull erzählt	– Thereses Mutter bezeichnet die Häuser am Stadtrand als „Silos" (Z. 68); sie meint, dass in den „Wohnmaschinen" (Z. 69) nur „Gesindel" (Z. 71) leben würde; somit … – …
❶ e) …	– …
❶ f) …	– …

Vierter Schritt: Text untersuchen und Stichworte im Schreibplan festhalten

INFO zum vierten Schritt

Ein erzählender Text stellt häufig ein bestimmtes zwischenmenschliches oder gesellschaftliches Problem (Konflikt) dar. In der Analyse sollst du diese Textaussage herausarbeiten:
1. Zuerst musst du den **Text vorstellen** und den **Inhalt zusammenfassen**.
2. Danach bearbeitest du konkrete **Aufgaben zum Inhalt** und **zur Form/Sprache** des Textes:
   a) Lies dazu noch einmal die **Teilaufgaben** ganz genau und untersuche den Text beim zweiten Lesen **aufgabenbezogen**, d. h. du konzentrierst dich auf die Schwerpunkte der Aufgaben, z. B. *das Besondere der Beziehung darstellen* (Teilaufgabe ❶ c), und suchst nach Textstellen, die zur Bearbeitung dieser Aufgabe hilfreich sind.

b) Mit Blick auf **Inhalt, Form** und **Sprache** musst du auf Folgendes achten:
   – **Inhalt:** Überschrift, Thema, Atmosphäre, Handlung, Personen und ihre Beziehungen, Gefühle, Gedanken und Konflikte.
   – **Form und Sprache:** Textart, Wortwahl (Schlüsselwörter), Satzbau, sprachliche Gestaltungsmittel (Metapher, Wiederholung, Vergleich ..., vgl. dazu Seite 134 im Glossar), Erzählform, Erzählverhalten.
Du ermittelst diese Gestaltungsmerkmale, um die **Wirkung** und **Deutung** des Textes zu erklären. Manchmal musst du auch die **Entstehungszeit** bedenken, denn diese Informationen können für das Verständnis ebenfalls von Bedeutung sein.

7. Ergänze nun deinen Schreibplan stichwortartig. Beginne mit der ersten Zeile zur Einleitung (Teilaufgabe ❶ a) und orientiere dich am TIPP rechts.
   a) Notiere Titel, Autor, Erscheinungsjahr und Textart.
   b) Formuliere das Thema.

8. Notiere in der zweiten Zeile Stichworte zur Zusammenfassung des Inhalts (Teilaufgabe ❶ b).
   – Nutze dazu deine Stichpunkte aus der Texterschließung (Aufgabe 4, S. 40).
   – Notiere die Stichworte zu den Sinnabschnitten im Präsens im Schreibplan. Für die Vorzeitigkeit benutzt du das Perfekt. Orientiere dich an den im Text unterstrichenen Schlüsselwörtern. Beginne so:

<u>1. Sinnabschnitt:</u> (Z. 1–27)
– Therese und Bull sind befreundet, obwohl sie sehr unterschiedlich sind. Therese kommt aus behüteten Verhältnissen, während Bull mit seinen 14 Jahren noch nicht einmal mehr die Schule besucht und auch nicht das tut, was Erwachsene von ihm erwarten würden ...

9. a) Markiere im Text, warum und wie sich Therese und Bull kennen lernen und wie sie ihre Zeit miteinander verbringen. Notiere deine Ergebnisse in der dritten Zeile deines Schreibplans (Teilaufgabe ❶ c). Ergänze passende Textstellen als Belege.

TIPP zu 7.

Formulieren einer Einleitung:
1. Stelle die Erzählung vor: Autor, Titel, Erscheinungsjahr. Du kannst auch die Quelle angeben. Sie steht zumeist unter dem Text.
2. Ermittle die Textart. Handelt es sich bei dem erzählenden Text um einen Auszug aus einem Roman, eine Kurzgeschichte, eine Parabel, eine Fabel, ...? Die Merkmale dieser Textarten kannst du im Glossar ab Seite 130 nachlesen.
3. Formuliere das Thema des Textes in wenigen Sätzen. Achte darauf, dass deine Formulierung sich auf den gesamten Text bezieht, z. B. *Die Autorin thematisiert eine Freundschaft zwischen zwei sehr unterschiedlichen Jugendlichen, die aufgrund verschiedener Lebensweisen und Wertvorstellungen für das Mädchen in einem inneren Konflikt endet.*

b) Ziehe daraus Schlussfolgerungen, was diese Zeit für Therese so besonders macht (Teilaufgabe ❶ c). Mache dies durch einen Folgepfeil deutlich.

- im ersten Absatz wird erzählt, dass Therese keine Freunde hat (Z. 4–7); auch zu ihrem Vater scheint sie kein inniges Verhältnis zu haben (Z. 37–38, Z. 45–47), obwohl sie ihm oft das Essen bringt (Z. 29–31); dabei lernt sie Bull kennen, der einfach im Gras herumliegt (Z. 28–29) …
  => die Beziehung ist für Therese besonders, weil Bull einfach in den Tag hineinlebt; seine Lebensweise unterscheidet sich sehr von der Thereses (Z. 7–8, Z. 22–26) …

10. Erkläre, warum Therese zu Hause nichts von Bull erzählt. Markiere Textstellen, die deutlich machen, was die Eltern über Bull denken könnten. Sammle dazu Stichwörter in der vierten Zeile der Tabelle (Teilaufgabe ❶ d).

- Thereses Mutter bezeichnet die Häuser am Stadtrand als „Silos" (Z. 68); sie meint, dass in den „Wohnmaschinen" (Z. 69) nur „Gesindel" (Z. 71) leben würde; somit wertet sie gleichzeitig Bull als Person ab, denn der ist in dieser Siedlung zu Hause …
- Therese weiß auch, dass die Eltern die Lebensweise Bulls nicht gutheißen würden, denn sie selber …

11. Ergänze in Zeile fünf der Tabelle, wie durch Form und Sprache deutlich wird, dass die Freundschaft Therese schließlich in einen inneren Konflikt stürzt (Teilaufgabe ❶ e).

- Bull kann nicht damit aufhören, zu stehlen: er besorgt sich die Dinge, die er im Leben braucht, einfach ohne zu fragen und ohne dafür Geld zu bezahlen; er bestiehlt Thereses Vater und ihre Klassenkameraden (Z. 85–88: Sonnenblumenkerne, Z. 112–116: gelber Wollschal …), das ärgert Theresa maßlos und sie wünscht sich zu Beginn noch, dass sie Unrecht mit ihren Vermutungen hat …
- sie erkennt, dass Bull unehrlich ist und stiehlt, während sie selber offen und ehrlich ist; daher spricht sie den Diebstahl des gelben Wollschals in der Schule in seiner Gegenwart an (Z. 121–123), doch Bull grinst nur und sagt gar nichts dazu (Z. 126-127); daraus zieht sie ihre Schlussfolgerungen; sie verurteilt sein Handeln: „Das war gemein von dir!" (Z. 119-121) …
- beim dritten Diebstahl wird Therese richtig wütend (Z. 174–175), denn …; Bull macht sich sogar über sie lustig („Das machst du nie!" Bull lachte.", Z. 180-181) …
- der Text ist in der Er-/Sie-Erzählform mit personalem Erzählverhalten verfasst; das erkennt man daran, dass …

TIPP zu 9.

1. Orientiere dich beim Festhalten der Notizen an den Verben (*stelle … dar, erkläre*) und am Wortlaut (*Schlüsselwörter*) der Teilaufgabe. So kannst du beim Ausformulieren der Ergebnisse Wiederholungen vermeiden.
2. Wenn du die Teilaufgaben zu Inhalt, Form und Sprache bearbeitest, ergänze im Schreibplan Textbelege, die du beim Ausformulieren heranziehen willst. So ersparst du dir das Suchen im Text.

TIPP zu 10.

1. In der Teilaufgabe ❶ d zeigst du, ob du die Aussageabsicht des erzählenden Textes richtig verstanden hast, denn auch der Konflikt am Ende ergibt sich aus den unterschiedlichen Lebensweisen und Wertvorstellungen von Therese und Bull.
2. Betrachte die Beziehung der beiden auf den gesamten Text bezogen und achte auf die Einstellung von Thereses Eltern zum Leben. Wenn du beide Lebensweisen vergleichst, kannst du ermitteln, warum Therese nichts von der Freundschaft erzählt. Bedenke auch, was Therese selbst an Bulls Charakter nicht gefällt.

- dass Therese die Entscheidung, Bulls Diebstähle bei ihrer Lehrerin zu melden, nicht leicht fällt, wird durch eben dieses personale Erzählverhalten deutlich ...
- ihr innerer Konflikt wird außerdem durch eine Art Aufzählung von Ellipsen deutlich (Z. 185–193); dies zeigt ihren inneren Zwiespalt, ob sie ...
- ...

12. a) Lies noch einmal die Teilaufgabe ❶ f. Mache dir klar, aus wessen Sicht du schreiben sollst:

Ich soll einen Text aus der Sicht von Therese, der Hauptperson aus der kurzen Erzählung „Der Freund" von Gina Ruck-Pauquét verfassen.

b) Notiere im Schreibplan stichwortartig, auf welche Inhalte du in dem inneren Monolog eingehen sollst.

1. erläutern, warum Therese (=ich) Bull zunächst interessant findet
2. ...
3. ...

c) Beantworte die Fragen (Aufgabe ❶ f) stichwortartig aus der Sicht von Therese, d. h. du schreibst in der Ich-Form und berücksichtigst die Informationen, die der Textauszug gibt. Denke auch daran, ihre Gedanken und Gefühle darzustellen.

- Bull ist und lebt so ganz anders als ich; er geht nicht mehr in die Schule und macht nur das, worauf er Lust hat; er interessiert sich für mich und ich kann mit ihm lachen und Blödsinn machen; ich verbringe gerne Zeit mit ihm, denn mit ihm ist alles anders, leichter und fröhlicher ...
- der erste Verdacht, dass Bull stiehlt, kam mir, als ich ihn in der Schule gesehen hatte; danach fehlte ein Wollschal; nachdem ich ihn zur Rede gestellt hatte, grinste er nur – und ich wusste, dass er mich anlog, als er sagte, er würde nicht stehlen
- ...

> **TIPP zu 11 a) und b)**
>
> Achte bei der Untersuchung der Form und Sprache auf folgende Merkmale: Erzählform, Erzählverhalten, Satzbau und weitere sprachliche Gestaltungsmittel. Auf diese wird häufig bereits in der Aufgabenstellung hingewiesen. Notiere in deinem Schreibplan dazu auch immer die Wirkung dieser Merkmale.

> **TIPP zu 12 a) – c)**
>
> 1. Wenn du als letzte Aufgabe einen Text aus der Sicht einer der Figuren schreiben sollst, achte darauf, dass du dich in die Figur hineinfühlst.
> 2. Schreibe in der Ich-Form und orientiere dich an den Erzählschritten des Textes sowie an den Gedanken und Gefühlen, die im Text deutlich werden. Du kannst auch Gefühle und Gedanken ergänzen, die nicht im Text genannt werden. Sie sollten aber zum Text passen.
> 3. Zur Gliederung deines Textes nutze die Fragen aus der Aufgabenstellung und beantworte sie nacheinander.
> 4. Gestalte deine Schreibweise so, dass sie zu der Figur passt (z. B. Therese: gut erzogenes Mädchen, dem Ehrlichkeit wichtig ist).

Fünfter Schritt: Text schreiben

TIPP zum fünften Schritt

1. Formuliere deinen Text. Lasse einen **breiten Rand** an der Seite und unten, damit du Platz für die Überarbeitung und Ergänzungen hast.
2. Schreibe im **Präsens**. Um die Vorzeitigkeit auszudrücken, nutzt du das **Perfekt**.
3. Bringe die Ergebnisse aus deinem **Schreibplan** in einen **schlüssigen und zusammenhängenden Gedankengang**. Dazu fasst du **ähnliche Beobachtungen** zusammen und beschreibst ihre **Wirkung**, damit dein Leser versteht, warum der Autor bestimmte inhaltliche, sprachliche und formale Merkmale ausgewählt hat. Achte darauf, dass du **Wiederholungen vermeidest**.
4. Verwende **Zitate** – wie in den Teilaufgaben gefordert –, wenn du etwas Typisches oder Bemerkenswertes herausstellen willst oder **um eigene Aussagen zu belegen**. Kennzeichne Zitate durch Anführungszeichen und Zeilenangaben in Klammern: „*Die hätten das doch nicht verstanden.*" (Z. 102/103).
5. Verwende die richtigen **Fachbegriffe**, denn mit ihnen kannst du präzise formulieren. Zumeist erhältst du Hinweise dazu schon in der Aufgabenstellung.
6. Damit dein Text zusammenhängend wirkt, verwende passende **Satzverknüpfungswörter**.
7. Setze nach jeder Teilaufgabe einen **Absatz**.

13. Fasse deine Analyseergebnisse in einem geschlossenen Text auf einem Extrablatt zusammen. Orientiere dich am TIPP und nutze deine Vorarbeit aus dem Schreibplan.

In der kurzen Erzählung „Der Freund" von Gina Ruck-Pauquét, die diese im Jahre 1987 verfasst hat, geht es um die Beziehung zwischen zwei Jugendlichen mit ...
Therese und Bull sind befreundet, obwohl sie sehr unterschiedlich sind ...

Sechster Schritt: Text überarbeiten

14. Überarbeite deinen Text. Verwende dazu die CHECKLISTE.

CHECKLISTE zur Überarbeitung von Texten (Aufgabentyp 4a)

1. **Den Text inhaltlich überprüfen (Inhaltsleistung)**
   - Hast du in deinem Text alle Unterpunkte der Schreibaufgabe und die Ergebnisse aus deinem Schreibplan berücksichtigt?
   - Sind deine Ergebnisse für den Leser nachvollziehbar formuliert, d. h. hast du erklärt, wie du etwas verstanden hast, und dieses durch Textbelege veranschaulicht?
   - Wird klar, welche Bedeutung Form und Sprache des Textes für die Absicht haben?
   - Hast du deine Ergebnisse miteinander verknüpft und Zusammenhänge hergestellt?
   - Hast du in der Stellungnahme deine Position durch Begründungen sowie durch Zitate/Belege untermauert <u>oder</u> ist der Text aus Sicht einer Figur verfasst (Ich-Form) und passt zu den Informationen aus dem Text?

2. **Den Text sprachlich überprüfen (Darstellungsleistung):**
   - Hast du den Text sinnvoll gegliedert? Ist er durch Absätze überschaubar gestaltet?
   - Hast du unnötige Wiederholungen und unklare Formulierungen vermieden?
   - Sind deine Sätze vollständig?
   - Kannst du komplizierte Sätze vereinfachen?
   - Hast du Zusammenhänge durch sinnvolle Satzverknüpfungen verdeutlicht?
   - Überprüfe auch Rechtschreibung, Zeichensetzung und Grammatik, denn sie fließen in die Bewertung ein und können den Lesefluss beeinträchtigen.
   ➔ Kontrolliere deinen Text mehrfach und berücksichtige deine persönlichen Fehlerschwerpunkte

C 2.7 Schreibaufgabe zu einem lyrischen Text in sechs Schritten bearbeiten (Aufgabentyp 4a)

Auf den folgenden Seiten werden die wichtigsten Arbeitsschritte für das Lesen und Erschließen eines lyrischen Textes und die Schritte für die Bearbeitung der Aufgaben dargestellt. Auf der Seite 50 findest du den Liedtext, mit dem du diese Schritte üben kannst. Auch in der angeleiteten Prüfungsaufgabe zum Thema „Eine Frage der Beziehung" (Teil E) wird auf diese grundlegenden Seiten verwiesen.

Erster Schritt: Sich orientieren

INFO zum ersten Schritt

Stürze dich nicht gleich in die Arbeit, sondern verschaffe dir einen ersten Überblick:
1. Mache dir klar, was die Aufgabe von dir verlangt. Lies dazu die einzelnen Teilaufgaben und unterstreiche alle wichtigen Hinweise auf das, was du tun sollst. So erhältst du oft schon Anhaltspunkte, worauf du beim Lesen und Erschließen des lyrischen Textes achten musst.
2. Worum geht es? Was verrät die Überschrift?

1. Lies die Aufgabenstellung in der Prüfungsvorlage (S. 50) „mit dem Stift". Markiere die Verben und die Schlüsselwörter.

2. Gib mit eigenen Worten wieder, was du tun sollst. Beachte auch die Reihenfolge der einzelnen Schritte.

3. Notiere stichpunktartig, was dir zu dem Titel „Wolke 4" einfällt. Um welches Thema könnte es gehen? Wovon könnte der Liedtext handeln?

_____

_____

Zweiter Schritt: Text erschließen und Inhalt erfassen

4. a) Erschließe den Liedtext, wie im TIPP zum zweiten Schritt dargestellt. Setze dazu die Bearbeitung fort.
   b) Kennzeichne Besonderheiten, die dir auffallen (z. B. zu Strophen- und Versanzahl, Reimschema, sprachlichen Gestaltungsmitteln), durch Unterstreichungen und Randbemerkungen.

TIPP zum zweiten Schritt

1. Markiere alle Textstellen, die dir unklar sind. Kläre diese Ausdrücke aus dem Sinnzusammenhang oder schlage sie im Wörterbuch nach. Beachte auch die Worterklärungen unter dem Text.
2. Unterstreiche Schlüsselstellen. Das sind Textstellen, die für das Verständnis wichtig sind.
3. Formuliere eine Überschrift und Stichworte zu den einzelnen Strophen; das sind oftmals Sinnabschnitte. Notiere auch Hinweise zur Atmosphäre und Stimmung.
4. Da auch die formale und sprachliche Gestaltung für das Verständnis wichtig sind, mache dir Notizen zu Strophen- und Versanzahl, Reimschema, sprachlichen Gestaltungsmitteln etc. (vgl. Glossar: Stichwort Lyrik, S. 131).

5. Worum geht es im Liedtext? Formuliere Stichworte zum Thema.

   – _Beziehung zwischen zwei Partnern_

   – _Vergleich von „Wolke 4" und_
     „Wolke 7"...

   – _..._

Eine Frage der Beziehung
Teil II

Lies bitte zunächst den Text, bevor du dich der Bearbeitung der Aufgaben zuwendest.
Schreibe einen zusammenhängenden Text.

① **Analysiere** den Liedtext „Wolke 4" von Philipp Dittberner und Marv. Gehe dabei so vor:
  a) **Schreibe** eine Einleitung, in der du Titel, Autor, Textart und Thema **benennst**.
  b) **Fasse** den Inhalt des Liedtextes in eigenen Worten **zusammen**.
  c) **Stelle** die im Liedtext dargestellte Einstellung des lyrischen Ich zu seiner Beziehung **dar**.
     Erläutere dazu den Unterschied zwischen der „Wolke 4" und der „Wolke 7".
  d) **Erläutere**, wie die Einstellung des lyrischen Ich durch sprachliche Mittel *(mögliche Aspekte: Wortwahl, sprachliche Bilder)* deutlich gemacht wird.
  e) Eine Schülerin sagt über den Liedtext: *„Meiner Meinung nach liebt das lyrische Ich seine Freundin bzw. seinen Freund nicht richtig. Es sollte sich trennen."*
     Nimm Stellung zu dieser Aussage und überlege, ob du dieser Aussage zustimmen kannst.
     Begründe deine Meinung und **beziehe dich** dabei auf den Text.

Wolke 4 (2015)
Philipp Dittberner

Lass uns die Wolke vier bitte nie mehr verlassen
Weil wir auf Wolke sieben viel zu viel verpassen
Ich war da schon ein Mal, bin zu tief gefallen
Lieber Wolke vier mit Dir als unten wieder ganz allein

5 Ziemlich gut, wie wir das so gemeistert haben
Wie wir die großen Tage unter kleinen Dingen begraben
Der Moment der die Wirklichkeit maskiert
Es tut nur gut zu wissen, dass das wirklich funktioniert

Lass uns die Wolke vier bitte nie mehr verlassen
10 Weil wir auf Wolke sieben viel zu viel verpassen
Ich war da schon ein Mal, bin zu tief gefallen
Lieber Wolke vier mit Dir, als unten wieder ganz allein

Hab nicht gesehen, was da vielleicht noch kommt
Was am Ende dann mein Leben und mein kleines Herz zerbombt
15 Denn der Moment ist das, was es dann zeigt, dass die Tage ziemlich dunkel sind
Doch Dein Lächeln bleibt. Doch Dein Lächeln bleibt ...

Lass uns die Wolke vier bitte nie mehr verlassen
Weil wir auf Wolke sieben, viel zu viel verpassen
Ich war da schon ein Mal, bin zu tief gefallen

20 Lieber Wolke vier mit Dir als unten wieder ganz allein
Lieber Wolke vier mit Dir als unten wieder ganz allein
Lieber Wolke vier mit Dir als unten wieder ganz allein

Randnotizen:
- Imperativ: Lyrisches Ich fordert auf („höflich"), begründet Bitte, nennt Beispiel/belegt seine Bitte
- Beurteilung der Situation
- Personifikation: maskieren = verdrängen?
- Redensart („auf Wolke 7 schweben"): sehr glücklich/verliebt/in Hochstimmung

Text: Dittberner, Philipp
Copyright: Polarbear Musikverlag Herbert Grönemeyer, Berlin

Dritter Schritt: Schreibplan anlegen

> **INFO zum dritten Schritt**
>
> 1. Deine Schreibaufgabe besteht darin, in einem zusammenhängenden Text alle Teilaufgaben zu bearbeiten. Nutze die Aufgabenstellung und deren Unterpunkte für deine Gliederung.
> 2. Lege in einem Schreibplan (Tabelle) die Gliederung deines Textes (linke Spalte) fest:
>   a) In der **Einleitung** stellst du den Text vor, machst Angaben zu Titel, Autor, Textart und Thema (Teilaufgabe ❶ a). Du formulierst den sogenannten TATTE-Satz.
>   b) Im **Hauptteil** wendest du dich den Aufgaben ❶ b – d zu. Das sind Aufgaben zu inhaltlichen und formalen Aspekten (z. B. *Art der Beziehung, Form, Sprache*). Beachte dazu genau die Verben (z. B. *darstellen, erläutern …*) und die Schlüsselwörter in den Teilaufgaben (z. B. *dargestellte Einstellung …*). Belege unterstützen deine Aussagen. Daher solltest du sie bereits in deinem Schreibplan notieren.
>   c) Deinen Text rundest du am **Schluss** mit einer Stellungnahme ab (Teilaufgabe ❶ e).

6. a) Übertrage den folgenden Schreibplan auf eine DIN-A4-Seite. Lasse in den einzelnen Zeilen ausreichend Platz. Du kannst auch den vorbereiteten Schreibplan von S. 39 kopieren (C 2.5).
   b) Vervollständige stichwortartig die linke Spalte. Orientiere dich an der Aufgabe von Seite 50 (Verben und Schlüsselwörter). So behältst du die Aufgaben im Blick und vermeidest Wiederholungen.

Teilaufgaben	Stichworte zur Bearbeitung
❶ a) Einleitung: TATTE-Satz	– <u>Titel</u>: Wolke 4 – <u>Autor</u>: … – <u>Textart</u>: Liedtext (lyrischer Text) – <u>Thema</u>: … – <u>Erscheinungsjahr</u>: …
❶ b) Inhalt zusammenfassen	– das lyrische Ich schildert, wie es seine jetzige Beziehung einschätzt, … – …
❶ c) Einstellung zur Beziehung darstellen/Unterschied „Wolke 4/Wolke 7" erläutern	– lyrisches Ich vergleicht Beziehung mit Stufe „Wolke 4" (V. 1) – erklärt den Unterschied zur Stufe „Wolke 7" (man fällt nicht so tief (V. 3), „Wolke 7" = frühere Beziehung … – …
❶ d) Einstellung mithilfe von sprachlichen Mitteln erklären	– lyrisches Ich hat schlechte Erfahrungen auf Wolke 7 gemacht (V. 3), ihm reicht „Wolke 4" (V. 1) = höflicher Imperativ: bittet darum, bleiben zu können – Vergleich: gibt sich mit weniger zufrieden (V. 4: „Lieber … als …") – Vorstellungskraft wird aktiviert durch Redensart „auf Wolke 7 schweben" – …
❶ e) …	– …

Vierter Schritt: Text untersuchen und Stichworte im Schreibplan festhalten

INFO zum vierten Schritt

Ein Gedicht bzw. ein Liedtext stellt häufig ein zwischenmenschliches oder gesellschaftliches Problem (Konflikt) sowie Emotionen oder Stimmungen dar. In der Analyse sollst du diese Textaussage herausarbeiten:

1. Zuerst musst du das **Gedicht/den Liedtext vorstellen** und den **Inhalt zusammenfassen**. Dazu kannst du zumeist strophenweise vorgehen.
2. Danach bearbeitest du konkrete **Aufgaben zum Inhalt** und **zur Form/Sprache** des Textes:
   a) Lies dazu noch einmal die **Teilaufgaben** ganz genau und untersuche das Gedicht beim zweiten Lesen **aufgabenbezogen**, d. h. du konzentrierst dich auf die Schwerpunkte, die in den Aufgaben verlangt werden, z. B. *die dargestellte Beziehung* (Aufgabe ❶ c), und suchst nach Versen, die zur Bearbeitung dieser Aufgabe hilfreich sind.
   b) Mit Blick auf **Inhalt**, **Form** und **Sprache** musst du auf Folgendes achten:
   – **Inhalt:** Überschrift, Thema/Motive, Atmosphäre/Stimmung, Handlung, Personen und ihre Beziehungen, Gefühle, Gedanken und Konflikte.
   – **Form** und **Sprache**: Gedichtform, Strophen- und Versaufbau und -anzahl, Reimschema, Wortwahl (Schlüsselwörter), Interpunktion, Satzbau, sprachliche Gestaltungsmittel (Metapher, Personifikation, Wiederholung, Vergleich …). Wenn dir Fachbegriffe unklar sind, schlage im Glossar unter dem Stichwort *Lyrik* nach (S. 131). Auch die Rechtschreibung kann für die Interpretation wichtig sein.
   Du ermittelst diese Gestaltungsmerkmale, um die **Wirkung** und **Deutung** des Textes zu erklären.

7. Ergänze deinen Schreibplan stichwortartig. Beginne mit der ersten Zeile zur Einleitung (Aufgabe ❶ a). Orientiere dich am TIPP.
   a) Notiere Titel, Autor, Erscheinungsjahr und Textart.
   b) Formuliere das Thema.

8. Notiere in der zweiten Zeile des Schreibplans Stichworte zur Inhaltszusammenfassung (Teilaufgabe ❶ b):
   – Nutze deine Stichpunkte aus der Texterschließung (Aufgabe 4, S. 49).
   – Notiere die Stichworte zu den Strophen im Präsens in deinem Schreibplan. Für die Vorzeitigkeit verwendest du das Perfekt. Orientiere dich an den unterstrichenen Schlüsselwörtern. Beginne so:

   1. Strophe: (Z. 1–4)
   – Das lyrische Ich bittet darum, die derzeitige Stufe der Beziehung (Wolke 4) beizubehalten. Es ist bereits einmal auf einer höheren Beziehungsstufe (Wolke 7) gewesen. Dort hat es schlechte Erfahrungen gemacht. Es ist jedoch lieber auf der Stufe der Wolke 4 als ohne Partnerin bzw. Partner. …

TIPP zu 7.

Formulieren einer Einleitung:
1. Stelle das Gedicht vor: Autor, Titel, Erscheinungsjahr.
2. Ermittle die Textart genauer, wenn möglich: Handelt es sich um einen Liedtext, eine Ballade, …? Die Merkmale dieser Textarten kannst du im Glossar ab Seite 130 nachlesen.
3. Formuliere das Thema des Gedichts in wenigen Sätzen. Achte darauf, dass deine Formulierung sich auf den gesamten Text bezieht, z. B. *In dem Liedtext wird die derzeitige Situation einer Beziehung aus der Sicht des lyrischen Ich dargestellt.*

C 2.7 Strategien | Aufgabentyp 4a | Schreibaufgabe bearbeiten   53

9. a) Mache dir Notizen zur Stimmung des lyrischen Ich und markiere passende Textstellen. Ziehe Schlussfolgerungen über die dargestellte Beziehung und notiere diese in der dritten Zeile deines Schreibplans ① c. Ergänze passende Textstellen als Belege.

- lyrisches Ich hat schlechte Erfahrungen in früherer Beziehung gemacht (V. 3)
- es war „unten" (V. 4): verletzt, am Boden zerstört
- ist zufrieden mit der derzeitigen Situation (V. 5)
- macht sich etwas vor, verdrängt die Wirklichkeit (V. 7) …

b) Finde heraus, worin sich die Beziehungsstufen „Wolke 4" und „Wolke 7" unterscheiden" (V. 2). Sammle deine Stichwörter ebenfalls in der dritten Zeile der Tabelle.

10. a) Markiere Textstellen, die die Einstellung des lyrischen Ich besonders sachlich erscheinen lassen (Teilaufgabe ① d).
b) Ermittle, welche formalen und sprachlichen Gestaltungsmittel diesen Eindruck zudem verstärken (Teilaufgabe ① d).

- Vergleich (V. 4): lieber nur Stufe 4 als ohne Partnerin/Partner
- verdrängt die Wirklichkeit (V. 7/8): sachliche Beschreibung des Zustandes (Wortwahl: gut zu wissen, es funktioniert)
- …

11. a) Lies die Aufgabe ① e. Mache dir klar, wozu du Stellung nehmen sollst. Erläutere die Aussage im Schreibplan kurz in eigenen Worten.

Eine Schülerin sagt über den Liedtext, sie finde, dass sich das lyrische Ich trennen sollte, weil es …

b) Welchen Standpunkt vertrittst du?
c) Sammle in Stichworten Gedanken dazu und notiere sie in deinem Schreibplan. Schreibe auch die Textstellen auf, die du als Belege in deiner Stellungnahme berücksichtigen willst.

TIPP zu 9.

1. Orientiere dich beim Festhalten der Notizen an den Verben (*stelle … dar, erläutere*) und am Wortlaut (*Schlüsselwörter*) der Teilaufgabe. So kannst du beim Ausformulieren der Ergebnisse Wiederholungen vermeiden.
2. Wenn du die Teilaufgaben zu Inhalt, Form und Sprache bearbeitest, ergänze im Schreibplan Textbelege, die du beim Ausformulieren heranziehen willst. So ersparst du dir das Suchen im Text. Beim Belegen gibst du Verse an: z. B. *V. 3*.
3. Formuliere deine Stichwörter in eigenen Worten.

TIPP zu 10 a) und b)

Achte bei der Untersuchung der Form und Sprache auf folgende Merkmale: Strophen, Reimschema, Wortwahl, sprachliche Gestaltungsmittel. Auf diese wird häufig bereits in der Aufgabenstellung hingewiesen. Du kannst zusätzlich aber auch weitere Auffälligkeiten einbeziehen, z. B. Verse, Satzbau, etc. Manchmal weist eine Unregelmäßigkeit beim Strophenaufbau oder bei der Versanzahl auch auf inhaltlich Wichtiges hin. Notiere in deinem Schreibplan dazu auch immer die Wirkung dieser Merkmale.

TIPP zu 11 a) – c)

1. Wenn du eine Stellungnahme schreiben sollst, wird von dir erwartet, dass du dich mit einer Aussage bzw. mit einem Zitat aus dem Text befasst. Dazu gehört es, diese/dieses direkt oder indirekt wiederzugeben, und zu erklären, was damit gemeint ist.
2. Stelle deinen Standpunkt eindeutig dar. Du kannst zustimmen, ablehnen oder auch einen Kompromiss finden. Wichtig ist, dass du die Gründe abwägst und am Ende ein zusammenfassendes Fazit ziehst.
3. Begründe deine Position nachvollziehbar und stichhaltig. Beziehe dich dabei auf den Text und führe auch Zitate an, die deine Meinung anschaulich belegen.

Fünfter Schritt: Text schreiben

> **TIPP zum fünften Schritt**
>
> 1. Formuliere deinen Text. Lasse einen **breiten Rand** an der Seite und unten, damit du Platz für die Überarbeitung und Ergänzungen hast. Schreibe beim Ausformulieren so, als würde dein Leser das Gedicht nicht kennen. So erreichst du, dass du genau und detailliert arbeitest.
> 2. Schreibe im **Präsens**. Um die Vorzeitigkeit auszudrücken, nutzt du das **Perfekt**.
> 3. Bringe die Ergebnisse aus deinem **Schreibplan** in einen **schlüssigen und zusammenhängenden Gedankengang**. Dazu fasst du **ähnliche Beobachtungen** zusammen und beschreibst ihre Wirkung, damit dein Leser versteht, warum der Autor bestimmte inhaltliche, sprachliche und formale Merkmale ausgewählt hat. Achte darauf, dass du Wiederholungen vermeidest.
> 4. Verwende **Belege** – wie in den Teilaufgaben gefordert –, wenn du etwas Typisches oder Bemerkenswertes herausstellen willst oder **um eigene Aussagen zu belegen**. Kennzeichne Belege durch Anführungszeichen und Zeilenangaben in Klammern: „*bin zu tief gefallen.*" (V. 3).
> 5. Verwende die richtigen **Fachbegriffe**, denn mit ihnen kannst du präzise formulieren.
> 6. Damit dein Text zusammenhängend wirkt, verwende passende **Satzverknüpfungswörter**.
> 7. Setze nach jeder Teilaufgabe einen **Absatz**.

12. Fasse deine Analyseergebnisse zum Liedtext „Wolke 4" von Philipp Dittberner und Marv in einem geschlossenen Text auf einem Extrablatt zusammen. Orientiere dich am TIPP und nutze deine Vorarbeit aus deinem Schreibplan sowie die folgenden Textanfänge zu den Teilaufgaben.

    Teilaufgabe ①a): In dem Liedtext „Wolke 4" von Philipp Dittberner und Marv beschreibt das lyrische Ich aus seiner Sicht die Situation seiner derzeitigen Beziehung …

    Teilaufgabe ①b): Das lyrische Ich bittet seine Partnerin bzw. seinen Partner darum, auf der jetzigen Beziehungsstufe, die es als „Wolke 4" bezeichnet, zu bleiben, da es …

    Teilaufgabe ①c): Die Beziehung des lyrischen Ich wird von ihm gleichgesetzt mit „Wolke 4" (V. 1). Das heißt, es bewertet seine Beziehungsstufen. In einer früheren Beziehung war es bereits auf Wolke 7, aber es wurde enttäuscht (V. 3). Im Liedtext werden die Wolke 4 und die Wolke 7 miteinander verglichen, das heißt …

    Teilaufgabe ①d): Die Einstellung des lyrischen Ich zu seiner derzeitigen Beziehung wird besonders durch die Wortwahl deutlich. So verwenden die Autoren die Redewendung „Wolke 7", was soviel heißt, wie …

    Teilaufgabe ①e): Eine Schülerin sagt über den Liedtext, sie finde, das lyrische Ich würde seine Freundin bzw. seinen Freund nicht richtig lieben und schlägt vor, es sollte die Beziehung beenden. Damit meint sie, dass die Beziehung der beiden keinen Sinn mehr hat, weil …
    Ich bin der Meinung, dass die Schülerin mit ihrer Aussage …

Sechster Schritt: Text überarbeiten

13. Überarbeite deinen Text. Verwende dazu die CHECKLISTE.

CHECKLISTE zur Überarbeitung von Texten (Aufgabentyp 4a)

1. Den Text inhaltlich überprüfen (Inhaltsleistung)
- Hast du in deinem Text alle Unterpunkte der Schreibaufgabe und die Ergebnisse aus deinem Schreibplan berücksichtigt?
- Sind deine Ergebnisse für den Leser nachvollziehbar formuliert, d. h. hast du erklärt, wie du etwas verstanden hast, und dieses durch Textbelege veranschaulicht?
- Wird klar, welche Bedeutung Form und Sprache des Textes für die Aussageabsicht haben?
- Hast du deine Ergebnisse miteinander verknüpft und Zusammenhänge hergestellt?
- Hast du in der Stellungnahme deine Position durch Begründungen sowie durch Zitate/Belege untermauert oder ist der Text aus Sicht einer Figur verfasst (Ich-Form) und passt zu den Informationen aus dem Text?

2. Den Text sprachlich überprüfen (Darstellungsleistung)
- Hast du den Text sinnvoll gegliedert? Ist er durch Absätze überschaubar gestaltet?
- Hast du unnötige Wiederholungen und unklare Formulierungen vermieden?
- Sind deine Sätze vollständig?
- Kannst du komplizierte Sätze vereinfachen?
- Hast du Zusammenhänge durch sinnvolle Satzverknüpfungen verdeutlicht?
- Überprüfe auch Rechtschreibung, Zeichensetzung und Grammatik, denn sie fließen in die Bewertung ein und können den Lesefluss beeinträchtigen.
- ➡ Kontrolliere deinen Text mehrfach und berücksichtige deine persönlichen Fehlerschwerpunkte.

C 3 Aufgabentyp 4b

C 3.1 Was bedeutet die Aufgabenstellung „Untersuche und vergleiche …"?

1. Die Aufgabenstellung unten könnte aus einer Prüfungsvorlage stammen, bei der du verschiedene Sachtexte untersuchen und miteinander vergleichen musst. Lies die Aufgabenstellungen (ACHTUNG: Die zugehörigen Materialien findest du auf den Seiten 119 bis 121).

> <u>Untersuche</u> die Materialien M1, M2 und M3.
> Gehe dabei so vor:
> - <u>Stelle</u> die Informationen die Materialien kurz <u>vor</u> und <u>benenne</u> das gemeinsame Thema von M1, M2 und M3.
> - Fasse die Informationen aus M1 zusammen.
> - Stelle die Aussagen aus M2 mit eigenen Worten dar.
> - Gib die Informationen aus M3 wieder. Vergleiche die beiden Positionen im Hinblick darauf, ob Dialekt sprechende Jugendliche im Alltag wirklich benachteiligt sind. Belege deine Ausführungen am Text.
> - Setze dich kritisch mit der folgenden Aussage einer Schülerin auseinander:
>   „Wenn ich in einem Unternehmen, das überregional tätig ist, ein Vorstellungsgespräch in einem Dialekt führen würde, würden die mich doch gar nicht einstellen."
>   – Nimm Stellung zu der Aussage.
>   – Begründe deine Meinung.
>   – Beziehe dich dabei auch auf die Materialien M1 bis M3.

2. In der Aufgabenstellung oben ist zum Teil schon unterstrichen worden, was von dir erwartet wird. Unterstreiche auch in den weiteren Aufgaben, was du tun sollst. Die Operatoren geben dir Hinweise. Lies dazu die Info rechts. Dort wird erklärt, was unter den Arbeitsanweisungen genau zu verstehen ist.

3. Die Teilaufgabe d) gibt dir Hinweise, <u>was</u> du untersuchen und vergleichen sollst.
   Markiere oben, auf was du besonders achten musst.
   Notiere diese Punkte stichwortartig.

INFO zu 2.

benennen: Informationen zusammentragen

zusammenfassen: Inhalte, Aussagen, Zusammenhänge komprimiert und strukturiert wiedergeben

darstellen: einen Sachverhalt, Zusammenhang oder eine methodische Entscheidung strukturiert formulieren

wiedergeben: Inhalte/Zusammenhänge verkürzt mit eigenen Worten formulieren

vergleichen: vorgegebene Materialien unter besonderen Bedingungen vergleichen (ermitteln von Gemeinsamkeiten, Unterschieden und Abweichungen

Stellung nehmen: eine Problemstellung bzw. einen Sachverhalt auf der Grundlage von Kenntnissen, Einsichten und Erfahrungen kritisch prüfen und die Einschätzung sorgfältig abwägend formulieren

begründen: eigene Aussagen erklären, z. B. durch Konjunktionen (*weil*, *denn* …) einleiten.

INFO zu 3.

Um einen Sachtext zu verstehen, musst du ihn untersuchen:
– Welche Informationen enthält er?
– Welcher Aufbau ist erkennbar?
– Um welche Textsorte handelt es sich?
– Welche Wirkung hat der Text?
– Welche Absicht liegt dem Text zugrunde?
– Welche sprachlichen Besonderheiten gibt es, welche Funktion haben sie?

Vergleichen bedeutet, Texte nach bestimmten Gesichtspunkten in Beziehung zu setzen:
– Was haben sie gemeinsam?
– Welche Unterschiede sind erkennbar?
– Inwieweit ergänzen sich die Texte?
Diese Vergleiche können sich auf Inhalt, Form, Absicht, Wirkung und Sprache beziehen.
In den Aufgabenstellungen findest du Hinweise, auf welche Aspekte du achten musst.

C 3.2 Aufgabentyp 4b: Materialien vergleichen, deuten und bewerten – Fachwissen

Wenn du verschiedene Materialien (vgl. dazu die Übersicht über die Textarten im Glossar, Seite 135) miteinander vergleichen sollst, stellst du diese kurz vor (= TATTE-Satz) und fasst dann die wesentlichen Informationen aus den Texten getrennt voneinander zusammen. In der eigentlichen **Vergleichsaufgabe** wird dir ein Schwerpunkt vorgegeben, der deutlich macht, **was** du vergleichen sollst. Anschließend nimmst du zu einer Aussage oder einem im Text genannten Sachverhalt Stellung.

Die **Gliederung** deines Vergleichstextes wird dir durch die Teilaufgaben vorgegeben:

– Stelle … vor und benenne das gemeinsame Thema …
→ Wenn du mehrere Materialien vorliegen hast, fasse dich bei der Vorstellung kurz. Hinweise zum Thema erhältst du oft schon in der Überschrift.

– Erkläre, wieso …
– Erläutere die wesentlichen Aussagen …
→ Beachte bei der Zusammenfassung den genannten Schwerpunkt: Was soll ich erklären/erläutern/wiedergeben?

– Vergleiche M1 mit M2 und M3. Erläutere, ob … Berücksichtige dabei …
→ Stelle Unterschiede und Gemeinsamkeiten bezogen auf den Schwerpunkt dar: Was soll ich erläutern/vergleichen?

– Nimm Stellung zu der Aussage und begründe …
→ Argumentiere über die Texte hinaus, beziehe dich aber auch auf diese.
(vgl. dazu Teilaufgaben ❶ a – e, Kapitel C 3.5, S. 61)

Ziele des Textes (= Funktion)

Du zeigst, dass du die Inhalte aller Materialien und ihre Aussage verstanden hast und dass du erkannt hast, wie sie zueinander in Beziehung stehen. Dazu schreibst du **über** die Texte.

Beachte dabei:
✓ Schreibe nicht aus dem Text ab. **Zahlen**, **Daten**, **Namen** und **Fakten** solltest du aber **richtig übernehmen**.
✓ Gib im Vergleich und auch in der Stellungnahme **Textbelege** an. Dazu kannst du **wörtlich**, aber auch **indirekt Aussagen wiedergeben**. Ergänze immer das **Material** als Quelle, z. B. *M1, Z. 2*.
✓ Weise den **Vergleich sprachlich eindeutig** als solchen aus: *Während in M1 …, wird in M2 deutlich, dass …*
✓ Formuliere im **Präsens**.

Schreibstil und Art der Informationen

• informativ
• beschreibend
• sachlich
• argumentativ

> **TIPP**
> – Weise bereits beim Lesen der Schreibaufgabe den einzelnen Teilaufgaben unterschiedliche Farben zu. Beim Erschließen des Textes markierst du in diesen Farben die Informationen, die du für die Bearbeitung der jeweiligen Teilaufgabe verwenden willst.
> – Für den Vergleich kennzeichnest du die betreffenden Stellen am Rand. Wenn in Texten je eine Pro- bzw. Kontra-Meinung dargestellt wird, kannst du zur Kennzeichnung Symbole verwenden, z. B. +, –, =.
> – **Achtung!** Nicht immer sind die Aufgaben gleich gegliedert. Zum Beispiel wird nicht immer verlangt, dass du die Materialien vorstellen sollst. Manchmal finden sich auch die Zusammenfassung der Inhalte und der Vergleich der Materialien in derselben Teilaufgabe. Beachte deshalb die Operatoren in den Teilaufgaben genau!

C 3.3 Aufgabentyp 4b: Einen Textvergleich verfassen

Hier erhältst du eine Übersicht zur **Vorgehensweise bei der Bearbeitung der Schreibaufgabe zum Aufgabentyp 4b**. Die blau markierten Wörter (Arbeitstechniken, Operatoren, Fachbegriffe) kannst du im Glossar (ab S. 130) oder in den Kapiteln C 3.1 (S. 56) und C 3.5 (ab S. 60) nachschlagen. Orientiere dich bei der Bearbeitung der Aufgabenstellungen in den Kapiteln F 3 – F 5 an dieser Übersicht.

Sechs Schritte zur Bearbeitung der Aufgabenstellung

1. Schritt: Sich orientieren
- Aufgabenstellung und Teilaufgaben lesen
- Teilaufgaben und Operatoren erfassen
- Schreibziel erkennen (→ vergleichend untersuchen)

2. Schritt: Materialien erschließen und Inhalte erfassen
- Texte, Diagramme, Schaubilder lesen (Lesemethode anwenden)
- unbekannte Begriffe und Ausdrücke klären (Wörterbuch, Sinnzusammenhang)
- Schlüsselstellen markieren und bewerten (mit Symbolen, Pfeilen)
- Inhalt abschnittsweise in Stichpunkten zusammenfassen

3. Schritt: Schreibplan anlegen
- Tabelle anlegen (nach Teilaufgaben und Materialien gliedern)
- ggf. Alternative zum Schreibplan anlegen: farbige Markierungen pro Teilaufgabe vornehmen

4. Schritt: Materialien auswerten und Stichworte im Schreibplan festhalten
- Informationen für die Einleitung notieren: **T**itel, **A**utor, **T**extart, **E**rscheinungsjahr und **T**hema (= TATTE-Satz)/gemeinsames Thema
- Inhalt abschnittsweise in Stichpunkten zusammenfassen, Aussagen der Schaubilder zum Thema kurz benennen
- Aufgaben zu Inhalten der Materialien stichpunktartig bearbeiten
- zu einer Aussage oder einem Zitat Stellung nehmen
- Operatoren und Wortlaut der Teilaufgaben berücksichtigen

5. Schritt: Eigenen Text schreiben

Inhalt:
- zusammenhängenden Text verfassen
- Einleitung formulieren/gemeinsames Thema der Materialien benennen
- Inhalte mit eigenen Worten zusammenfassen
- Aussagen der Schaubilder zum Thema darstellen
- vergleichende Ergebnisse am Text belegen
- zu einem Zitat/einer Aussage Stellung nehmen

Darstellung:
- im Präsens schreiben
- Zitiertechniken beachten
- in eigenen Worten formulieren
- Überleitungen formulieren
- Ergebnisse der Teilaufgaben miteinander verknüpfen
- nach Teilaufgaben Absätze einfügen

6. Schritt: Text überarbeiten
- Einleitung vollständig? (TATTE-Satz, Thema)
- Inhalt richtig und mit eigenen Worten zusammengefasst?
- Alle Teilaufgaben berücksichtigt? (→ Operatoren)
- Stellungnahme auf das Zitat/die Aussage abgestimmt?
- Im Präsens geschrieben?
- Rechtschreibung, Zeichensetzung, Grammatik korrekt?

C 3.4 Schreibplan zu Aufgabentyp 4b

Nutze diese Tabelle zur Planung deines Vergleichs. Ergänze die Kategorien der Teilaufgaben und die Informationen aus den Materialien stichwortartig. Wenn in deiner Prüfungsvorlage nur zwei Materialien oder weniger Teilaufgaben vorkommen, kannst du einfach eine Spalte bzw. Zeile streichen. Ebenso streichst du die Kästchen, die du für die Bearbeitung der Teilaufgaben nicht benötigst.

Teilaufgaben	M1	M2	M3
❶ a) Einleitung: TATTE-Satz			
gemeinsames Thema der Materialien benennen			
❶ b)			
❶ c)			
❶ d)			
❶ e)			

C 3.5 Schreibaufgabe zu Sachtext und Schaubild in sechs Schritten bearbeiten (Aufgabentyp 4 b)

Auf den folgenden Seiten werden die wichtigsten Arbeitsschritte für das Lesen und Erschließen eines Sachtextes und eines Schaubildes und die Schritte für die Bearbeitung der Prüfungsaufgaben dargestellt. Auf den Seiten 61 und 62 findest du den Sachtext und das Schaubild, mit dem du diese Schritte üben kannst. Auch in der angeleiteten Prüfungsaufgabe zum Thema „Medien und mehr" (Teil F) wird auf diese grundlegenden Seiten verwiesen.

Erster Schritt: Sich orientieren

1. Lies die Aufgabenstellung in der Prüfungsvorlage auf den Seiten 61 und 62 „mit dem Stift". Markiere die Verben und die Schlüsselwörter.

2. Gib mit eigenen Worten wieder, was du tun sollst. Beachte die Reihenfolge der einzelnen Schritte.

   _____
   _____
   _____
   _____

3. Notiere stichwortartig, um was es in den einzelnen Materialien gehen könnte.

   Material 1: Computerspiele – Nicht so schlecht wie ihr Ruf?_____

   Material 2: ..._____

   Material 3: ..._____

> **TIPP zum ersten Schritt**
>
> Verschaffe dir einen Überblick:
> 1. Was verlangen die Aufgaben von dir? Lies die einzelnen Teilaufgaben und unterstreiche alle wichtigen Hinweise auf das, was du tun sollst. Du erhältst oft schon Anhaltspunkte, auf was du beim Lesen und Erschließen der Texte achten musst.
> 2. Worum könnte es in den Materialien gehen? Was verraten dir die Überschriften?

Zweiter Schritt: Materialien erschließen und Inhalte erfassen

4. a) Erschließe die Materialien wie im TIPP zum zweiten Schritt dargestellt. Setze dazu die Bearbeitung fort.
   b) Kennzeichne Besonderheiten, die dir auffallen, durch Unterstreichungen und Randbemerkungen.

5. Gib den Inhalt von M1 wieder.

   Spiele sind gut für das Lernen ..._____
   _____

6. Notiere die wichtigsten Aussagen aus M2 und M3.

   _____
   _____
   _____

> **TIPP zum zweiten Schritt**
>
> 1. Markiere alle unbekannten Begriffe oder Textstellen. Kläre sie mithilfe des Wörterbuchs oder aus dem Textzusammenhang. Beachte auch die Worterklärungen unter dem Text.
> 2. Unterstreiche oder kennzeichne Textstellen, die dir wichtig erscheinen.
> 3. Markiere Textstellen, die du zur Bearbeitung der Teilaufgaben heranziehen willst.
> 4. Notiere zu jedem Textabschnitt Stichpunkte zum Inhalt.
> 5. Werte das Schaubild aus wie in B 4 ab Seite 21.

Medien und mehr

Teil II

Lies bitte zuerst den Text. Bearbeite dann die Aufgaben. Schreibe einen zusammenhängenden Text.

1. **Untersuche** die Materialien M1 bis M3. Gehe dabei so vor:
   a) **Stelle** alle Materialien kurz **vor** und **benenne** das gemeinsame Thema.
   b) **Erkläre**, wieso der Verfasser von M1 Computerspiele als Chance bezeichnet.
   c) **Erläutere** die wesentlichen Aussagen von M2 und M3.
   d) **Vergleiche** M1 mit M2 und M3. **Erläutere**, ob Computerspiele wirklich eine Chance für Jugendliche darstellen. Berücksichtige dabei die Spieldauer und das unterschiedliche Spielverhalten von Jungen und Mädchen.
   e) Ein Medienforscher hat Folgendes geäußert: *„Ich bin für ein Verbot des Verkaufs von Computerspielen mit aggressivem Inhalt an Jugendliche unter 18 Jahren, damit diese nicht süchtig bzw. sozial auffällig werden."* **Nimm Stellung** zu dieser Aussage und **begründe** deine Meinung. Beziehe dich dabei auch auf die Materialien.

M1 Computerspiele als Chance

Wenn Schülerinnen und Schüler gefragt werden, warum sie Computerspiele spielen, bekommt man häufig als Antwort: „Warum
5 nicht?"
Der Wert des Spielens an sich wird von niemandem in Zweifel gezogen, ganz im Gegenteil: Spiele regen an, ermöglichen das Lernen
10 und fördern vielerlei Fähigkeiten. Auch Computerspiele sind Spiele! Sie machen Spaß und sie machen glücklich, wenn man gewinnt. Sie sind ganz unterschiedlich aufge-
15 baut, sie fordern verschiedenste Fähigkeiten und Kompetenzen. Eine der wichtigsten Fähigkeiten bei Computerspielen ist das Lernen selbst. Ein Computerspiel fordert
20 die Spielenden heraus, die Regeln, die Geschichte, den Inhalt, die Strategien und Handlungsmöglichkeiten zu meistern. Die Spieler müssen ihr Können ständig den Anforde-
25 rungen anpassen. Sie entwickeln regelmäßig neue Strategien, erproben diese, setzen sie um oder verwerfen sie.
Computerspiele sind also Lern-
30 spiele und somit auch Lernhilfe.

Man kann nicht erfolgreich spielen, wenn man nicht mit Informationen umgehen kann. Dies bedeutet, dass die Spielenden die vorliegenden Informationen überblicken und im 35 Verlauf des Spiels immer wieder neu bewerten müssen.
Computerspiele fördern die Kompetenzen der Spielenden in fünf Bereichen, und zwar im Bereich der 40 Sensomotorik, der kognitiven Kompetenz, der Medienkompetenz, der sozialen Kompetenz und der persönlichkeitsbezogenem Kompetenz. Hinter diesen Kompetenzen steht 45 eine Vielzahl an Fähigkeiten, wie z. B. die Auge-Hand-Koordination, Geschicklichkeit, das logische Denken, Wissen, Konzentrations- und Planungsfähigkeit, der Umgang 50 mit Computersoftware, Teamfähigkeit, Kommunikationsfähigkeit, der Umgang mit Erfolg und Misserfolg, usw. Dies alles sind Fähigkeiten, die man in den Anforderungen für das 55 Berufsleben des 21. Jahrhunderts wiederfindet.

Harald Stöveken (2016), zusammengestellt unter Verwendung von Informationen von https://www.eltern-bildung.at/ und aus dem Heft „Erziehung und Wissenschaft 12/2013"

M2 Sind sechs Stunden täglich zu viel? Interview mit dem Medienforscher Markus L. zum Thema Computerspiele

Reporter: Kürzlich stellte der Hersteller des Computerspiels „Call of Duty" eine beeindruckende Zahl vor. Der Gesamtumsatz des Spiels beträgt seit seinem Start im Jahr 2003 mehr als 10 Milliarden Dollar. Wie süchtig machen eigentlich Computerspiele?

Medienforscher: Eine eindeutige Aussage fällt schwer. Zum Feststellen einer Sucht sind mehrere Anzeichen über einen längeren Zeitraum notwendig. Dazu zählen die stetige Steigerung der Spielzeit am Computer, oft auch trotz Verbot, und das Verheimlichen des Spielkonsums. Hinzu kommen Veränderungen in der Gestaltung sozialer Kontakte, der Rückzug aus dem Freundeskreis, mangelndes Interesse an Familienaktivitäten und das Vernachlässigen bisheriger Hobbies. Dadurch entsteht eine zunehmende Isolation[1]. Auch schulische Auffälligkeiten, wie die starke Verschlechterung der Noten und zunehmende Fehlzeiten, sind feststellbar.

Reporter: Wenn jemand sechs Stunden am Tag Computerspiele spielt, ist das dann zuviel?

Medienforscher: Mit solchen Aussagen über eine süchtig machende Zeitdauer sollte man vorsichtig sein, aber wenn jemand jeden Tag mehrere Stunden spielt, deutet das zumindest darauf hin. Wer mehrere Stunden am Tag spielt, der leidet übrigns meistens auch unter lästigen Nebenwirkungen, z.B. Rückenbeschwerden vom stundenlangen Sitzen, Augenschmerzen vom Anstarren des Bildschirms oder Verspannungen durch die fehlende Bewegung. Hinzu kommen zudem oft noch Übermüdung, ungewöhnliche Stimmungswechsel, Teilnahmslosigkeit oder Aggressivität.

Reporter: Sind Spiele mit hohen Gewaltanteilen besonders problematisch?

Medienforscher: Die Forschungsergebnisse über den Einfluss von Computerspielen mit gewalttätigen Inhalten auf die Spielenden sind unter den Forschern umstritten. Zwar sind sich mittlerweile die meisten darüber einig, dass diese Spiele allein keine Gewalttaten hervorrufen. Aber häufig führen sie zu einem Abstumpfen gegenüber Gewalt sowie einem verringerten Mitleidsgefühl und können somit auch eine deutlich aggressionsfördernde Wirkung haben. Auch Amokläufe von Jugendlichen haben gezeigt, dass solche Spiele durchaus Einfluss auf die Spieler haben, denn viele der Täter haben nachweislich harte Ballerspiele gespielt.

erschienen im Neustädter Tageblatt, 18.09.2016

[1] Isolation: jemand steht im Abseits und unterhält kaum soziale Kontakte

M3 Diagramm: Spieldauer von Jugendlichen am Computer

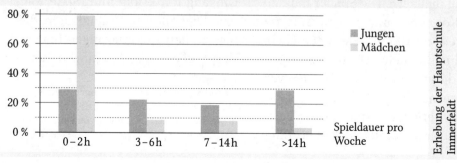

Dritter Schritt: Schreibplan anlegen

> **TIPP zum dritten Schritt**
>
> 1. Die Schreibaufgabe besteht darin, in einem zusammenhängenden Text alle Teilaufgaben zu bearbeiten. Orientiere dich zur Gliederung an den Teilaufgaben.
> 2. Lege in einem Schreibplan wie unten (Tabelle) die Gliederung deines Textes (linke Spalte) fest, indem du für jede Teilaufgabe eine Zeile anlegst und diese stichwortartig wiedergibst.
>   a) Zu Beginn stellst du die Materialien (M1, M2) kurz vor, indem du jeweils Angaben zu Titel, Autor, Textart und Erscheinungsjahr machst und das gemeinsame Thema formulierst (TATTE-Satz) (Teilaufgabe ❶ a).
>   b) In den weiteren Teilaufgaben fasst du die wichtigsten Aussagen der Materialien zusammen und vergleichst diese mit Blick auf den Schwerpunkt (hier: Teilaufgaben ❶ b – ❶ d). Beachte dabei genau die verwendeten Operatoren sowie den Wortlaut der Aufgabenstellung. Sie gibt dir den Schwerpunkt des Vergleichs vor.
>   c) Am Schluss musst du meist zu einer vorgegebenen Thematik Stellung nehmen.
> 3. Damit du mit der Zeitplanung in der Prüfung zurechtkommst und wenn du schon häufig mit einem Schreibplan gearbeitet hast und gut formulieren kannst, kannst du den einzelnen Teilaufgaben (S. 61) auch Farben zuweisen. Mit diesen markierst du zugehörige Passagen in den Materialien und schreibst dann deinen Text an diesen Passagen orientiert. Achte dabei darauf, dass du den Wortlaut der Materialien nicht übernimmst, sondern in eigenen Worten formulierst.

7. a) Übertrage den folgenden Schreibplan auf eine DIN-A4-Seite. Lasse in den einzelnen Zeilen ausreichend Platz. Du kannst auch den vorbereiteten Schreibplan von Seite 59 kopieren (C 3.4).
   b) Vervollständige stichwortartig die linke Spalte. Orientiere dich dazu an den Teilaufgaben von Seite 61 (Verben). So behältst du die Aufgaben im Blick und vermeidest Wiederholungen.

Teilaufgaben	M 1	M 2	M 3
❶ a) Einleitung: Vorstellen von M1–M3 …	Titel: Computerspiele als Chance …	Titel: Sind sechs Stunden …	Titel: Spieldauer …
gemeinsames Thema benennen	Computerspiele, wie groß ist dieses Problem wirklich oder steht kein Problem vor		
❶ b) Erklären: Computerspiele als Chance (M1)	… Ermöglichen Lernen. – Fördern Fähigkeiten – förderung: sensomotorik, kognitiven Kompetenz, Medien		
❶ c) Aussagen von M2 und M3 erläutern …		Sucht nicht so schnell nachweisbar. Die Meinungen des Computerspiele gewaltig macht sehr welt aussehen.	Jungen spielen eindeutig länger als Mädchen
❶ d) M1 mit M2 und M3 vergleichen	In M1 wird erklört was Computerspiele und Spiele allgemein fördern. In M2 werden fragen beantwortet In M3 wird ganz klar gezeigt wer mehr zeit in computerspiele investiert		
❶ e) …			

Vierter Schritt: Materialien untersuchen und vergleichen, Stichworte im Schreibplan festhalten

8. Ergänze nun deinen Schreibplan stichwortartig. Beginne mit der Einleitung (Teilaufgabe 1 a):
   a) Stelle M1 bis M3 kurz vor. Notiere Titel, Autor, Erscheinungsjahr und Textart.

   M1 trägt den Titel ... Computer spiele als chance da sie erklären was es fördert.

   M2 ist ... mehr oder weniger einbericht wo fragen beantwortet werden

   Das Diagramm M3 zeigt ... das Jungen Mehrzeit mit computerspielen verbringen

   b) Formuliere das gemeinsame Thema.

   In allen Materialien geht es ...

INFO zum vierten Schritt

1. **Vergleichen** heißt, Textaussagen, Problemstellungen und Sachverhalte aus den verschiedenen Materialien unter bestimmten Aspekten gegenüberzustellen mit dem Ziel, Gemeinsamkeiten, aber auch Unterschiede zu ermitteln.
2. Wenn du dich dafür entschieden hast, den Schreibplan nicht als Tabelle anzulegen, sondern deinen Text durch farbiges Markieren vorzubereiten, musst du die Stichwörter zu den Aufgaben 8. – 14. (S. 64/65) nicht notieren. Dann erarbeitest du die Aufgaben direkt an den Materialien, markierst zu den Aufgaben passende Textstellen farbig und schreibst wichtige Notizen, wie z. B. das gemeinsame Thema, an den Rand. Nutze die Notizen zu den Aufgaben als Formulierungshilfen.

9. Erkläre in der zweiten Zeile des Schreibplans, wieso der Verfasser von M1 Computerspiele als Chance bezeichnet. (Aufgabe 1 b). Nutze dazu deine Stichpunkte aus der Texterschließung (Aufgabe 4, S. 60).

   – Spiele fördern das Lernen und regen an

   – auch Computerspiele sind Spiele und damit Lernspiele ...

   – Fördern Fähigkeiten

10. Erläutere nun die wesentlichen Aussagen von M2 und M3, und notiere diese in der dritten Zeile deines Schreibplans (Teilaufgabe 1 c).

    M2: es fällt schwer, eindeutig zu sagen, wie

    süchtig welches geschlecht ist

    M3: Diagramm: Spieldauer von ... Mädchen

    zeigt an das sie deutlich

    weniger als Jungen spielen

TIPP zu 10.

1. Lies zuerst die Überschrift und den Begleittext (Erläuterungen/Angaben) zum Diagramm, falls vorhanden.
2. Stelle fest, ob es sich um Mengen- oder Prozentangaben handelt.
3. Untersuche nun Auffälligkeiten, z. B. auffällig hohe oder auffällig niedrige Werte.

C 3.5 Strategien | Aufgabentyp 4b | Schreibaufgabe bearbeiten 65

11. Vergleiche M1 mit M2 und M3, indem du überlegst, was die Materialien gemeinsam haben bzw. worin sie sich unterscheiden oder ergänzen (Teilaufgabe ❶ d). Erläutere, was die einzelnen Materialien dazu aussagen, ob Computerspiele wirklich eine Chance für Jugendliche darstellen. Berücksichtige auch die Spieldauer und das unterschiedliche Spielverhalten von Jungen und Mädchen.

M1: Autor sieht Computerspiele als Chance, da sie verschiedene Fähigkeiten fördern, die im ...

M2: Medienforscher steht dem Thema kritischer gegenüber als der Autor von M1 und erläutert auch Nachteile, inbesondere von übermäßigem Spielen (Suchtgefahr) ...

M3: geht nicht direkt darauf ein, ob Computerspiele eine Chance darstellen, sondern informiert allgemein über die Spieldauer; Inhalte des Diagramms unterstreichen die Aussagen aus M2 ...

12. Lies die Teilaufgabe ❶ e. Mache dir klar, wozu du Stellung nehmen sollst. Erläutere die Aussage im Schreibplan kurz in eigenen Worten.

Ein Medienforscher hat gesagt, dass er dafür ist, dass Jugendliche unter 18 Jahren keine Spiele mit aggressiven Inhalten kaufen dürfen, damit diese nicht ...

TIPP zu 12.–14.

In einer Stellungnahme wird von dir erwartet, dass du deinen Standpunkt klar und eindeutig darstellst. Erläutere ihn durch nachvollziehbare Gründe und anschauliche Beispiele. Gehe dabei so vor:
1. Überlege, welches Problem angesprochen wird. Welche Gesichtspunkte aus den vorliegenden Materialien sind dazu besonders wichtig? Musst du weitere ergänzen oder die vorhandenen kritisieren?
2. Formuliere deinen Standpunkt deutlich.
3. Sammle stichwortartig Gründe und Beispiele für deinen Standpunkt. Beziehe dich dabei auf den Text und auf Erfahrungen aus deinem persönlichen Umfeld.

13. Welchen Standpunkt vertrittst du?

Meiner Meinung nach kann man zwar fordern, dass Computerspiele mit gewalttätigen Inhalten nicht an Jugendliche ...

14. Sammle in Gedanken Stichworte zu Teilaufgabe ❶ e. Notiere sie geordnet in deinem Schreibplan. Notiere auch die Textstellen, die du als Belege in deiner Argumentation berücksichtigen willst.

Fünfter Schritt: Text schreiben

TIPP zum fünften Schritt

1. Schreibe deinen Text auf DIN-A4-Papier. Lasse einen breiten Rand an der Seite damit du für die Überarbeitung Platz hast.
2. Bringe die Ergebnisse aus deinem Schreibplan in einen schlüssigen und zusammenhängenden Gedankengang. Wenn du nur passende Textstellen markiert und dir Notizen am Rand gemacht hast, nutzt du diese Vorarbeiten als Grundlage für deinen zusammenhängenden Text. Achte beim Schreiben darauf, Wiederholungen zu vermeiden.
3. Beziehe dich in deinen Aussagen auf Textstellen, wenn du damit etwas Typisches oder Bemerkenswertes herausstellen willst oder um eigene Aussagen zu belegen.
4. Benutze Fachbegriffe, um präzise zu formulieren. Verwende außerdem passende Satzverknüpfungswörter, so wirkt dein Text zusammenhängend.
5. Setze nach jeder Teilaufgabe einen Absatz.

15. Verfasse deine vergleichende Analyse auf einem Extrablatt. Orientiere dich dazu am TIPP zum fünften Schritt auf Seite 65 und nutze deine Vorarbeit aus dem Schreibplan sowie die folgenden Textanfänge zu den Teilaufgaben.

Teilaufgabe ❶a): Es liegen drei Materialien vor. Material 1 ist … / Das gemeinsame Thema …

Teilaufgabe ❶b): Der Autor von M1 bezeichnet Computerspiele als Chance, weil …

Teilaufgabe ❶c): In M2 wird ein Medienforscher … Das Schaubild Material 3 bildet …

Teilaufgabe ❶d): Während der Verfasser von M1 nur auf die positiven Auswirkungen von Computerspielen eingeht, … In M2 wird das Thema kritischer gesehen … Das Schaubild M3 unterstreicht …

Teilaufgabe ❶e): Die von einem Medienforscher gemachte Aussage, kann ich nicht nachvollziehen …

Sechster Schritt: Text überarbeiten

16. Überarbeite deinen Text. Verwende dazu die CHECKLISTE.

CHECKLISTE zur Überarbeitung von Texten (Aufgabentyp 4b)

1. **Den Text inhaltlich überprüfen (Inhaltsleistung)**
   - Hast du in deinem Text alle Unterpunkte der Aufgabenstellung und die Ergebnisse aus deinem Schreibplan berücksichtigt? (Operatoren)
   - Sind deine Ergebnisse für den Leser nachvollziehbar formuliert?
   - Wurden nachvollziehbare Schlussfolgerungen gezogen, die sich sinnvoll aus den Materialien ergeben?
   - Hast du deine Aussagen am Text belegt?
   - Hast du deine Ergebnisse verknüpft und Zusammenhänge hergestellt?
   - Hast du in der Stellungnahme deine Position durch Begründungen gestützt und Bezug auf die Materialien genommen?

2. **Den Text sprachlich überprüfen (Darstellungsleistung)**
   - Hast du den Text sinnvoll gegliedert? Ist er durch Absätze überschaubar gestaltet?
   - Hast du unnötige Wiederholungen und unklare Formulierungen vermieden?
   - Hast du Zusammenhänge durch sinnvolle Satzverknüpfungen verdeutlicht?
   - Kannst du komplizierte Sätze vereinfachen?
   - Überprüfe auch Rechtschreibung, Zeichensetzung und Grammatik, denn sie fließen in die Bewertung ein und können den Lesefluss beeinträchtigen.
   ➔ Kontrolliere deinen Text mehrfach und berücksichtige deine persönlichen Fehlerschwerpunkte.

D Prüfungs-/Übungsaufgaben zum Themenbereich „Sprachkultur und Leselust"

In diesem Kapitel kannst du zu dem Thema „Sprachkultur und Leselust" mehrere Prüfungsbeispiele bearbeiten. Notiere die benötigte Arbeitszeit (siehe Seite 5).

D 1 Leseverstehen: Wenn Hunde Kindern die Angst vor dem Vorlesen nehmen (angeleitetes Üben)

Teil I

Lies zunächst den Text sorgfältig durch und bearbeite die Aufgaben ❶ – ❷.

Wenn Hunde Kindern die Angst vor dem Vorlesen nehmen
Andreas Jalsovec

Das „Lesehunde"-Projekt der Johanniter[1] gibt es im Allgäu[2] seit Anfang des Schuljahrs. Einmal pro Woche sind die Hunde zu Gast in der Klasse – und die Kinder sind begeistert.

(1) Gismo scheint diesen Augenblick zu genießen. Der schwarze Labradorhund liegt langgestreckt auf dem Boden – und ein wenig sieht es tatsächlich so aus, als würde er der Geschichte lauschen, die der siebenjährige Luca gerade vorliest. Der Kopf des Hundes lehnt gemütlich am Fuß des Schülers, der in das Buch mit dem Titel „Gespenster im Gepäck" vertieft ist. Neben den beiden sitzt Hundeführerin Claudia Schindele. Sie hilft Luca gelegentlich, wenn er beim Lesen ins Stocken gerät – und lobt ihn, wenn er einen Satz fehlerfrei zu Ende bringt.

(2) Luca ist Schüler in der Klasse 2a der Grundschule auf dem Lindenberg in Kempten. Zusammen mit etwa einem Dutzend anderer Klassenkameraden darf er einmal in der Woche dem Labrador Gismo und dem Schäferhund Endy vorlesen. Die Hunde gehören zum Projekt „Lesehunde" des Regionalverbands Allgäu der Johanniter. Es ist jüngst mit dem Bayerischen Innovationspreis Ehrenamt[3] ausgezeichnet worden. Speziell ausgebildete Hundeführer besuchen dabei seit diesem Schuljahr mit ihren Tieren zwei Grundschulklassen in Kempten und Bad Wörishofen. Die Kinder lesen den Hunden regelmäßig vor. So sollen vor allem leseschwache Schüler ihre Lesefähigkeit verbessern.

(3) „Wir haben sehr viele zappelige Kinder in der Klasse", sagt Lehrerin Ingrid Herrmann: „Kinder, die sich schwertun mit dem Lesen." Als sie von der Idee der Lesehunde hörte, habe sie gedacht: „Das wäre doch was für meine Schüler", berichtet die Pädagogin. Dabei hat Herrmann gehörig Angst vor Hunden. Als die stattlichen Tiere das erste Mal vor der Klassenzimmertür standen, sei sie instinktiv[4] zwei Schritte zurückgewichen, erzählt sie. „Aber die Kinder waren hellauf begeistert."

(4) Am ersten Tag lernten die Grundschüler die Hunde erst einmal kennen. Danach durfte jeder aus der Klasse den Tieren sein Lieblingsbuch präsentieren. Mittlerweile sind es vor allem Kinder mit Lese- und Rechtschreibschwierigkeiten, die den Hunden in einem separaten[5] Klassenzimmer ein Buch ihrer Wahl vorlesen. „Wenn die Hunde da sind, herrscht eine besondere

Atmosphäre im Raum", sagt Friederike Mehrhof-Volbert, die das Lesehunde-Projekt bei den Allgäuer Johannitern koordiniert. Der Hund strahle Gelassenheit und Ruhe aus. „Er spottet nicht und hänselt nicht, wenn ein Kind einmal ins Stocken gerät", meint Mehrhof-Volbert: „Er ist einfach nur da."

(5) Das reicht offenbar aus, um vielen Kindern die Angst vor dem Lesen zu nehmen. „Ein Hund kann helfen, den Stress beim Lesen abzubauen", sagt Andrea M. Beetz. Die Erlanger Psychologin und Sonderpädagogin hat mehrere Studien zur Wirkung von Lesehunden auf Schulkinder veröffentlicht. Die Ergebnisse zeigten, dass das Lesen mit Hund „das Potenzial[6] hat, die Lesekompetenz der Kinder deutlich zu verbessern", meint die Wissenschaftlerin. So hätten in einer Untersuchung mit Drittklässlern jene Kinder, die während der Leseförderung einem Hund vorlasen, deutlich größere Fortschritte bei der Leseleistung erzielt, als Kinder, bei denen kein Hund dabei war. Gleichzeitig waren die Verbesserungen bei den Kindern mit Hund auch dauerhafter – und die Kinder hatten hinterher mehr Spaß am Lesen. „Das heißt: Der Hund wirkt sowohl entspannend als auch motivierend", erläutert Andrea M. Beetz.

(6) Auf diesen Effekt[7] hofft auch Lehrerin Ingrid Herrmann in ihrer Klasse. Ob sich die Lesefähigkeit der Kinder durch die Hunde wirklich verbessere, müsse man zwar erst einmal abwarten, meint die Pädagogin. „Aber dass die Kinder mehr Selbstvertrauen haben und mehr Freude am Lesen – das merkt man jetzt schon." So wie bei der siebenjährigen Amelie: Während ihr Klassenkamerad Luca dem Hund Gismo vorliest, sitzt sie daneben und wartet, bis sie an die Reihe kommt. Ab und zu steht sie auf, um den Hund zu streicheln. „Wenn ich vor der Klasse vorlese, dann lachen einige mich aus", berichtet sie. „Aber wenn ich dem Hund vorlese, geht es mir gut. Da habe ich dann keine Angst mehr."

https://www.sonntagsblatt.de/artikel/bayern/wenn-hunde-kindern-die-angst-vor-dem-vorlesen-nehmen (Zugriff 02.01.2019)

[1] die Johanniter: gemeinnützige Hilfsorganisation
[2] das Allgäu: südlicher Landesteil in Bayern
[3] Bayerischer Innovationspreis Ehrenamt: zeichnet beispielgebende Projekte in allen Bereichen des bürgerschaftlichen Engagements aus
[4] instinktiv: ohne nachzudenken, gefühlsmäßig
[5] separat: besonders abgegrenzt, getrennt
[6] das Potenzial: hier: die Möglichkeit
[7] der Effekt: die Wirkung, der Erfolg

Lösungshilfen zu ❶ – ⓬

1. Nicht gleich in die Aufgaben stürzen! Erschließe zuerst den Text wie in B 3 (S. 19) dargestellt:
   – Kläre unbekannte Begriffe.
   – Unterstreiche wichtige Schlüsselstellen.
   – Formuliere am Rand Überschriften oder Stichwörter zu den Sinnabschnitten.
   Du findest zu den Aufgaben dann schnell die Textstellen.

2. Lies dann jede Aufgabe gründlich. Markiere darin die Schlüsselwörter, die sagen, was du tun sollst. Achte darauf, ob in der Aufgabenstellung der Singular oder Plural verwendet wird: Kreuze die richtige/n Antwort/en an. So weißt du, ob du eine oder mehrere Antworten ankreuzen musst.

Aufgaben ① – ⑫

> **TIPP zu ①/②/③/⑤/⑥/⑦/⑨/⑩/⑪**
>
> **Richtige Aussagen ankreuzen**
> Suche zu jeder Aussage die passende Stelle im Text und unterstreiche sie. Überprüfe genau, ob die Textstelle mit der Aussage unten übereinstimmt bzw. worin sich Text und Aussage unterscheiden. Achte auf Wortwahl, Fragestellung und Schlüsselwörter.

① Kreuze die richtige Antwort an.

Der an dem Projekt beteiligte Hund „Gismo" reagiert während des Vorlesens (Abschnitt 1), indem er …

a)	den Eindruck macht, als wäre er gelangweilt.	
b)	den Eindruck macht, als höre er interessiert zu.	
c)	auf dem Boden zusammenbricht.	
d)	interessiert ins Buch schaut.	

② Kreuze die richtige Antwort an.

Die Hundeführerin Claudia Schindele begleitet Luca beim Lesen (Abschnitt 1), indem sie …

a)	ihn beim flüssigen Lesen unterstützt.	
b)	den Hund lobt.	
c)	ihn drängt, fehlerfrei zu lesen.	
d)	ihm aus einem Buch vorliest.	

③ Kreuze die richtige Antwort an.

Das Ziel des Projektes „Lesehunde" ist es, …

a)	Schülern die Angst vor Hunden zu nehmen.	
b)	Schülern die Angst vor der Schule zu nehmen.	
c)	Hunden Abwechslung zu verschaffen.	
d)	Schüler zu besseren Lesern zu machen.	

TIPP zu ❹

Den Textzusammenhang berücksichtigen
1. Mache dir klar, **was** du erläutern sollst (z. B. Wie läuft das Projekt *Lesehunde* ab?).
2. Spüre die passende Textstelle in dem genannten Abschnitt (hier: Abschnitt 2) auf und unterstreiche sie.
3. Formuliere die Antwort mit eigenen Worten: *Das Projekt Lesehunde läuft folgendermaßen ab: ...*

❹ Erläutere im Textzusammenhang, wie das Projekt „*Lesehunde*" (Abschnitt 2) durchgeführt wird.

_____
_____
_____
_____

❺ Kreuze die richtige Antwort an.

„*Wir haben sehr viele zappelige Kinder in der Klasse*" (Abschnitt 3, Z. 22) bedeutet, dass ...

a)	es in der Klasse viele unruhige Schüler gibt.	
b)	die Schüler sehr motiviert sind.	
c)	sich die Schüler besonders auf die Hunde freuen.	
d)	die Schüler sehr gerne lesen.	

❻ Ordne die Namen der linken Spalte den Personen und Hunden der rechten Spalte zu (Abschnitt 1, 2, 3). Notiere den richtigen Buchstaben in die leere Spalte.

a)	Endy		Pädagogin
b)	Luca		Schäferhund
c)	Gismo		Hundeführerin
d)	Claudia Schindele		Labrador
e)	Ingrid Herrmann		Schüler

❼ Kreuze die richtige Antwort an.

Die Hunde sind besonders für die Schüler in der Klasse da (Abschnitt 4), ...

a)	die den Hunden ihr Lieblingsbuch vorstellen möchten.	
b)	denen es schwerfällt, richtig zu schreiben und flüssig zu lesen.	
c)	die Angst vor Tieren haben.	
d)	denen es leichtfällt, zu lesen.	

TIPP zu ❽

Aussagen im Textzusammenhang erläutern
1. Markiere die angegebene Textstelle.
2. Mache dir klar, was die Textaussage bedeutet (z. B. Was bedeutet Stress?)
3. Schlage unbekannte Begrifflichkeiten im Wörterbuch nach, erschließe sie aus dem Textzusammenhang oder orientiere dich an den vorhandenen Worterklärungen unter dem Text.
4. Lies die Textaussagen, die vor oder hinter der angegebenen Textstelle stehen, und unterstreiche die zu der Textaussage passenden Aussagen bzw. Schlüsselwörter (z. B. Angst vor dem Lesen nehmen, ...).
5. Formuliere die Antwort mit eigenen Worten: *Mit der Aussage „Ein Hund kann helfen, ..." (Z. 39) ist gemeint, dass ...*

❽ *„Ein Hund kann helfen, den Stress beim Lesen abzubauen."* (Abschnitt 5).

Erläutere im Textzusammenhang, was diese Aussage bedeutet.

_____
_____
_____
_____

❾ Kreuze die richtige Antwort an.

Den positiven Einfluss der Hunde auf das Lesevermögen zeigen nach Aussage der Psychologin Andrea M. Beetz die Ergebnisse (Abschnitt 5) ...

a)	eines chemischen Experiments.	
b)	eines Tierversuchs.	
c)	einer wissenschaftlichen Untersuchung.	
d)	einer staatlichen Prüfung.	

TIPP zu ❾

Wortbedeutungen unterscheiden
Bei vorgegebenen Antworten, die sich nur durch verschiedene Begriffe (z. B. Experiment/Tierversuch ...) unterscheiden, vergewissere dich, dass du die Bedeutung der Wörter und die Unterschiede zwischen den Bedeutungen im Zusammenhang ermittelst.

❿ Kreuze die richtige Antwort an.

Die Schüler schätzen an den Hunden im Unterricht (Abschnitt 6), dass diese ...

a)	sich nicht über die Schüler lustig machen.	
b)	sich ausführen lassen.	
c)	den Schülern Zeit für Pausen geben.	
d)	sich von den Schülern füttern lassen.	

11 Kreuze die richtige Antwort an.

Die Lehrerin Ingrid Herrmann stellt fest (Abschnitt 6), dass …

a)	die Schüler bereits jetzt viel besser lesen.	
b)	die Schüler jetzt schon selbstsicherer sind.	
c)	die Schüler jetzt schon besser abwarten können.	
d)	die Schüler jetzt neugieriger sind.	

12 Nach dem Lesen des Textes sagt ein Schüler:

„Das Projekt „Lesehunde" sollte in allen Schulen verbindlich eingeführt werden."

Schreibe eine kurze Stellungnahme zu dieser Aussage. Du kannst der Auffassung zustimmen oder nicht. Wichtig ist, dass du deine Meinung begründest. Beziehe dich dabei auf den Text.

Begründung:

Ich stimme der Aussage des Schülers, dass …

_____

_____

_____

_____

zu/nicht zu, denn …

_____

_____

_____

_____

_____

_____

> **TIPP zu 12**
>
> **Zu einer Aussage Stellung nehmen**
> 1. Entscheide dich für eine der beiden Möglichkeiten: *Ich stimme zu/nicht zu.*
> 2. Überfliege den Text noch einmal und markiere Textaussagen, die deine Auffassung unterstützen.
> 3. Greife zu Beginn die Aussage, zu der du dich äußern willst, noch einmal auf.
> 4. Beziehe dich bei deiner Begründung auch auf die markierten Textaussagen *(Ein Hund kann helfen, den Stress beim Lesen abzubauen …, Z. 39).*

D 2 Original-Prüfung 2019: Leseverstehen: Guck mal, eine Ba-na-ne! (selbstständiges Üben)

Guck mal, eine Ba-na-ne! *Katrin Blawat*

(1) Vieles im Leben funktioniert bestens, ohne dass die Wissenschaft jedes Detail[1] verstanden hätte. Ein Beispiel dafür ist die sehr spezielle Art, mit der Mütter, Väter, aber auch andere Erwachsene und ältere Geschwister mit Babys und Kleinkindern sprechen: in auffallend hoher Stimmlage, langsam und überdeutlich artikuliert[2] und in kurzen, einfachen Sätzen – Babysprache eben. Wer sich einem Säugling gegenüber sieht, verfällt fast automatisch in diese Sprechweise. Gut so. Denn während Eltern sich zuweilen leicht verblödet vorkommen, wenn sie den Großteil des Tages in Babysprache kommunizieren, sagt die Wissenschaft eindeutig: Die sogenannte kindgerichtete Sprache tut den Kleinsten gut.

(2) „Eltern, die kindgerichtete Sprache anwenden, fördern den Spracherwerb ihrer Kinder", schreibt ein Team um Roberta Michnick Golinkoff von der University of Delaware in einer psychologischen Fachzeitschrift. So weit, so klar. Doch worauf die hilfreiche Wirkung der Babysprache im Detail beruht, weiß niemand sicher. Verkürzt gesagt: Jeder verwendet Babysprache – doch keiner weiß, warum und wie sie im Detail funktioniert. Golinkoff und ihre Co-Autoren drücken es so aus: „Die Frage ist nicht, ob kindgerichtete Sprache eine Rolle für sie Sprachentwicklung spielt, sondern wie und wann."

(3) Klar ist immerhin, dass sie bei den Adressaten[3] gut ankommt. „Einige Studien zeigen, dass Babys die kindgerichtete Sprache bevorzugen", sagt Bettina Braun, Leiterin der Babysprachlabors der Uni Konstanz. Untersucht werden solche Präferenzen[4], indem man den Kindern aus Lautsprechern Sätze vorspielt, jeweils in Baby- und in Erwachsenensprache. Das Abspielen endet, sobald sich das Kind vom jeweiligen Lautsprecher abwendet – ein Zeichen für nachlassende Aufmerksamkeit. Dazu kommt es im Fall der Erwachsenensprache leichter.

(4) Zu den auffälligsten Merkmalen der Babysprache zählen die hohe Stimmlage, die überdeutliche Aussprache vor allem der Vokale[5], und längere Pausen. So produzierten Mütter in einer Studie durchschnittlich pro Sekunde 5,8 Silben, wenn sie sich mit anderen Erwachsenen unterhielten. Sprachen sie zu ihren Neugeborenen, kamen sie hingegen nur auf 4,2 Silben pro Sekunde. Begleitet werden die Worte typischerweise von einer ausgeprägten Mimik[6]. Reden Mutter oder Vater mit ihrem Baby, lächeln sie mehr und breiter, als wenn sie sich miteinander unterhalten. […]

(5) Laut einer vor drei Jahren veröffentlichten Untersuchung hatten Kinder, die im Alter von einem Jahr viel Babysprache gehört hatten, mit zwei Jahren einen größeren Wortschatz als Gleichaltrige, mit denen zuvor häufiger in normalen Tonlage und Betonung gesprochen wurde. Babysprache helfe dem Kind, seine Aufmerksamkeit auf das Gesagte und den Sprecher zu lenken, schreibt das Team um Jae Yung Song von der Brown University in Providence, Rhode Island, in einer Fachzeitschrift. […]

(6) Für die Autoren beruht dieser Effekt ausschließlich auf der langsameren Sprechgeschwindigkeit und der deutlichen Aussprache der Vokale. Die hohe Stimmlage spielt ihrer Studie zufolge hingegen keine Rolle. Die Forscher hatten untersucht, wie aufmerksam 19 Monate alte Babys auf die Frage „Wo ist das Buch?" lauschten. Den Satz hörten die Kinder sowohl in der üblichen kindgerichteten Sprache als auch technisch manipuliert[7], sodass zum Beispiel allein die Stimmlage als Merkmal der Babysprache erhalten blieb. In diesem Fall stellten sie keine Unterschiede zwischen kind- und erwachsenengerichteter Sprache fest – ein Hinweis darauf, dass die hohe Stimmlage wenig entscheidend sein könnte.

(7) Dem widerspricht jedoch eine Gruppe um Anne Fernand von der Stanford University. Ihr zufolge liegt es vor allem an der Tonhöhe, dass Kinder Äußerungen in Babysprache mehr Aufmerksamkeit schenken. Bettina Braun und ihre Mitarbeiter wiederum haben in ihrem Labor ermittelt, dass unter anderem ein hoher Stimmton auf betonten Silben (etwa auf dem „na" in „Ba-na-ne") Babys zu erkennen hilft, wann ein Wort endet und wann ein neues beginnt. Damit sich in vielen und zum Teil widersprüchlichen Einzelergebnisse künftig besser vergleichen lassen, läuft derzeit ein gemeinsames Projekt mehrerer Babysprachlabore in den USA, Großbritannien und Deutschland.

(8) Für Eltern aber hat Bettina Braun schon jetzt eine beruhigende Botschaft: Vermutlich helfe es einem Kind beim Sprechenlernen, wenn es möglichst abwechslungsreichen Input[8] erhalte – wie es im Alltag automatisch geschieht. Mama und Papa reden anders mit ihm als Oma und Opa, und Geschwister, Erzieher oder Nachbarn haben noch einmal eine andere Art der Kommunikation. Vor allem betont die Konstanzer Wissenschaftlerin: „Eltern müssen sich sprachlich nicht ‚verbiegen', damit das Kind sprechen lernt."

Quelle: http://www.sueddeutsche.de/wissen/eltern-kind-kommunikation-guck-mal-eine-ba-na-ne-1.3614953 html, 04.08.2017 (Zugriff: 20.02.2019, Text gekürzt und geringfügig verändert)

[1] Detail: Einzelheit
[2] artikulieren: etwas in Worte fassen, ausdrücken
[3] Adressat: Empfänger
[4] Präferenz: Vorliebe, Neigung
[5] Vokale: Selbstlaute a, e, i, o, u
[6] Mimik: sichtbare Bewegung der Gesichtsoberfläche
[7] manipuliert: beeinflusst, verändert
[8] Input: Eingabe, etwas von außen Zugeführtes

Aufgaben zu: Guck mal, eine Ba-na-ne!*

1 Kreuze die richtige Antwort an.
Unter Babysprache versteht man (Abschnitt 1) eine ...

a)	besondere Art und Weise, in der Geschwister miteinander reden.	
b)	Sprache, die nur für die Eltern eines Babys verständlich ist.	
c)	an das Baby gerichtete Sprechweise.	X
d)	automatische Redeweise.	

* Quelle (Aufgaben): Qualitäts- und UnterstützungsAgentur – Landesinstitut für Schule, Soest 2019

2 Kreuze die richtige Antwort an.
Kommunikation in Babysprache (Abschnitt 1) ist für Säuglinge …

a)	einschüchternd.	
b)	ermüdend.	
c)	hemmend.	
d)	förderlich.	X

3 Kreuze die richtige Antwort an.
Wissenschaftler sind der Meinung, dass Babysprache (Abschnitt 2) …

a)	eine angenehme Wirkung auf Eltern ausübt.	
b)	für die Sprachentwicklung bedeutend ist.	X
c)	immer erlernt werden muss.	
d)	nur manchmal hilfreich ist.	

4 Kreuze die richtige Antwort an.
Ungeklärt ist aber noch (Abschnitt 2), …

a)	aus welchem Grund und wie die Babysprache eigentlich funktioniert.	
b)	ob die Wissenschaftler zum Spracherwerb weiter forschen werden.	
c)	welche Rolle Sprache bei der Entwicklung eines Kindes spielt.	
d)	ob Babysprache in anderen sozialen Bereichen hilfreich ist.	X

5 Kreuze die richtige Antwort an.
Überprüft wurde die Wirkung kindgerichteter Sprache auf Babys (Abschnitt 3) …

a)	mithilfe von Eltern-Kind-Beobachtungen im Sprachlabor.	X
b)	mit dem Abspielen von Sprachaufnahmen der Kinder.	
c)	mit dem Abspielen unterschiedlicher Aufnahmen.	
d)	mithilfe technisch bearbeiteter Lautsprecher.	

6 Kreuze die richtige Antwort an.
Mütter sprechen mit (Abschnitt 4) …

a)	Erwachsenen deutlicher als mit ihren Babys.	
b)	den Vätern so deutlich wie mit ihren Babys.	
c)	ihrem Baby betont langsam und deutlich.	X
d)	Babys deutlicher als deren Väter.	

7 Stelle den Zusammenhang zwischen kindgerichteter Sprache und Wortschatz in der Entwicklung eines Kindes dar (Abschnitt 5).

Wenn man die kindgerichtete Sprache anwendet betont man stärker die Silben und die Endungen, so lernt das Kind schneller.

8 Kreuze die richtige Antwort an.
Laut einem Wissenschaftlerteam der Brown University hören Babys Sprechenden besonders aufmerksam zu (Abschnitte 5 und 6), wenn …

a)	die Stimmlage hoch ist.	
b)	das Sprachtempo gering ist.	X
c)	Sätze laut gesprochen werden.	
d)	kurze Sätze gesprochen werden.	

9 Kreuze die richtige Antwort an.
Um die unterschiedlichen Untersuchungsergebnisse zur Babysprache besser vergleichen zu können (Abschnitt 7), …

a)	gründet die Stanford University ein neues Sprachlabor.	X
b)	arbeiten Wissenschaftler international zusammen.	
c)	werden einzelne Ergebnisse nochmals überprüft.	
d)	werden einzelne Untersuchungen wiederholt.	

10 Kreuze die richtige Antwort an.
Wissenschaftler der Stanford University sind der Auffassung (Abschnitt 7), dass eine bewusst hohe Stimmlage des Sprechenden …

a)	die Aufmerksamkeit eines Kleinkindes erhöht.	
b)	das Verhalten eines Kindes verändern wird.	
c)	zu widersprüchlichen Ergebnissen führt.	
d)	günstig für Betonungen von Silben ist.	X

11 Kreuze die richtige Antwort an.
Mit der Aussage „Eltern müssen sich sprachlich nicht ‚verbiegen', damit das Kind sprachen lernt." (Zeile 68/69) ist gemeint, dass Eltern …

a)	die Sprachförderung eher den Großeltern überlassen sollten.	
b)	ihr gewohntes Sprechverhalten nicht ändern müssen.	X
c)	ihre Sprechweise nur dem Kind anpassen müssen.	
d)	die kindgerichtete Sprache verändern müssen.	

12 Nach dem Lesen des Textes sagt eine Schülerin:
„*Es spielt doch keine Rolle, wie man mit einem Baby spricht. Hauptsache, man spricht mit ihm.*"
Schreibe eine kurze Stellungnahme zu dieser Aussage. Du kannst der Auffassung zustimmen oder nicht. Wichtig ist, dass du deine Meinung begründest. Beziehe dich dabei auf den Text.

Die Aussage „Es spielt doch keine Rolle wie man mit einem Baby spricht, Hauptsache man spricht mit ihm" von einem Schüler kann ich nicht teilen. Das man so sprechen sollte das, dass Kind es schnell versteht und mit dem Wort was anfangen kann

B.E.

D 3 Aufgabentyp 2: Sprachenreichtum an unserer Schule (angeleitetes Üben)

Teil II

Am 1. Juli findet an deiner Schule ein Projekttag „Sprachenreichtum an unserer Schule" statt. Dafür wird ein Ordner zur Vorbereitung erstellt, der allen Schülerinnen und Schülern sowie Lehrkräften zur Verfügung steht. Du bist gebeten worden, für den Vorbereitungsordner einen informierenden Text zum Thema „Mehrsprachigkeit" zu verfassen. Um deinen Text schreiben zu können, bekommst du eine Materialsammlung (M1 – M6).

Aufgabenstellung[1]

Verfasse auf der Grundlage der Materialien M1 – M6 einen **informierenden** Text zum Thema „Mehrsprachigkeit". Schreibe nicht einfach aus den Materialien ab, sondern achte auf eine eigenständige Darstellung in einem zusammenhängenden Text. Gehe dabei so vor:
- **Formuliere** für den Text eine passende Überschrift.
- **Schreibe** eine Einleitung, in der du kurz **erklärst**, was Mehrsprachigkeit ist.
- **Stelle** die Vorteile **dar**, wenn man von Geburt an mehrsprachig aufwächst.
- **Erläutere**, wie sich die Meinungen zu „Mehrsprachigkeit ab Geburt" geändert haben.
- **Schlussfolgere** anhand der Materialien und eigener Überlegungen, warum viele Firmen es gut finden, wenn Auszubildende neben Deutsch auch noch andere Sprachen sprechen.
- **Notiere** unterhalb des Textes die Nummern der von dir genutzten Materialien.

M1 Definitionen

a) Mehrsprachigkeit von Geburt an
Hinsichtlich von zweisprachig aufwachsenden Kindern ist damit gemeint, dass zwei Sprachen zur gleichen Zeit erworben werden: Zweisprachig aufwachsende Kinder lernen also die Laute, Wörter und die Grammatik von mindestens zwei unterschiedlichen Sprachen gleichzeitig.

Deutscher Bundesverband für Logopädie e.V.: Mehrsprachigkeit von Geburt an (http://www.dbl-ev.de/service/eu-tag-der-logopaedie/2014/mehrsprachigkeit-was-ist-das.html) Seitenaufruf am 18.01.16, verändert

b) Mehrsprachigkeit durch Fremdsprachenunterricht
Mehrsprachigkeit, die durch das gesteuerte Unterrichten einer fremden Sprache im Klassenzimmer entsteht.

Dieter Wolff: Mehrsprachigkeit durch Fremdsprachenunterricht, Revista de Filología Alemana, Anejo II, 2010

c) Unterscheidungsmerkmale bei Mehrsprachigkeit
Es handelt sich um unterschiedliche Arten von Mehrsprachigkeit, je nachdem, ob man mehrere Sprachen von Kind auf gleichzeitig erwirbt oder sie nacheinander lernt. Dann bestehen die Unterschiede darin, ob man die Sprache in einer natürlichen Umgebung erwirbt oder ob man sie in der Schule lernt. Und schließlich muss man noch unterscheiden, ob man die Sprachen als Kind oder als Erwachsener erwirbt.

Unterscheidungsmerkmale bei Mehrsprachigkeit. Aus: Claudia Maria Riehl: Mehrsprachigkeit. Eine Einführung. Darmstadt: Wissenschaftliche Buchgesellschaft, 2015, S. 11.

---

[1] Quelle (Aufgaben): Ministerium für Schule und Weiterbildung des Landes Nordrhein-Westfalen, Düsseldorf 2016

M2 Warum es gut ist, mit vielen Sprachen aufzuwachsen

Sophia wird es mal leichter haben in der Schule, zumindest in Englisch und Französisch. Denn das fünf Jahre alte Mädchen hat einen britischen Vater und eine französische Mutter, mit denen es in Deutschland wohnt. Zuhause redet Sophia mit ihren Eltern Englisch und Französisch, im Kindergarten und mit den Nachbarskindern Deutsch. Klar, dass sie da manchmal etwas durcheinanderbringt: „Can I have ein bisschen Schokolade, s'il vous plaît?"
Früher dachte man, dass so eine Sprachverwirrung für Kinder schlecht sei. Inzwischen sind sich die meisten Sprachforscher einig, dass Probleme wie das Vermischen der Sprachen oder eine anfangs oft etwas langsamere Sprachentwicklung bald vorübergehen. Der Vorteil, mehrere Sprachen wie eine Muttersprache zu beherrschen, bleibt dafür ein Leben lang. Und so richtig geht das eben nur im Vor- und Grundschulalter, in dem Kinder wahre Meister im Sprachenlernen sind. Anstatt mühevoll Vokabeln und Grammatik zu pauken, saugen sie die Sprache oder eben auch mehrere Sprachen ihrer Eltern und anderer Bezugspersonen ganz nebenbei in sich auf und lernen sie dabei besser, als man es später mit Unterricht im Jugend- oder Erwachsenenalter je könnte. Berieselung durch Hörbücher oder Filme hilft dabei nur wenig. Wirklich lernen kann das Kind nur durch den aktiven Umgang mit anderen Menschen. Und die sollten die Sprache natürlich auch wirklich beherrschen. [...] Die Vorteile der Mehrsprachigkeit beschränken sich durchaus nicht darauf, später faulenzen zu können, während die Mitschüler Vokabeln lernen müssen. Da würden einem exotischere Sprachen, wie Aserbaidschanisch oder Thailändisch, auf deutschen Schulen wohl auch wenig bringen. Dafür gibt es aber viele Hinweise darauf, dass es mehrsprachig aufgewachsenen Menschen später leichter fällt, weitere Sprachen zu lernen und dass sie allgemein etwas flexibler denken können. [...] Dieses bessere sprachliche Verständnis ist bei Mehrsprachlern stärker ausgeprägt und scheint bis ins hohe Alter günstig auf alle möglichen anderen geistigen Fähigkeiten abzufärben. Besonders groß sind diese Vorteile allerdings nicht und es braucht sich niemand doof vorzukommen, weil er nur eine einzige Muttersprache hat.

Georg Rüschemeyer: Warum es gut ist, mit vielen Sprachen aufzuwachsen (http://www.faz.net/aktuell/feuilleton/familie/wie-erklaere-ich-s-meinem-kind/kindern-erklaert-vorteil-mehrsprachigkeit-13315729.html, verändert) © Alle Rechte vorbehalten. Frankfurter Allgemeine Zeitung GmbH, Frankfurt. Zur Verfügung gestellt vom Frankfurter Allgemeine Archiv.

M3 Veraltete Vorurteile

Es gibt noch immer viele Vorurteile gegen Mehrsprachigkeit und mehrsprachige Menschen. Aus der Forschung wissen wir, dass diese Vorurteile nicht stimmen.
- Für ein Kind ist es nicht verwirrend, zwei oder mehrere Sprachen zu hören und zu sprechen. Der Spracherwerb wird durch Mehrsprachigkeit nicht erschwert.
- Der gleichzeitige Erwerb von mehreren Sprachen führt nicht zu Problemen in der sprachlichen oder körperlichen Entwicklung.
- Mehrsprachigkeit führt nicht zu Sprachstörungen und verschlimmert nicht bereits vorhandene Störungen.

Berliner Interdisziplinärer Verbund für Mehrsprachigkeit (Herausgeber): Veraltete Vorurteile. Aus: Info-Flyer Nr. 2. So geht Mehrsprachigkeit. Vorurteile überwinden & Vorteile nutzen (http://www.zas.gwz-berlin.de/fileadmin/projekte/bivem/Flyer%20So%20gehts/BIVEM-Flyerreihe2_deutsch.pdf; Seitenaufruf am 18.01.16)

M4 Mehrsprachigkeit als Normalfall

Land/Region	Sprachen
Deutschland	Deutsch
Ghana	Englisch, afrikanische Sprachen
Gibraltar	Englisch (Schule und amtliche Zwecke), Spanisch, Italienisch, Portugiesisch
Grönland	Grönländisch (East Inuit), Dänisch, Englisch

M5 Wichtigkeit von Fremdsprachenkenntnissen

a) Gute Fremdsprachenkenntnisse sind in vielen Unternehmen nicht mehr nur „nice to have", sondern notwendig – zunehmend auch in kleineren und mittleren Unternehmen. Besonders Englisch, die Weltsprache Nummer eins, ist aus dem beruflichen Alltag nicht mehr wegzudenken. Gefragt ist fremdsprachliche Kompetenz nicht nur im Export/Import, im Marketing oder Vertrieb. Auch in anderen Unternehmensbereichen – beispielsweise im Einkauf oder in der Logistik, aber auch im Rechnungswesen.

Industrie und Handelskammer Ostwestfalen zu Bielefeld. Wichtigkeit von Fremdsprachenkenntnissen (http://www.ostwestfalen.ihk.de/bildung/berufsbildung-international/fremdsprachen/)

b) Es ist hilfreich, die Sprache der Kunden zu sprechen. Im Jahr 2006 wurde im Auftrag der Europäischen Kommission eine Studie durchgeführt, um die Kosten fehlender Fremdsprachenkenntnisse bei den Unternehmen in der EU zu beziffern. Darin wurde aufgezeigt, dass die Exportzahlen von kleinen und mittleren Firmen, die in die Sprachkenntnisse ihrer Angestellten investieren oder eine Sprachstrategie verfolgen, 44,5 % höher sind als die Exportzahlen von kleinen und mittleren Firmen, die dafür kein Geld ausgeben.

Europäische Kommission: Häufig gestellte Fragen: Mehrsprachigkeit und Sprachenlernen. Sind Sprachen wichtig fürs Geschäft? (http://europa.eu/rapid/press-release_MEMO-12-703_de.htm; Seitenaufruf am 11.01.16

M6 Meinungen eines mehrsprachig aufgewachsenen Jugendlichen

„Ich habe eine deutsche Mutter und einen ägyptischen Vater. In Ägypten, wo ich geboren und aufgewachsen bin, hat meine Mutter mit mir Deutsch geredet, mein Vater mit mir Arabisch. Untereinander haben sie Englisch gesprochen. Deshalb bin ich praktisch mit drei Sprachen aufgewachsen. [...]

5 Hin und wieder habe ich schon Aussetzer. Dann fange ich einen Satz an und komme zu einem Wort, das ich gerade nur auf Englisch und nicht auf Deutsch weiß. Das ist eben ein Problem, wenn die einzelnen Sprachen nicht so ausgeprägt sind. Mit deutschen Fachbegriffen bin ich zum Beispiel nicht so gut. Da merkt man dann schon einen Unterschied. Ich habe auch versucht, Französisch

10 zu lernen. Aber dadurch, dass ich die anderen drei Sprachen so nebenbei gelernt habe, keine Karteikarten mit Vokabeln auswendig lernen musste, fiel mir das schon schwer."

Karoline Kuhla: Sprachenmix in der Familie. Mehrsprachig aufgewachsen. Meinungen eines mehrsprachig aufgewachsenen Jugendlichen. http://www.fluter.de/de/sprachen/erfahrungen/9446/; Seitenaufruf am 18.01.16

Lösungshilfen zu Aufgabe 1 a) – f)

1. Führe den ersten und zweiten Arbeitsschritt durch (s. C 1.5, S. 28).

2. Lege dir eine Tabelle als Schreibplan an (s. C 1.5, S. 32) oder nutze die Kopiervorlage C 1.4 auf Seite 27.

3. Notiere im Schreibplan Stichpunkte für eine passende Überschrift (Teilaufgabe 1 a).

   <u>Beispiele: Mehrsprachigkeit: von Geburt an, Bedeutung,</u>

   <u>fit in verschiedenen Sprachen …</u>

   TIPP zu 3.

   Denke daran, deinem Info-Text eine Überschrift zu geben. Du kannst dich dazu an den Überschriften der Materialien 1 bis 6 orientieren und diese abändern oder eine eigene formulieren.

4. Notiere im Schreibplan, was man unter Mehrsprachigkeit versteht (Teilaufgabe 1 b).

   <u>– von Geburt an: zwei Sprachen werden gleichzeitig</u>

   <u> gelernt …</u>

   <u>– durch Fremdsprachenunterricht: Lernen einer Sprache</u>

   <u> in …</u>

   <u>– Unterscheidungsmerkmale …</u>

   TIPP zu 4. bis 7.

   Markiere in den Materialien alle Informationen, die sich auf eine Teilaufgabe beziehen, in der gleichen Farbe. So kannst du die Textstellen den Teilaufgaben übersichtlich zuordnen.

5. Liste stichpunktartig die Vorteile der Mehrsprachigkeit von Geburt an im Schreibplan auf (Teilaufgabe 1 c).

   <u>Vorteile:</u>

   <u>– gleichzeitiges Erlernen zweier Sprachen</u>

   <u>– leichteres Lernen einer neuen Sprache</u>

   <u>– Kinder sind „Meister" im Sprachenlernen</u>

   <u>– kein mühevolles Lernen von Vokabeln …</u>

6. Notiere im Schreibplan stichwortartig, wie sich die Meinungen zum Thema „Mehrsprachigkeit ab Geburt" geändert haben (Teilaufgabe 1 d).

   <u>– früher: viele Vorurteile gegenüber Mehrsprachigkeit</u>

   <u>– früher: Zweisprachigkeit führt zu Entwicklungsproblemen (sprachlich und körperlich)</u>

   <u>– …</u>

   <u>– heute: Forschungsergebnisse besagen, frühere Vorurteile stimmen nicht</u>

   <u>– …</u>

7. Notiere im Schreibplan Stichpunkte dazu, warum es für Firmen von Vorteil ist, wenn Auszubildende mehrere Sprachen sprechen (Teilaufgabe ① e).

   – Firmen haben Geschäftsbeziehungen mit dem Ausland (Import/Export von Waren …)
   – es ist hilfreich, die Sprache der Kunden zu sprechen …
   – Studie der Europäischen Kommission: bessere Kommunikationsmöglichkeiten mit Menschen aus anderen Ländern führen zu höheren Handelseinnahmen

> **TIPP zu 7.**
>
> Suche in den Materialien gezielt nach Informationen zu der genannten Aussage (Beispiel: *Bedeutung der Mehrsprachigkeit für Firmen = M 5: Wichtigkeit von Fremdsprachenkenntnissen*). Ziehe mithilfe der Aussagen und Beispiele in den Materialien eigene Schlussfolgerungen. Orientiere dich dabei an der Teilaufgabe (hier: Teilaufgabe ① e).

8. Schreibe deinen informierenden Text. Du kannst die folgenden Formulierungsvorschläge verwenden:

① a) Überschrift:
In mehreren Sprachen zu Hause – …

① b) Einleitung:
Das Thema Mehrsprachigkeit geht uns alle an, denn …
Aber was ist eigentlich unter dem Begriff „Mehrsprachigkeit" zu verstehen? Es gibt verschiedene Arten: Zum einen spricht man von Mehrsprachigkeit, über die man von Geburt an verfügt, da man die Sprachen durch seine Eltern …
Davon unterscheidet man die Mehrsprachigkeit, die beispielsweise über den Fremdsprachenunterricht in der Schule erworben wird.

① c) Hauptteil:
Für die Jugendlichen, die mehrsprachig aufwachsen, ist es sicher ein Vorteil, von Geburt an in zwei Sprachen erzogen zu werden, da sie diese gleichzeitig lernen und dieses als völlig natürlich wahrnehmen. Ein weiterer Vorteil ist, dass Kinder wahre „Sprachgenies" sind und daher Sprachen …

① d) Hauptteil:
Früher hatte die Mehrsprachigkeit von Geburt an ein eher negatives Image und es gab viele Vorurteile. Die gängige Meinung bis dahin bestand darin, dass Kinder …
Heutzutage ist klar, dass Mehrsprachigkeit von Geburt an …
Demzufolge hat sich die Einstellung zur Mehrsprachigkeit deutlich … verändert. …

① e) Schluss:
Daher ist es sicher eine gute Idee, Mehrsprachigkeit zu fördern, damit Auszubildende neben Deutsch auch noch weitere Sprachen sicher beherrschen, denn darauf legen Firmen mittlerweile großen Wert. Viele Firmen und Unternehmen unterhalten Geschäftsbeziehungen …
Für die Handelsbeziehungen vieler Firmen sind Sprachen unerlässlich, da …
Eine Studie der Europäischen Kommission hat zudem gezeigt, dass …

① f) Ich habe für meinen Info-Text folgende Materialien verwendet: …

9. Überarbeite deinen Text mithilfe der CHECKLISTE auf Seite 34.

D 4 Aufgabentyp 2: Comics (selbstständiges Üben)

Teil II

Die nächste Ausgabe der Schulzeitung, die Schüler, Lehrer und Eltern lesen, widmet sich dem Thema „Lesen heute". Du bist gebeten worden, für diese Ausgabe eine informierenden Text zum Thema „Comics" zu schreiben. Um deinen Text schreiben zu können, bekommst du eine Materialsammlung (M1 – M5).

Lies bitte zunächst die Aufgabenstellung und dann die Materialien aufmerksam durch, bevor du mit dem Schreiben beginnst.

Aufgabenstellung[1]

Verfasse auf der Grundlage der Materialien M1 – M5 einen **informierenden Text** zum Thema „Comics". Schreibe nicht einfach aus den Materialien ab, sondern achte auf eine eigenständige Darstellung in einem zusammenhängenden Text.
Gehe dabei so vor:

- **Formuliere** eine passende Überschrift für den Text.
- **Schreibe** eine Einleitung, in der du kurz **erklärst**, was ein Comic ist und woher der Begriff stammt.
- **Stelle** die besonderen Merkmale und die besondere Sprache des Comics **dar**.
- **Stelle dar**, wie Comics früher bewertet wurden und wie sie heute bewertet werden.
- **Schlussfolgere** anhand der Materialien und eigener Überlegungen, warum Comics so gern gelesen werden.
- **Notiere** unterhalb deines Textes die Nummern der von dir genutzten Materialien.

M1 Definitionen

a) Comics sind in der Regel gezeichnete Bildergeschichten. Was Figuren sagen oder denken, wird im Comic in Sprechblasen ausgedrückt. Dazu verdeutlichen Ausdrucks- oder Ausrufwörter wie „uff", „argh" oder „zack" sowie Bewegungsstriche das Geschehen und erzeugen eine Dynamik. Kombiniert werden Comics mit erzählendem Text neben oder unter dem jeweiligen Bild. [...] Sehr berühmte Comicreihen sind beispielsweise Mickey Mouse und Superman aus den USA oder Asterix und Tintin aus den europäischen Mutterländern des Comics, Frankreich und Belgien.
Quelle: https://definition.cs.de/comic/ (Zugriff: 04.05.2017)

b) Der Name Comic kann von dem Eigenschaftswort „komisch" abgeleitet werden. Die ursprüngliche Aufgabe der Comics war es auch, die Leute zum Lachen zu bringen.
Quelle: http://kiwithek.kidsweb.at/index.php/Comic (Zugriff: 04.05.2017)

[1] Quelle (Aufgaben): Qualitäts- und UnterstützungsAgentur – Landesinstitut für Schule, Soest 2017
(Die Abbildungen weichen aus lizenzrechtlichen Gründen von der Darstellung in der Original-Prüfungsarbeit ab.)

M2 Merkmale von Comics

Niemand zieht so eindrucksvoll die Augenbrauen hoch wie der Comic-Erpel[1] Donald Duck, wenn er einen Einfall hat, oder schaut so grimmig wie Wolverine aus der Comicreihe X-Men, wenn er von hinten überfallen wird. Daher sind in Comics Sätze wie „Er zog die Augenbrauen hoch" oder „Er erschrak" selten. Wozu auch? Über Dinge, die sowieso jeder sehen kann, verlieren weder Menschen noch Superhelden viele Worte.
Wenn es für eine Sache ein Bild gibt, finden Comiczeichner es bestimmt. Sogar für unsichtbare Dinge. In den Gesichtern der Comicfiguren werden Gefühle wie Angst oder Mut zu Grimassen[2] und damit für den Leser sichtbar. Das haben die Comics von den Karikaturen[3] übernommen. Karikaturen kommen allerdings ganz ohne Worte aus – Comics nicht. Stattdessen tauchen Worte im Comic meist in Sprechblasen auf und stehen in direkter Rede, weil eine der Figuren spricht oder denkt. Oft gelangen Worte auch als Begleittext in einem Kasten an den Bildrand, weil der Leser wissen muss, wo das Abenteuer spielt. Wichtig sind Worte also schon.
Comics sind Wort-Bild-Gemische, genau wie Fruchtjoghurts, bei denen Marmelade und Joghurt nicht schichtweise getrennt, sondern schon vermischt serviert werden – Hauptsache, es schmeckt. Und Comics schmecken gerade deshalb, weil die Aufmerksamkeit des Lesers vom Bild zum Text und zurück zum Bild springt. Wer in Comicheften allein den Text liest, versteht gar nichts, wer nur die Bilder anschaut, fast nichts.

Quelle: http://www.rossipotti.de/inhalt/literaturlexikon/genres/comic (Zugriff: 04.05.2017) (verändert)

[1] Erpel: männliche Ente
[2] Grimassen: verzerrte Gesichter
[3] Karikatur: kritische Witzzeichnung

M3 Sprache im Comic

a) Den wesentlichen Teil der Comicsprache machen eindeutig die eher wortarmen Sätze aus. Das Geschehen wird sprachlich nicht besonders ausdifferenziert[1], sondern mit Hilfe der Bilder dargestellt. Während z.B. der Roman sich sprachlicher Mittel bedient, die durch die Vorstellungskraft des Lesers Bilder im Kopf erzeugen, besitzt der Comic schon vorgegebene Bilder, die durch wenige Wörter unterstützt werden.

Quelle: http://www.linse.uni-due.de/Projekte/comicsprache/enten/enten.htm (Zugriff: 04.05.2017) (verändert)

[1] ausdifferenziert: vielfältig und genau

b) Die Comicsprache ist eine visuelle Sprache, bei der es die Bilder zu lesen gilt. Diese Bildersprache hat ihre eigenen Ausdrucksmittel. Eine dieser comictypischen Ausdrucksmöglichkeiten ist die Lautmalerei. Bei der Lautmalerei wird die grafische Seite der Schrift benutzt, um Töne und Geräusche darzustellen. Sie beruht zumeist auf der Nachahmung eines Lautes aus der akustischen Realität. Beispiele für Lautmalerei wären „ZIIIISCCCHHHH" beim Öffnen einer Limonadenflasche oder „BOOOOOM" bei einer Explosion.

Quelle: Bianca Lipp: Zum Leben erweckt – Vom Comic zum Trickfilm. Wien 2012, S. 15

c) Bildlich schwer Darstellbares wird im Comic durch Inflektive (auf den Wortstamm verkürzte Verben) verdeutlicht. Comiczeichner verwenden diese nicht nur für die Darstellung von Geräuschen (*schluck, stöhn, klimper*), sondern auch für die Darstellung lautloser innerer Vorgänge (*grübel, zitter*).
(Das Material M3c weicht aus lizenzrechtlichen Gründen vom gleichnamigen Material in der Original-Prüfungsarbeit ab.)

M4 Einschätzung zu Comics

a) Beispiel aus dem Jahr 1949: *Verbrennt die Comics!*
„Comic-books" werden verboten und aus dem Sortiment genommen, Schüler verbrennen sie freiwillig. Comic-Gegner in den USA nehmen den Kampf gegen die Schundliteratur[1] auf – ein Kampf, der nichts nützt!
1949 lesen 91 Prozent der Jugendlichen im Alter von 6 bis 17 Jahren in den USA „comic-books".
Fast alle Tageszeitungen haben eine wöchentliche, wenn nicht tägliche Comic-Beilage. Darüber hinaus werden 216 verschiedene Comic-Magazine verlegt, die monatlich 40 bis 60 Millionen Exemplare absetzen. Die Comic-Industrie boomt. Aber es regt sich breiter Widerstand gegen die Bilder-Geschichten. Comic-Gegner geraten insbesondere wegen Kriminalgeschichten in Wut, die angeblich negative Auswirkungen auf junge Leser haben. Man muss die Jugend schützen, lautet die Meinung. Die Neue Züricher Zeitung vom 6. Februar 1949 äußert sich kritisch zu „comic-books" und befürchtet, dass diese Lektüre Jugendliche auf die schiefe Bahn bringt.
Quelle: http://www.nzz.ch/archiv-1949-1.15018369 (Zugriff: 04.05.2017) (verändert)
[1] Schundliteratur: minderwertige Literatur, die pädagogisch unerwünscht ist

b) Heutige Sicht auf Comics
Mittlerweile wird dem Comic durchaus zugetraut, auch bedeutende historische, gesellschaftliche und politische Themen auf interessante Weise bewältigen zu können. Dabei geht es längst nicht mehr um den Nachweis des literarischen Wertvollseins des Comics.
Quelle: http://www.uni-frankfurt.de/51022038/Dolle-Weinkauff.pdf (Zugriff: 04.05.2017) (verändert)

Mittlerweile ist der Comic allgegenwärtig und weitgehend durch alle gesellschaftlichen Schichten hinweg akzeptiert. Der Comic hat heutzutage nun endlich den Stellenwert erreicht, den er, als literarische Kunstform unter vielen, verdient. Comic-Künstlern werden Lizenzen[1] für Film und Fernsehen zu riesigen Summen abgerungen.
Quelle: http://www.neon.de/artikel/freie-zeit/literatur/eine-kleine-kurz-geschichte-des-comics/662563 (Zugriff: 04.05.2017) (verändert)
[1] Lizenz: Genehmigung

M5 Vorteile des Comiclesens

a) „Peng", „Zosch", „Nimm das, du Schurke!" Comics in den Händen ihrer Kinder sehen viele Eltern etwa so gerne wie Süßigkeiten auf dem Mittagstisch. [...] Mit Lesen hat das schließlich nichts zu tun.

Doch diese Väter und Mütter denken besser um. Denn geht es darum, den
5 Nachwuchs zu Leseratten zu machen, sind Comics nur scheinbar schlechte Literatur. [...] Viele Comics sind nicht jene Verschwendung an Papier und Druckerfarbe, für die sie viele Eltern noch immer halten. Sie erzählen Geschichten in Bildern und Texten. Diese Verknüpfung beanspruche Gehirnbereiche, „die über jene beim reinen Lesen sogar hinausgehen", sagt
10 Burkhard Ihme vom Interessenverband Comic (ICOM) in Stuttgart, einer Vereinigung von Autoren und Zeichnern.

© wgr/dpa

b) Beim Lesen von Comics entstehen im Kopf Bilder und es läuft ein kleiner Film ab. Vielleicht lieben deshalb vor allem Kinder Comics? Es ist ein bisschen weniger anstrengend als ein Buch ohne Bilder. Trotzdem muss die Phantasie sich anstrengen, denn der Kopf schneidet ja den Film, lässt ihn schneller und langsamer werden. Und es gibt auch nicht wenige Erwachsene, die mit großer Begeisterung Comics lesen.

Quelle: http://www.zeitklicks.de/brd/zeitklicks/zeit/kultur/literatur-3/bilder-im-kopf-comic-helden/ (Zugriff: 04.05.2017, verändert)

c) *„Also ich habe als Kind sehr gerne Fix und Foxi, Micky Maus, Superman, Batman usw. gelesen, und ich glaube, es hat mir nicht geschadet, und mich auch nicht davon abgehalten, Bücher zu lesen. Comics haben für mich durchaus auch einen gewissen Lerneffekt, man muss nicht immer nur hochtrabendes Zeugs lesen. Wenn man Kinder immer nur zu ‚guten Büchern' zwingt, kann das durchaus den Effekt haben, dass ihnen der Spaß am Lesen vergeht."*

Quelle: http://www.gutefrage.net/frage/soll-man-kindern-comics-verbieten#answers (Zugriff: 04.05.2017)

D 5 Aufgabentyp 2: Winnetou (selbstständiges Üben)

Teil II

Bald wird an der Freilichtbühne deines Heimatortes an mehreren Tagen das Theaterstück „Winnetou" aufgeführt. Alle Klassen deiner Schule sowie Eltern und Lehrerinnen und Lehrer werden sich das Stück ansehen. Du bist gebeten worden, in der Schulzeitung zur Vorbereitung die Figur des Winnetou vorzustellen. Dein Text soll Schülerinnen und Schüler sowie Lehrkräfte und Eltern über die Figur des Winnetou informieren.
Damit du deinen Text schreiben kannst, bekommst du eine Materialsammlung (M1 – M5).

Lies bitte zunächst die Aufgabenstellung und dann die Materialien aufmerksam durch, bevor du mit dem Schreiben beginnst.

Aufgabenstellung

Verfasse auf der Grundlage der Materialien M 1 – M 5 einen **informierenden Text** über Winnetou. Schreibe nicht einfach aus den Materialien ab, sondern achte auf eine eigenständige Darstellung in einem zusammenhängenden Text.

Gehe dabei so vor:
- **Formuliere** für den Text eine passende Überschrift.
- **Schreibe** eine Einleitung, in der du kurz die Figur Winnetou **vorstellst** *(Wer ist Winnetou? Wer sind seine Begleiter? Welcher Autor hat die Figur erfunden?)*.
- **Stelle** das von Karl May geschaffene Winnetou-Bild **dar**. **Erläutere** dazu, welche Eigenschaften Winnetou verkörpert.
- **Erläutere**, wie Karl May seine eigenen Lebenserfahrungen mit der Welt seiner Figuren verknüpft. Beziehe dich dabei auf konkrete Beispiele.
- **Schlussfolgere** anhand der Materialien und eigener Überlegungen, was die Menschen an Winnetou fasziniert.
- **Notiere** unterhalb des Textes die von dir genutzten Materialien.

M1

Copyright: Karl May Verlag

M2 Zusammenfassung zu „Winnetou (I)"

Karl, angestellt als Hauslehrer einer Familie aus Deutschland, wird vom Büchsenmacher[1] Mr. Henry zur Eisenbahngesellschaft „Atlantic and Pacific Company" vermittelt und soll dort als Vermesser arbeiten. Er sieht sich mit faulen und trunksüchtigen Kollegen konfrontiert, die ihm den Großteil der Arbeit zuschieben. Allein Will Parker, Dick Stone und Sam Hawkens sind ihm behilflich. Bei Hawkens lernt Karl die Jagd auf Büffel und Mustangs[2]. Als sie von einem Bären angegriffen werden, kann dieser von ihm durch Messerstiche getötet werden.

In diesem Moment kommen der Apachenhäuptling Intschu-tschuna, Winnetou, sein Sohn, und Klekih-petra in das Lager und erklären, dass die Landvermesser ihren Einsatz abbrechen müssen, weil sie sich auf Indianerland befinden. Die Ingenieure lehnen das Ansinnen ab und in einem Streit wird Klekih-petra erschossen. Winnetou und sein Vater reiten ins Lager, um Verstärkung zu holen und den Tod Klekih-petras zu rächen. Dazu benötigen sie die Hilfe der Kiowas[3], die sie nur notgedrungen in Anspruch nehmen. Während des gemeinsamen Angriffs auf die deutschen Ingenieure werden Intschu-tschuna und Winnetou von den Kiowa gefangengenommen. Karl, der inzwischen den Namen Old Shatterhand trägt, befreit die Indianer heimlich. [...]

Old Shatterhand muss sich später einem Messerkampf stellen, bei dem er schwer verwundet wird. Mit seinen Freunden wird er in den Apachen-Pueblo gebracht und von Nscho-tschi, der Schwester Winnetous, gesund gepflegt, um anschließend den Martertod[4] zu sterben. Er verlangt immer wieder, Winnetou zu sprechen, um ihm zu zeigen, dass er dessen heimlicher Befreier war. Doch dazu kommt es nicht und er soll mit einem Gottesurteil[5] entscheiden, ob er und die anderen Weißen überleben dürfen. Mit einer List gewinnt Old Shatterhand und schließt mit Winnetou Blutsbrüderschaft. [...]

http://www.buchhexe.com/buch/winnetou-1, Seitenaufruf 04.01.2016, verändert

[1] der Büchsenmacher: jemand, der Schusswaffen herstellt und repariert
[2] der Mustang: ein Wildpferd
[3] die Kiowa: ein Indinanerstamm
[4] der Martertod: am Marterpfahl getötet werden
[5] das Gottesurteil: durch ein übernatürliches Zeichen herbeigeführte Entscheidung

M3 Das fabelhafte Leben des Karl May

Menschen anflunkern – Karl May, 1842 im sächsischen Ernstthal geboren, war ein Meister darin! Der Sohn einer armen Weberfamilie hatte als falscher Arzt gearbeitet und verkleidet als Polizist Pelze und Pferde gestohlen. Nach Jahren im Gefängnis begann er zu schreiben. Seine Bücher, vor allem die Abenteuer um Winnetou und Old Shatterhand, machten ihn zu einem der erfolgreichsten Schriftsteller aller Zeiten. [...] Millionen Menschen entdeckten mit den Büchern den Wilden Westen, der im 19. Jahrhundert noch eine fremde neue Welt war und darum so sehr faszinierte. Viele sahen in Karl May einen weit gereisten Experten für fremde Kulturen, dabei hatte er sie nur im Geiste besucht. Seine Erzählungen – pure Fantasie. Und das wäre ja auch nicht weiter schlimm gewesen, hätte May selbst nicht beständig das

Gegenteil behauptet. Er vertiefte sich so sehr in seine Erzählungen, dass er nicht mehr unterscheiden konnte, was erfunden und was Wirklichkeit war. „Ich bin wirklich Old Shatterhand", schrieb er 1896, „habe das alles und noch viel mehr erlebt." So zog er 1895 in die „Villa Shatterhand" nach Radebeul um. Schon zu seinen Lebzeiten warfen ihm Kritiker darum vor, er betrüge und spiele mit der Leichtgläubigkeit von Kindern. Erst im Alter von 66 Jahren reiste May zum ersten Mal in die USA. Den Apachen allerdings, die er in seinen Büchern als „edle Wilde" weltberühmt gemacht hat, begegnete er auch da nicht. Karl May starb am 30. März 1912.

Katharina Beckmann: Das fabelhafte Leben des Karl May. http://www.geo.de/GEOlino/mensch/video-hinter-den-kulissen-der-karl-may-festspiele-74121.html?p=2&eid=73999, Seitenaufruf 04.01.2016, verändert

M4 Die vielen Gesichter von Winnetou Pierre Brice

Was Pierre Brice in den letzten 41 Jahren in der Rolle des Winnetous erlebte, ist einmalig. Von Anfang an war er die Idealverkörperung von Karl Mays Winnetou. Alles begann im Dezember 1962 mit dem deutschen Kinofilm „Der Schatz im Silbersee". Innerhalb weniger Monate wurde Pierre Brice zum beliebtesten Filmschauspieler in Deutschland – zum Idol mehrerer Generationen. [...] Wie ein roter Faden zieht sich die Winnetou-Figur durch das künstlerische Schaffen von Pierre Brice. Als Häuptling der Apachen dreht Pierre Brice elf Karl-May-Filme, spielt und schrieb zwei Fernsehserien und stand 15 Jahre bei den Karl-May-Festspielen in Deutschland nicht nur als Darsteller auf der Bühne. Im steten Wandel der Zeit hat er diese Figur nicht nur gespielt, sondern er vertrat sie auch. Er gab Winnetou eine persönliche Note und eine Botschaft, veränderte ihn und ließ ihn nie altmodisch werden. [...]
Wie immer man sich Winnetou vorgestellt haben mochte, das Karl-May-Publikum war einhellig der Meinung, Pierre Brice ist Winnetou: edel, schön und ernst. Mit „Winnetou und Shatterhand im Tal der Toten" wurde die erfolgreichste Kinofilmserie, die über 35 Millionen Zuschauer in die Lichtspielhäuser zog, abgeschlossen. Es hatte sich auch gezeigt, dass die Popularität von Winnetou nicht allein auf das deutsche Publikum beschränkt blieb. In über 60 Ländern zogen die bunten Filmillustrationen Zuschauer in die Kinos. [...] Das Medium Fernsehen brachte Winnetou später auch zu den Leuten, die seit zwanzig Jahren nicht mehr in den Kinos waren.
Im Jahre 1976 warteten die damals noch fast unbekannten Karl-May-Spiele Elspe im Sauerland mit einer Sensation auf: Winnetou Pierre Brice auf einer deutschen Freilichtbühne. Zehn Jahre spielte er hier in deutscher Sprache mit französischem Akzent, der einzigartig zu Winnetou passte. [...]

Martina Schneider: Die vielen Gesichter von Winnetou Pierre Brice (http://www.pierrebrice.de/winnetou/winstart.htm, Seitenaufruf 04.01.2016)

M5 Interview mit einem Mitglied eines Winnetou-Fanklubs

Interviewer: Unsere Leser wüssten gerne, wann Winnetou gelebt hat?
Fan-Mitglied: Winnetou ist zwar ein sehr bekannter Häuptling der Indianer, aber es gibt ihn nur in Büchern und Filmen. Er hat nie wirklich gelebt. Er ist eine reine Erfindung von dem deutschen Schriftsteller Karl May, der
5 vor etwa hundert Jahren lebte. Am Anfang hat Karl May das nicht zugegeben. Er hat behauptet, Winnetou habe wirklich gelebt.
Interviewer: Wie muss man sich Winnetou vorstellen?
Fan-Mitglied: Winnetou ist der Häuptling der Apachen, eines von vielen Indianervölkern in Nordamerika. Im Nordamerika des 19. Jahrhunderts
10 spielen auch die Geschichten rund um Winnetou. Winnetou ist tapfer, gerecht und ehrlich. Er kann sehr gut reiten und schießen und kann auch sonst alles, was ein Indianer so können muss. Im Gegensatz zu vielen anderen Indianern ist Winnetou aber auch gebildet und kann lesen, schreiben und spricht mehrere Sprachen. Winnetous bester Freund ist Old Shatter-
15 hand, der aus Deutschland kommt. Winnetou lernt von Old Shatterhand, auf Rache zu verzichten. Gemeinsam kämpfen sie für Frieden und Gerechtigkeit. Dabei haben sie viele Abenteuer zu bestehen. Sie retten oft anderen Menschen das Leben und beschützen sich gegenseitig.
Interviewer: Wieso ist Winnetou heute immer noch so bekannt?
20 **Fan-Mitglied:** Neben den Winnetou-Büchern, die heute Bestseller-Status haben, trugen die Filme über Winnetou zum Kult bei. Seit 1962 wurden Filme über Winnetou gedreht, die große Erfolge im Kino wurden. Für die Menschen in Westdeutschland verkörperte der Schauspieler Pierre Brice Winnetou, im Osten galt Gojko Mitic als „der" Indianer schlechthin. Hörspiele
25 und Comics folgten. Zudem finden in jeder Spielzeit an verschiedenen Orten Karl-May-Festspiele statt. Unter freiem Himmel werden die Abenteuer Winnetous als Theaterstücke aufgeführt. Jedes Jahr kommen viele Besucher zu diesen Festspielen. Auch das Karl-May-Museum in Radebeul in Sachsen erinnert an Winnetou und seine Taten. Dort zeigt man den Besuchern auch
30 eine Silberbüchse, das Gewehr von Winnetou.

nach: http://klexikon.zum.de/wiki/Winnetou#mw-navigation, Seitenaufruf 12.01.2016

E Prüfungs-/Übungsaufgaben zum Themenbereich „Eine Frage der Beziehung"

In diesem Kapitel kannst du zu dem Thema „Eine Frage der Beziehung" mehrere Prüfungsbeispiele bearbeiten. Notiere die benötigte Arbeitszeit (siehe Seite 5).

E 1 Leseverstehen: Während der Ausbildung ins Ausland (angeleitetes Üben)

Teil I

Lies zunächst den Text sorgfältig durch und bearbeite die Aufgaben ❶–⓬.

Während der Ausbildung ins Ausland: Allein unter Azubis
Anne Passow

(1) Maike Kroschowski hat bei einer Firma in Irland gearbeitet. Als Auszubildende gehört sie damit zu einer seltenen Spezies[1]. Bei Studenten gehören Auslandsaufenthalte dazu, Auszubildende bleiben lieber daheim. Dabei gibt es Förderprogramme – allerdings wissen nur die wenigsten davon.

(2) Sofagestelle gurten und Schaumstoff zusägen – jeden Tag. Während ihrer ersten Woche in Irland hatte Maike Kroschowski, 23, manchmal das Gefühl, die Arbeitszeit dort würde überhaupt nicht vergehen – ihr war langweilig. „Irgendwann hat meine Chefin aber gemerkt, dass ich mehr kann und ich durfte eine Fußbank beziehen. Danach hat sie mich einfach machen lassen."

(3) Selbstbewusstsein hat die Auszubildende zur Raumausstatterin auf jeden Fall von ihrem Aufenthalt in Irland mitgebracht. Drei Wochen lang arbeitete sie im Januar in einer Firma in Cork. Ihr Chef hatte sie auf die Idee mit dem Auslandspraktikum gebracht. „Es war eine Belohnung für ihre gute Leistung. Ich will sie so stärker an die Firma binden", sagt Alexander Hahlbeck, Inhaber der Raumausstattung Pöppel in Lübeck. Als junger Raumausstatter war er selbst im Ausland und weiß, wie motivierend so eine Erfahrung wirken kann. Schon vor dem Irland-Aufenthalt hatte er seine Auszubildende zu französischen Kollegen nach Poitiers geschickt. „Sie wissen dort sehr viel über historische Möbel. Ich habe viele Tricks und Kniffe[2] gelernt", sagt Kroschowski.

(4) Nur wenige Azubis sammeln Erfahrungen im Ausland. Von 2007 bis 2009 gingen laut der Nationalen Agentur Bildung für Europa drei Prozent aller deutschen Auszubildenden und Berufsfachschüler für ein Praktikum oder eine Fortbildung ins Ausland. Im Vergleich zu Studenten ist das wenig. Während seiner Hochschulzeit sammelt jeder Fünfte Auslandserfahrung. Dabei ist es von Politik und Wirtschaft gewollt, dass mehr Lehrlinge über den Tellerrand schauen. Die Handwerks- sowie die Industrie- und Handelskammern, der Bund und die Europäische Union stecken viel Geld in Beratungsprojekte und Förderprogramme. Das bekannteste ist „Leonardo da Vinci", mit dem Azubis für drei Wochen bis neun Monate ins Ausland gehen können.

(5) Warum also bleiben die Azubis lieber zu Hause? „Einige fühlen sich mit 16 oder 17 Jahren vielleicht noch zu jung", vermutet Jacqueline März, Referentin für Mobilitätsberatung[3]

des Deutschen Industrie- und Handelskammertags. Für viele kleine Unternehmen sei es außerdem kaum zu machen, einen Monat auf die Arbeitskraft des einzigen Lehrlings zu verzichten. Dennoch wissen zu wenig Auszubildende von dem Angebot.

(6) „Viele Betriebe möchten ihre Auszubildenden nicht wegschicken und erzählen ihnen deshalb nichts von dieser Möglichkeit", sagt Raumausstatter Alexander Hahlbeck. Maike Kroschowski bestätigt das: „Wenn mich mein Chef nicht auf die Idee gebracht hätte, hätte ich das nicht gewusst." Kroschowski kritisiert, dass der Deutsche Industrie- und Handelskammertag vorrangig die Unternehmen über die Praktika informiert. „Man müsste viel mehr Werbung machen und die Azubis direkt ansprechen", sagt sie. Jacqueline März sieht das anders. „Die Unternehmen müssen schließlich dem Auslandsaufenthalt zustimmen und die Vergütung[4] weiterzahlen", betont sie.

(7) März glaubt aber, dass sich das Angebot langsam durchsetzt. Immerhin stieg die Zahl der Mobilitätsberatungen ihrer Kollegen von 2010 (15.000 Beratungen) auf 2011 (22.000 Beratungen) fast um die Hälfte. „Oft zögern kleine Unternehmen, bis sie einen Azubi schicken", so März. Dann aber blieben sie dabei. Denn die Investition zahlt sich aus – vor allem für Unternehmen, die im Export[5] tätig sind. „Da brauchen sie Mitarbeiter, die die Gepflogenheiten und die Arbeitswelt des Landes kennen", sagt März. Zudem kämen die Lehrlinge selbstbewusster zurück und lernten andere Arbeitsabläufe und landestypische Besonderheiten ihres Berufes kennen.

(8) Jan-Peter Seideneck, 27, kam bei seinem dreiwöchigen Praktikum dieses Frühjahr in Dänemark auf ganz neue Ideen. Dort sei die Kabelführung für Deckenlampen viel übersichtlicher, erzählt der Elektroniker-Azubi für Energie- und Gebäudetechnik. „In Deutschland sind die Abzweigdosen oft unter den Tapeten versteckt. So findet man sie kaum wieder." Auch andersherum funktionierte der Austausch. Seinen Kollegen in Nykøbing brachte er spezielle Steckverbindungen für Stromleitungen aus seinem Lübecker Unternehmen mit. „Die waren begeistert", erzählt er. [...]

(9) Maike Kroschowski war erstaunt, mit welchen einfachen Werkzeugen und unter welchen Umständen ihre Kollegen in Irland arbeiteten. Die Werkstatt in Cork war in einer Scheune untergebracht, in der es im Januar sehr kalt war. „Wir saßen in Winterjacken vor den Nähmaschinen." Sie genoss ihre Zeit auch wegen der lockeren Art ihrer Kollegen. „Zwischendurch gab es öfter mal einen Kaffee und einen Schwatz", erzählt sie. Kroschowski ist auf den Geschmack gekommen. Ab August 2012 plant die Gesellin eine einjährige Australienreise.

Jan Seideneck macht im Winter erst mal seine Gesellenprüfung, anschließend plant er seinen Meister. Und dann? Der Lübecker hat gehört, dass Elektroniker in Dänemark das Doppelte verdienen. Also Auswandern? „Das ist auf jeden Fall eine Überlegung wert", sagt er.

Der SPIEGEL, Anne Passow, 08.10.2012 (http://www.spiegel.de/karriere/azubis-im-ausland-mit-dem-foerderprogramm-leonardo-da-vinci-a-859476.html, Zugriff 03.01.2020, verändert

[1] die Spezies: eine besondere Art
[2] der Kniff: gleiche Bedeutung wie „Trick"
[3] Referentin für Mobilitätsberatung: jemand, der Auszubildende berät, die einen Auslandaufenthalt planen
[4] die Vergütung: das Gehalt, den Lohn
[5] der Export: Waren, die ins Ausland verkauft werden

Lösungshilfen zu ① – ⑫

1. Nicht gleich in die Aufgaben stürzen! Erschließe zuerst den Text wie in B 3 (S. 19) dargestellt:
   – Kläre unbekannte Begriffe.
   – Unterstreiche wichtige Schlüsselstellen.
   – Formuliere am Rand Überschriften oder Stichwörter zu den Sinnabschnitten.
   Du findest zu den Aufgaben dann schnell die Textstellen.

Aufgaben ① – ⑫

> **TIPP zu ① / ② / ④ / ⑥ / ⑧ / ⑨ / ⑩ / ⑪**
>
> **Richtige Aussagen ankreuzen**
> Suche zu jeder Aussage die passende Stelle im Text und unterstreiche sie. Überprüfe genau, ob die Textstelle mit der Aussage unten übereinstimmt bzw. worin sich Text und Aussage unterscheiden. Achte auf Wortwahl, Fragestellung und Schlüsselwörter.

① Kreuze die richtige Antwort an.

Maike Kroschowskis Auslandsaufenthalt ist so ungewöhnlich (Abschnitt 1), weil …

a)	sie Studentin ist.	
b)	sie sich für Irland interessiert.	
c)	sie Azubi ist.	X
d)	sie dort ein Förderprogramm leitet.	

② Kreuze die richtige Antwort an.

Maike Kroschowskis Aufgaben wurden interessanter (Abschnitt 2), weil …

a)	ihr die Chefin mehr zugetraut hat.	
b)	sie sich bei der Chefin beschwert hat.	
c)	die Chefin keine Fußbank erneuern konnte.	
d)	ihre Chefin lieber Sofagestelle bearbeitete.	

③ Bringe die Aussagen im Text über Auslandsaufenthalte in die richtige Reihenfolge (Abschnitt 3).

	Ablauf ihres Aufenthalts	Reihenfolge: 1, 2, 3, 4
a)	Drei Wochen Arbeit in Cork (Irland)	
b)	Aufenthalt in Poitiers (Frankreich)	
c)	Auslandsaufenthalt ihres Chefs	
d)	Idee Auslandspraktikum als Belohnung	

4 Kreuze die richtige Antwort an.

Im Vergleich mit Studenten sammeln wie viele Azubis Auslandserfahrung? (Abschnitt 4)

a)	gleich viele	
b)	fünf Mal so viele	
c)	wenige	
d)	gar keine	

TIPP zu ❺

Aussagen im Textzusammenhang erläutern
1. Markiere die angegebene Textstelle.
2. Mache dir klar, was die Textaussage bedeutet (z. B. Was bedeutet *Tellerrand*?).
3. Schlage unbekannte Begrifflichkeiten im Wörterbuch nach, erschließe sie aus dem Textzusammenhang oder orientiere dich an den vorhandenen Worterklärungen unter dem Text.
4. Lies die Textaussagen, die vor oder hinter der angegebenen Textstelle stehen, und unterstreiche die zu der Textaussage passenden Aussagen bzw. Schlüsselwörter (z. B. *Nur wenige Azubis sammeln Erfahrungen im Ausland. …*).
5. Formuliere die Antwort mit eigenen Worten: *Mit der Aussage „über den Tellerrand schauen" (Z. 54/55) ist gemeint, dass …*

❺ Erkläre im Textzusammenhang, was mit der Aussage „*… dass mehr Lehrlinge über den Tellerrand schauen*" (Abschnitt 4, Z. 54/55) gemeint ist.

❻ Kreuze die richtige Antwort an.

Auszubildende gehen oft nicht ins Ausland (Abschnitt 5), weil …

a)	sie keine Fremdsprachenkenntnisse haben.	
b)	sie noch minderjährig sind.	
c)	sie nicht interessiert sind.	
d)	ihre Arbeitskraft den kleineren Betrieben fehlt.	

TIPP zu ❼

Textstellen erläutern
1. Mache dir klar, **was** du erläutern sollst (z. B. Wie können mehr Azubis ins Ausland gehen?).
2. Spüre die passende Textstelle in dem genannten Abschnitt (hier: Abschnitt 6) auf und unterstreiche sie.
3. Formuliere die Antwort mit eigenen Worten: *Auszubildenden könnte ein Auslandsaufenthalt ermöglicht werden, indem …*

❼ Erläutere, wie es gelingen könnte, mehr Auszubildenden einen Auslandaufenthalt zu ermöglichen (Abschnitt 6).

8 Kreuze die richtige Antwort an.

Unternehmen haben durch den Aufenthalt ihrer Auszubildenden im Ausland Vorteile, weil ... (Abschnitt 7)

a)	die Auszubildenden weitere Verfahrensweisen ihres Berufes kennenlernen.	
b)	die Auszubildenden im Ausland bezahlt werden.	
c)	die Auszubildenden während ihres Praktikums nicht bezahlt werden.	
d)	die Auszubildenden im Ausland neue Kunden anwerben.	

9 Kreuze die richtige Antwort an.

Jan-Peter Seideneck hat durch sein Praktikum in Dänemark eine andere Möglichkeit für die Kabelführung von Deckenlampen entdeckt, (Abschnitt 8) die ...

a)	gefährlicher ist.	
b)	sichtbarer ist.	
c)	komplizierter ist.	
d)	versteckter ist.	

10 Kreuze die richtige Antwort an.

Maike Kroschowski hat die Erfahrung gemacht (Abschnitt 9), dass die Arbeitsbedingungen in Irland ...

a)	einfacher sind.	
b)	härter sind.	
c)	zeitaufwändiger sind.	
d)	vergleichbar sind.	

11 Kreuze die richtige Antwort an.

In dem Text wird deutlich, dass ein Auslandsaufenthalt für Auszubildende ...

a)	überflüssig ist.	
b)	sehr aufwändig ist.	
c)	unattraktiv ist.	
d)	erstrebenswert ist.	

12 Nach dem Lesen des Textes sagt ein Schüler:
„Ein Auslandsaufenthalt während meiner Ausbildung wäre nichts für mich."
Schreibe eine kurze Stellungnahme zu dieser Aussage. Du kannst der Auffassung zustimmen oder nicht. Wichtig ist, dass du deine Meinung begründest. Beziehe dich dabei auf den Text.

TIPP zu 12

Zu einer Aussage Stellung nehmen
1. Entscheide dich für eine der beiden Möglichkeiten: *Ich stimme zu/nicht zu.*
2. Überfliege den Text noch einmal und markiere Textaussagen, die deine Auffassung unterstützen.
3. Greife zu Beginn die Aussage, zu der du dich äußern willst, noch einmal auf.
4. Beziehe dich bei deiner Begründung auch auf die markierten Textaussagen.
(*Die Erfahrungen von Maike und Jan-Peter zeigen, wie positiv ein Auslandsaufenthalt sein kann, daher ...*)

E 2 Leseverstehen: Ein Freund, ein guter Freund (selbstständiges Üben)

Teil I

Lies zunächst den Text sorgfältig durch und bearbeite die Aufgaben ①–⑩.

Ein Freund, ein guter Freund *Kira Brück*

(1) Wir haben Hunderte auf Facebook, aber nur einen besten: Freunde verstehen uns, sie jubeln, lachen und trauern mit uns. Mit ein bisschen Glück bleiben sie uns ein Leben lang erhalten. „Ich bin so froh, dich zu haben!" – schon mal diesen Satz von einem Freund gesagt, geschrieben oder gemailt bekommen? Es ist der schönste Satz der Welt. Weil er das „Ich liebe dich" eines wahren Freundes ist. Und meistens bedeutet so ein Satz, dass die Freundschaft sehr lange halten wird.

(2) Aber bevor man sich so etwas sagt, muss man zusammen schon ein bisschen was erlebt haben: kennenlernen, beschnuppern, sympathisch finden. Etwas unternehmen, am Telefon quatschten und merken: Wir haben uns etwas zu sagen. Und dann kommt der entscheidende Moment, ob aus dieser Bekanntschaft tatsächlich Freundschaft wird. Unterbewusst fragen wir uns: Kann ich dir vertrauen? Wir erzählen dem Freund in spe[1] zum ersten Mal von einem Geheimnis oder einem Problem. Wie geht er oder sie damit um? Behält er es für sich? Erzählt er auch von seinen Sorgen und Ängsten?" Gegenseitiges Vertrauen ist der Beginn einer Freundschaft. Erst dann fühlt man sich miteinander richtig verbunden. Merkt man hingegen, dass man dem anderen nichts anvertrauen kann, bleibt es wohl bei einer oberflächlichen Bekanntschaft", erklärt Diplom-Psychologin Felicitas Heyne.

(3) Wir leben in einer Zeit, in der Individualismus[2] das höchste Gut zu sein scheint. Auf Facebook versucht jeder, sich so originell und einzigartig wie möglich darzustellen. Feste Familienbande gibt es nur, wenn man Glück hat. Und dazu verlangt der moderne Arbeitsmarkt von uns, dass wir zu Beginn der Ausbildung bereits fünf Praktika gemacht haben und bereit sind, ständig für eine neue Arbeitsstelle umzuziehen. Freunde sind vielleicht unsere letzte Konstante[3] im Leben. „In unserer schnellen und technisierten Gesellschaft haben wir alle die Sehnsucht, Teil eines Teams zu sein, auf das wir uns hundertprozentig verlassen können", sagt Felicitas Heyne.

(4) Doch dies zu finden ist gar nicht so einfach – in Zeiten knapper Ausbildungsplätze und weniger guter Jobs wissen manche vor lauter Leistungsdruck gar nicht mehr, wie Loyalität[4] und Zusammenhalt funktionieren. Wahre Freundschaft wird da schnell zur Mangelware. Dabei brauchen wir Freunde zum Überleben – und zwar wortwörtlich: Studien haben herausgefunden, dass Menschen länger leben, wenn sie gute Freunde haben.
Erinnern wir uns an den Moment, in dem eine unserer Freundschaften entstand, fühlt sich das geradezu magisch an. Er ist ein Geschenk des Lebens an uns. Denn einen Freund kann man nicht kaufen, und er gehört auch nicht zur Familie. Er ist

jemand, der sich aus freien Stücken dazu entschließt, uns zu mögen, wie wir sind – und uns in den schweren Momenten daran erinnert, wie großartig wir sind.

(5) Wie kommt es überhaupt dazu, dass man jemanden mag? „Ganz einfach: Je ähnlicher mir jemand ist, desto sympathischer ist er mir. Das können äußerliche Dinge sein wie der Kleidungsstil oder auch das gleiche Hobby. Wir brauchen das Gefühl: Da tickt jemand ganz ähnlich wie ich", meint Felicitas Heyne. Funktionieren dann überhaupt Freundschaften zwischen Jungs und Mädels? Schon der Philosoph[5] Nietzsche meinte, dass eine gute Ehe auf dem Rezept der Freundschaft beruht. „Klar besteht immer das Risiko, dass es kippt und einer mehr für den anderen empfindet. Aber man sollte es trotzdem wagen, denn das positive Potenzial ist riesig. Sind Jungs und Mädels miteinander befreundet, bekommen sie immer auch eine andere Welt eröffnet." Ach, und dann ist da noch das größte Argument für Freundschaft: Sie hält in vielen Fällen ewig – mit der Liebe ist das oft etwas schwieriger. Genau deshalb sollten wir alle viel öfter zu unseren Freunden sagen: „Ich bin so froh, dass es dich gibt!" Wenn wir Glück haben, sitzen wir noch als verschrumpelte 80-Jährige nebeneinander auf der Veranda und lachen darüber, wie viele Menschen im Laufe des Lebens gekommen und gegangen sind. Aber die wichtigsten bleiben bei uns – wenn wir sie lassen.

http://www.spiegel.de/schulspiegel/leben/freundschaften-helfen-in-unsicheren-zeiten-in-job-und-beziehung-a-923990.html, Seitenaufruf 13.01.2016, verändert, © YAEZ GmbH

[1] in spe: zukünftig
[2] der Individualismus: der einzelne Mensch steht im Mittelpunkt
[3] die Konstante: eine gleichbleibende Größe; etwas, dass sich nicht verändert
[4] die Loyalität: die Zuverlässigkeit
[5] der Philosoph: ein Gelehrter; ein kluger Mensch

Aufgaben 1 – 10

1 Ergänze die fehlenden Wörter, die das Thema des Textes deutlich machen.

In dem Text geht es um das Thema _____. _____ Freund zu haben, ist wichtiger als _____ Kontakte im Internet.

2 Kreuze die richtige Lösung an.
In Abschnitt 1 heißt es *„Ich bin so froh, dich zu haben!"*. Darunter versteht man im Textzusammenhang, dass ...

a)	dies die Äußerung einer Liebesbeziehung ist.	
b)	dies das Besondere einer Freundschaft ausdrückt.	
c)	dies häufig bei Facebook gepostet wird.	
d)	diese Äußerung zu jeder Freundschaft gehört.	

3 Kreuze die richtige Antwort an.
In Abschnitt 2 steht, welche Grundvoraussetzung für Freundschaft benötigt wird. Um welche Grundvoraussetzung geht es?

a)	etwas miteinander zu unternehmen	
b)	miteinander über andere zu reden	
c)	regelmäßig miteinander zu telefonieren	
d)	sich sympathisch zu finden	
e)	sich auf jemanden verlassen zu können	

4 In Abschnitt 3 heißt es „Auf Facebook versucht jeder, sich so originell und einzigartig wie möglich darzustellen" (Z. 42 – 44). Erläutere diese Aussage, indem du dazu drei mögliche Beispiele aus deinem Erfahrungsbereich nennst.

1. Beispiel: _____

2. Beispiel: _____

3. Beispiel: _____

5 Kreuze die richtigen Antworten an.
In Abschnitt 4 wird beschrieben, was Freundschaft bei uns auslöst. Freunde können uns dabei helfen, ...

a)	älter zu werden als Menschen ohne Freunde.	
b)	schneller einen Ausbildungsplatz zu finden.	
c)	sich zu verlieben.	
d)	traurige Zeiten besser zu überstehen.	

6 Kreuze die richtige Antwort an.
In Zeile 91 – 92 heißt es „Da tickt jemand ganz ähnlich wie ich". Diese Aussage bedeutet, dass ...

a)	man das Herz des Anderen klopfen hört.	
b)	man denkt, jemand spinnt.	
c)	jemand eine bestimmte Angewohnheit hat.	
d)	jemand so ist wie man selbst.	

7 Ordne die Überschriften den Textabschnitten 1 bis 5 zu.

	Überschrift	Textabschnitt (1, 2, 3, 4, 5)
a)	Gleich und gleich gesellt sich gern	
b)	Bekannte oder Freunde?	
c)	Jobs gehen, Freunde bleiben	
d)	Der schönste Satz der Welt	
e)	Lieber Selbstdarsteller als Teamplayer	

8 In Abschnitt 5 (Z. 103–106) heißt es „*Sind Jungs und Mädels miteinander befreundet, bekommen sie immer auch eine andere Welt eröffnet.*" Erläutere, was mit dieser Textaussage gemeint ist.

_____
_____
_____
_____
_____
_____

9 In Abschnitt 5 wird der Begriff „*verschrumpelt*" (Z. 114) verwendet. Er bedeutet so viel wie …

a)	faltig	
b)	verbittert	
c)	einsam	
d)	freudlos	

10 Eine Schülerin sagt nach dem Lesen des Textes:

„*Eine echte Freundschaft zwischen Jungen und Mädchen halte ich nicht für möglich.*"

Du kannst dieser Aussage zustimmen oder nicht. Wichtig ist, dass du deine Auffassung begründest und dich auf mehrere Textaussagen beziehst.

Ich stimme der Aussage der Schülerin, dass … _____

_____

zu/nicht zu, denn … _____
_____
_____
_____
_____
_____
_____
_____
_____

E 3 Aufgabentyp 4a: F. Beale: Am Ende des Alphabets (angeleitetes Üben)

Teil II
Lies bitte zunächst den Text, bevor du die Aufgaben bearbeitest.
Schreibe einen zusammenhängenden Text.

Aufgabenstellung
Analysiere den Textauszug aus dem Roman „Am Ende des Alphabets" von Fleur Beale.

Gehe dabei so vor:
- **Schreibe** eine Einleitung, in der du Textsorte, Titel, Autorin und Erscheinungsjahr **benennst** sowie das Thema **formulierst**.
- **Fasse** den Text kurz **zusammen**.
- **Stelle dar**, wie sich Mr Vine gegenüber Ruby und den Kunden verhält.
- **Untersuche**, welche Empfindungen Ruby während des Konflikts durchlebt.
- **Erläutere**, wie durch sprachliche und formale Mittel deutlich wird, dass Ruby sich über Mr Vine ärgert (*mögliche Aspekte: Wortwahl, Sprachbilder, Erzählperspektive*).
- **Setze** dich im Schlussteil mit der folgenden Aussage eines Schülers kritisch **auseinander**:
  „So wie Ruby sollte man am ersten Tag beim neuen Job nicht auftreten."
  – Nimm Stellung zu der Aussage.
  – Begründe deine Meinung.
  – Belege deine Ausführungen am Text.

Am Ende des Alphabets (Textauszug) *Fleur Beale*

Ort des Geschehens ist ein Supermarkt in einer Kleinstadt in den USA. Die zurückhaltende und sonst eher bescheidene Ruby hat einen Aushilfsjob im Supermarkt bekommen. Sie beginnt heute mit ihrer ersten Arbeitsstunde.

Ich kam zwei Minuten vor sechs am Supermarkt an. Mr Vine grunzte und drückte mir einen Mop[1] in die Hand. „Fang an." Er hatte nicht nach meinem Namen gefragt. „Mr Vine, könnten Sie mich bitte jeden Tag bezahlen?" Diesen Tipp hatte mir Mum gegeben. Sie traute ihm nicht über den Weg.
5 Er zuckte die Achseln. „Du stellst ständig neue Forderungen, ohne einen Handstreich[2] getan zu haben. Fang an zu arbeiten." „Erst, wenn Sie mir versprechen, mich jeden Tag zu bezahlen, und zwar bar." „Meinetwegen. Und jetzt fang endlich an!" Er ließ die Faust auf den Tresen donnern.
Ich fing an, den Boden zu wischen. Er war nicht allzu staubig. Mr Vine musste
10 gelegentlich gefegt haben. Aber feucht gewischt hatte er ihn garantiert nicht oft. Das Linoleum[3] war schmutziggrau und wurde zum Rand hin dunkler.
Ich schrubbte kräftig mit dem Mop. Das Grau wurde ein bisschen heller, aber nicht viel. Mr Vine war nicht zufrieden. „Du kannst ja noch nicht einmal einen Boden wischen. Dafür bezahle ich doch keine zehn Dollar die
15 Stunde." Ehe ich wusste, wie mir geschah, hielt ich ihm auch schon den Mop hin. „Dann zeigen Sie mir, wie man es richtig macht." Ich funkelte ihn böse an.

Quelle (Aufgaben): Qualitäts- und UnterstützungsAgentur – Landesinstitut für Schule, Soest 2017

Er schnappte sich den Mop, tauchte ihn in den Eimer und ließ ihn am Rand des Flurs, wo das Linoleum am dunkelsten war, auf den Boden klatschen. Wisch, wisch, und wieder in den Eimer. Die Farbe veränderte sich kein bisschen. Auch nach dem zweiten Versuch war kein Unterschied zu sehen. Ha, das geschah ihm recht, diesem Griesgram[4]. Mr Vine rammte den Mop in den Eimer und stiefelte davon. Zum Glück war die Stunde vorbei. Ich trug Mop und Eimer in die Kammer hinten im Laden und räumte beide ein.

Mr Vine schloss gerade die Tür auf, als ich zurückkam. „Bekomme ich jetzt bitte mein Geld?" Er rückte eine Kiste mit Gemüse zurecht. „Du hast das Klo noch nicht geputzt." Mein Herz klopfte, aber ich sagte: „Die Stunde ist rum. Das Wischen hat lange gedauert, weil der Boden so schmutzig war. Nächstes Mal geht es schneller." Er sah mich nicht an. „Du kriegst dein Geld, wenn du deine Arbeit getan hast, und damit basta."

Ein Mann kam herein und kaufte eine Zeitung und eine gefüllte Teigtasche. Ich wartete, während Mr Vine mit ihm scherzte. Mir war übel. Ich ballte die Fäuste und bohrte sie mir in den Bauch. Der Kunde ging, und Mr Vine verwandelte sich wieder in ein Ekel. „An die Arbeit oder raus."

Ich rannte hinaus und versuchte, die Tränen zurückzuhalten. Draußen blieb ich stehen und versuchte, mich zu beruhigen. Ich hatte mich echt angestrengt und gute Arbeit geleistet. Ein Mann betrat den Supermarkt und ging mit Brot und Milch an die Kasse. Ich hörte Mr Vine freundlich mit ihm plaudern. Der Mann lachte, als er wieder herauskam. Er ging an mir vorbei und sagte: „Der ist echt ein Spaßvogel. Sympathischer Kerl."

Nein, das war er nicht. Er wollte mich über den Tisch ziehen. Mum würde ausflippen, wenn sie hörte, was passiert war. Da fing mein Hirn an zu arbeiten.

Ich musste Rückgrat[5] zeigen und inzwischen hatte ich ja schon ein paar Mal bewiesen, dass ich das konnte. Außerdem, was hatte ich schon zu verlieren? Trotzdem zitterte ich, als ich wieder in den Laden ging. Mr Vine bediente gerade einen LKW-Fahrer, und ein Scherz jagte den anderen. Als der Trucker bezahlt hatte und auf dem Weg zur Tür war, sagte ich: „Mr Vine, wenn Sie mich nicht bezahlen, rufe ich meine Mutter an, und die informiert dann die Behörden." Ich sah Mr Vine fest in die Augen. Mir war schlecht, und mein Herz klopfte wie verrückt. Hoffentlich musste ich mich nicht übergeben! Dann hätte ich beinahe gelacht. Und wenn schon – ich würde die Sauerei definitiv nicht wegmachen. Der LKW-Fahrer drehte sich um und starrte uns an.

Mr Vine schenkte ihm ein breites Lächeln, dann fauchte er mich an: „Du bist verdammt nochmal noch nicht fertig. Die Toilette muss noch geputzt werden." Der Fernfahrer rührte sich nicht vom Fleck, und jetzt kam auch noch eine Frau mit einem Einkaufskorb zur Kasse. „Ich habe eine Stunde gearbeitet. Ich habe den Boden gewischt, und das hat lange gedauert, weil er so dreckig war", sagte ich, so laut es ging.

„Verzieh dich", zischte Mr Vine.

Die Frau hatte mitgehört. „Ich wusste doch, dass heute irgendetwas anders ist." Sie lächelte mich an. „Das hast du toll hingekriegt."

„Ganz recht", pflichtete der Trucker ihr bei. „Sie hat ganze Arbeit geleistet." Er stützte sich mit einer Hand am Tresen ab. Er war ziemlich groß – größer als Mr Vine – und muskulös. Mr Vine schenkte dem Trucker ein schmales Lächeln, dann ließ er die Kasse aufschnappen, nahm einen Zehn-Dollar-Schein heraus und klatschte ihn auf den Tresen. Ich schnappte mir das Geld. Am liebsten wäre ich den beiden um den Hals gefallen.

Quelle: Fleur Beale: Am Ende des Alphabets. München: Knesebeck und Co. Verlag 2015, S. 51 – 53 (verändert)

[1] Mop: Arbeitsgerät zum Wischen von Bodenflächen
[2] Handstreich: hier: geringfügige Tätigkeit, Arbeitsaufnahme
[3] Linoleum: Fußbodenbelag
[4] Griesgram: schlechtgelaunte Person
[5] Rückgrat zeigen: hier: standhaft bleiben, sich nicht von einer Sache abbringen lassen

Lösungshilfen zu Aufgabe ❶ a) und ❶ b)

1. Führe den ersten Bearbeitungsschritt durch (vgl. dazu C 2.6: Sich orientieren, S. 40).

2. Erschließe den Text mit der Lesemethode für literarische Texte (vgl. B 2, S. 17) und schreibe deine Notizen an den Rand, zum Beispiel:

   1. Abschnitt (Z. 1 – 4): Rubys erster Arbeitstag im Supermarkt, Mr Vine gibt ihr einen Mop, Ruby fragt nach täglicher Bezahlung

   2. Abschnitt: (Z. 5 – 8): Mr Vine verspricht, Ruby täglich zu bezahlen

   3. Abschnitt: (Z. 9 – 11): Ruby wischt den Boden, Belag ist sehr schmutzig ...

3. Sammle Stichworte zum Thema, zum Beispiel:

   Rückgrat zeigen, sich gegen Ungerechtigkeit wehren, auf Einhaltung von Absprachen bestehen, nicht klein beigeben ...

4. a) Lege dir einen Schreibplan zur Planung deines analysierenden Textes an. Orientiere dich dabei am dritten Schritt (vgl. C 2.6, S. 44). Du kannst auch die Vorlage aus C 2.5 (S. 39) verwenden.
   b) Ergänze deine Ergebnisse zu den Teilaufgaben ❶ a und ❶ b in den ersten beiden Zeilen.

Lösungshilfen zu Aufgabe ❶ c) – ❶ e)

5. a) Markiere im Text die Stellen, in denen deutlich wird, wie sich Mr Vine Ruby gegenüber verhält.
   b) Markiere mit einer anderen Farbe die Textstellen, die darstellen, wie sich Mr Vine den Kunden gegenüber verhält.
   c) Ergänze deine Ergebnisse zu der Aufgabe ❶ c in der dritten Zeile deines Schreibplans. Beginne so:

   Mr. Vines Verhalten gegenüber Ruby:
   – unfreundlich (Z. 2), herrisch (schlägt mit Faust auf Tisch),
   – erniedrigt sie, wirft ihr Nichtkönnen vor (Z. 13/14)
   – beleidigt sie (Z. 55/56) ...

> **TIPP** zu 5 a/b/c
>
> Markiere im Text die Textstellen, die sich auf **Ruby** bzw. die **Kunden** beziehen, **mit unterschiedlichen Farben**. So kannst du die Textstellen der Teilaufgabe übersichtlich zuordnen und getrennt im Schreibplan aufnehmen.

Mr Vines Verhalten gegenüber Kunden:

– scherzt und lacht mit ihnen (Z. 32, Z. 38),

– unterhält sich angeregt ...

d) Vergleiche das Verhalten von Mr Vine zu Ruby und seinen Kunden miteinander. Stelle die Unterschiede mithilfe deiner Vorarbeit kurz gegenüber:

Im Gegensatz zu seinem Verhalten Ruby

gegenüber verhält sich Mr Vine zu seinen

Kunden ...

Während Mr Vine sich Ruby gegenüber ... ver-

hält, geht er mit seinen Kunden ... um.

6. a) Markiere im Text die Gefühle Rubys, die dort genannt werden, bzw. die du aus den Textstellen ableiten kannst.
   b) Benenne Rubys Gefühle, die du aus dem Text erschließen kannst (❶ d). Ergänze deine Notizen in der vierten Zeile des Schreibplans.

– Ich-Erzählerin ist enttäuscht (Er hatte nicht

nach meinem Namen gefragt, Z. 2/3)

– Ruby ist wütend (Z. 16/17)

– zeigt Schadenfreude (Z. 21/22) als sie fest-

stellt, dass Mr Vine ...

– ist aufgeregt (Mein Herz klopfte, Z. 27), weil ...

> **TIPP zu 5.–7.**
>
> 1. Durch die Teilaufgaben wird dir die Gliederung des Hauptteils deines Textes schon vorgegeben.
> 2. Wichtig ist, dass du die einzelnen Arbeitsschritte erkennst und sie in deinen Schreibplan aufnimmst. Hier bedeutet das: Beschreibung des Verhaltens von Mr Vine Ruby gegenüber und gegenüber seinen Kunden sowie die Darstellung der Unterschiede in den Verhaltensweisen (❶ c), Benennung der verschiedenen Gefühle Rubys während ihrer Auseinandersetzung mit Mr Vine (❶ d), Verdeutlichung von Rubys Ärger über Mr Vine und die Erläuterung dazu anhand von formaler und sprachlicher Aspekte, wie der Wortwahl, Sprachbilder und der Erzählperspektive (❶ e).
> 3. In dieser Aufgabe wird nicht ausdrücklich von dir erwartet, dass du Textbelege anführst. Du musst dich jedoch bei deiner Stellungnahme auf den Inhalt des Textes beziehen und solltest dazu Zeilenangaben machen, um deine Ergebnisse zu belegen.

7. Ruby ärgert sich über Mr Vines Verhalten ihr gegenüber (❶ e):
   a) Markiere in einer weiteren Farbe die Textstellen, die verdeutlichen, dass Ruby sich über Mr Vine ärgert.
   b) Benenne ihre Gedanken und Verhaltensweisen und erkläre, woran du daran Rubys Ärger erkennst. Berücksichtige dazu ihre Wortwahl, die verwendeten Sprachbilder sowie die Erzählperspektive.
   Notiere deine Ergebnisse in der fünften Zeile des Schreibplans.

> **TIPP zu 7a**
>
> Suche im Text gezielt nach Stellen, die Rubys Gedanken widerspiegeln (z. B. *„Ha, das geschah ihm recht, diesem Griesgram"*. (Z. 21/22) sowie nach ihren Verhaltensweisen, die beschrieben werden (z. B. *„Ich ballte die Fäuste ..."* (Z. 32/33).

– Ruby bezeichnet Mr Vine in Gedanken als „Griesgram" (Z. 22), „Ekel" (Z. 34)

– die Darstellung in der Ich-Perspektive verdeutlicht Rubys Wut

– Rubys Gefühle werden durch anschauliche Verben, wie zum Beispiel „ausflippen" (Z. 42) …, dargestellt

– Ruby verwendet in Gedanken Redewendungen wie „über den Tisch ziehen (Z. 41), …

– Metaphern verstärken Rubys Ärger „die Fäuste in den Bauch bohren" (Z. 33), …

– Rubys Wut wirkt sehr realistisch und authentisch durch umgangssprachliche Ausdrücke „echt" (Z. 36), …

Lösungshilfen zu Aufgabe 1 f)

8. a) Lies noch einmal die Aussage in der letzten Teilaufgabe (1 f), zu der du Stellung nehmen sollst.
   b) Kannst du dich der Aussage des Schülers anschließen oder bist du anderer Meinung? Notiere deine Position in der letzten Spalte des Schreibplans.
   c) Sammle stichwortartig Begründungen, die deine Position unterstützen. Beziehe dich dabei auf den Text.

Ich stimme der Aussage des Schülers nicht zu:

Ruby hat sich am Arbeitsplatz gut verhalten:

– Ruby hat ihre Arbeit gründlich erledigt und sich angestrengt (Z. 12 f.),

– Ihre Arbeit wurde von einer Kundin gelobt (Z. 63)

– Ruby hat sich an Absprachen gehalten …

– Ruby ist höflich geblieben …

> **TIPP zu 8.**
>
> 1. Wenn du zu einem Zitat aus dem Text und/oder zu einer Aussage zum Text Stellung nehmen musst, gehe so vor.
>   • Gib die Aussage wieder und erläutere sie kurz, wenn nötig.
>   • Stelle deine eigene Position dazu dar und begründe, warum du auch dieser Meinung bist oder warum du sie nicht teilen kannst.
>   • Beziehe dich in deiner Argumentation auf den Text, indem du Textbelege heranziehst.
> 2. Nutze folgende Formulierungen: *Meiner Ansicht nach … / Ich bin der Meinung, dass … / Ich vertrete den Standpunkt, dass … / Einerseits … / andererseits … / Daraus folgt … / Sicherlich muss man auch bedenken … / Das heißt auch, dass … / Wichtig erscheint mir, dass …*

Lösungshilfen zum Schreiben

9. Formuliere deinen Textentwurf anhand deines Schreibplans in vollständigen Sätzen. Setze nach der Erarbeitung jeder Teilaufgabe einen Absatz. So kannst du beginnen:

In dem Textauszug „Am Ende des Alphabets" von Fleur Beale geht es um das Mädchen Ruby, das bei seinem ersten Aushilfsjob Rückgrat zeigt und sich nicht abspeisen lässt.

Die Autorin schildert, wie die Ich-Erzählerin zu ihrem ersten Arbeitstag im Supermarkt von Mr Vine antritt. Vereinbart ist, dass sie dort eine Stunde putzt und dafür 10 Dollar erhält.

Vor Arbeitsbeginn willigt ihr Arbeitgeber ein, ihr das Geld täglich bar auszuzahlen. …

10. Überarbeite deinen Textentwurf mithilfe der CHECKLISTE auf Seite 48.

E 4 Original-Prüfung 2019: Aufgabentyp 4a:
A. Gerrits: Glücksschimmer (selbstständiges Üben)

Teil II

- Lies bitte zunächst den Text, bevor du die Aufgabe bearbeitest.
- Schreibe einen zusammenhängenden Text.

Aufgabe:*
Analysiere den Textauszug aus der Erzählung „Glücksschimmer" von Angela Gerrits.

Gehe dabei so vor:
- **Schreibe** eine Einleitung, in der du Textsorte, Titel, Autorin und Erscheinungsjahr **benennst** sowie das Thema **formulierst**.
- **Fasse** den Text kurz **zusammen**.
- **Stelle dar**, wie Ruth sich zu Beginn des Treffens fühlt und wie sie Moritz im Café wahrnimmt.
- **Erläutere**, wie durch sprachliche Mittel deutlich wird, das Ruth in Moritz verliebt ist (Z. 1–25) (*mögliche Aspekte: stilistische Mittel, Satzbau, Wortwahl*).
- **Untersuche**, wie sich das Gespräch zwischen Ruth und Moritz entwickelt.
- **Schreibe** einen kurzen Text aus Moritz' Sicht.
  - Wie fühlt sich Moritz nach dem Ende des Treffens?
  - Welche Gedanken macht er sich über Ruths Verhalten?

  Schreibe in der Ich-Form und berücksichtige die Informationen, die der Textauszug gibt.

Glücksschimmer (Textauszug) *Angela Gerrits*

Die 16-jährige Ruth ist von Hamburg in eine bayerische Kleinstadt gezogen. In ihrem Leben reiht sich eine Katastrophe an die andere. Ihr einziger Lichtblick ist die bevorstehende Klassenfahrt an die Nordsee, weil Moritz auch mitfährt.

Er war da. Er war gekommen. Ruth versuchte, sich ihre Freude nicht anmerken zu lassen. Mit Sicherheit war sie rot geworden. Und er? Ruth forschte in seinem Gesicht nach etwas, das Freude oder Erleichterung verriet.
„Hi", sagte Moritz. Er nippte an seinem Espresso. Er sah sehr erwachsen aus, dabei war er höchstens ein Jahr älter als sie. Er hatte es ganz ruhig gesagt, mit seinem verbindlichen Lächeln.
Mit diesem Lächeln hatte er auch „Ja, gern" geantwortet auf ihre Frage, ob sie nicht mal zusammen ein Eis essen gehen wollten oder so. Und da saß er. Er hielt, was er versprach. Er hatte ihre Frage ganz selbstverständlich genommen, so als wäre es vollkommen normal, dass sie, Ruth, ihm ein Treffen vorschlug. Sie hatte zwar nicht erkennen können, ob er sich über ihren Vorschlag gefreut hatte, aber vielleicht hatte er seine Freude auch nur vor ihr verborgen, so wie sie jetzt vor ihm zu verbergen versuchte, dass ihr Herz bis in den Hals hinauf klopfte.
Sie setzte sich ihm gegenüber an den kleinen runden Tisch. Seine graugrünen Augen betrachteten sie aufmerksam, das war ihr unangenehm. Sie strich sich durchs Haar und zupfte verstohlen den Ärmel ihres T-Shirts zurecht.

* Quelle (Aufgaben): Qualitäts- und UnterstützungsAgentur – Landesinstitut für Schule, Soest 2019

Er lächelte sie an. Sie lächelte unwillkürlich zurück. Nein, wahrscheinlich strahlte sie ihn an, doch das war ihr egal. Er war da. Würde er mich nicht auch ein bisschen mögen, wäre er nicht gekommen, sagte sie sich.

Moritz war anders als die anderen Jungen, das hatte sie sofort bemerkt, als sie das erste Mal in die Klasse gekommen war. Er war ein bisschen schüchtern, aber auch ruhiger, besonnener, erwachsener eben. Er war Moritz. Und der saß ihr jetzt gegenüber. Alles andere war unwichtig.

„Wo warst du heute Morgen? Warst du krank? Ich wollte dich schon anrufen, weil ich dachte, du kommst vielleicht nicht."

Da war Besorgnis in seiner Stimme. Er hatte sich über sie Gedanken gemacht. Sie konnte unmöglich sagen: Ach, ich hatte keine Lust auf Schule. Er würde sie für leichtfertig halten und sich nie wieder Gedanken über sie machen. Und sie konnte erst recht nicht die Wahrheit sagen: dass sie einfach zu feige gewesen war, um in die Schule zu gehen, dass sie stattdessen den Weg des geringsten Widerstandes gewählt hatte und bis zum frühen Nachmittag im Stadtpark rumgelaufen war.

„Sagen wir eher, mir ging's nicht so gut." Ruth unterlegte den Satz mit einem schamhaften, wissenden Augenaufschlag, der ihn zu ihrem Verbündeten machte.

Moritz nickte, hob die kleine Tasse und trank den Espresso mit einem Schluck aus.

Sofort befürchtete Ruth, dass er gehen könnte, denn so, wie er die Tasse zurückstellte und sich aufsetzte, so entschlossen mit diesem kleinen Seufzer, machte er auf sie den Eindruck, als würde er zahlen wollen.

„Freust du dich auf morgen?", fragte sie deshalb schnell.

Moritz zuckte sie Schultern. „Ehrlich gesagt kann ich Klassenreisen nicht ausstehen. Und wenn schon, dann wäre ich lieber nach Italien gefahren. Ist doch viel näher."

Er berlinerte[1] leicht. Ruth mochte das. Sie hörte gern, dass auch er ein Zugezogener war, das hatte ihn von Anfang an zu einem Verbündeten gemacht.

„Ja, stimmt", erwiderte sie, obwohl sie nicht lieber nach Italien gefahren wäre.

„Willst du dir gar nichts bestellen?" Moritz hatte sich auf seinem Stuhl zurückgelehnt und betrachtete sie von ferne.

„Und du?"

Moritz deutete auf seine Espressotasse. „Ich hatte schon. Und nach Eis ist mir irgendwie nicht."

Es klopfte schneller in Ruths Hals, aber nicht vor Freude oder Aufregung. Wieso hatte er „Ja, gern" gesagt, wenn er kein Eis essen wollte? Wieso hatte er sich überhaupt schon etwas bestellt, bevor sie ins Eiscafé gekommen war? Oder hatte sie sich verspätet? War vielleicht ausgerechnet heute die Umstellung auf Sommerzeit oder Winterzeit, und Moritz war nur zu höflich, um etwas zu sagen, und hatte schon eine Stunde auf sie gewartet? Sie guckte auf ihre Uhr.

„Hast du schon lange auf mich gewartet?"

Die Beiläufigkeit, mit der sie ihn das fragen wollte, misslang, ihre Stimme klang plötzlich spitz.

Moritz schüttelte den Kopf. „Musst du schon wieder los?"

Ruth zögerte, bevor sie die Gelegenheit ergriff. „Ja, tut mir leid, ist mir auch sehr unangenehm, weil ich dich ja gefragt hatte, aber ..."
Sie ließ den Satz in der Luft hängen, weil ihr so schnell kein Grund einfiel, warum sie schon wieder losmusste. Und zugleich hasste sie sich für das, was sie sagte. Sie musste nicht los. Sie wollte mit Moritz zusammen sein. Hier und jetzt und immer. Es hatte sie all ihren Mut gekostet, sich mit ihm zu verabreden, und nun verspielte sie alles mit einem dummen halben Satz. Doch die Vorstellung, ihm gegenüberzusitzen und Eis zu essen, während er vermutlich aus reiner Höflichkeit wartete, bis sie fertig war, war unerträglich. Dann lieber gleich wieder gehen.
Moritz zahlte seinen Espresso und stand auf. Er legte einfach nur Geld auf den Tisch, ohne die Bedienung zu rufen. Ruth bewunderte, wie souverän[2] er sich in der Welt bewegte – als hätte er schon zwanzig Jahre Zeit zum Üben gehabt.
Widerstrebend stand sie ebenfalls auf. Sie wollte nicht gehen. Aber er hatte ja gleich das Geld hingelegt, hatte ja nicht mal ihre Begründung abgewartet, nicht nachgefragt, nichts.

Quelle: Angela Gerrits: Glücksschimmer. Hamburg: Oetinger Taschenbuch 2011, S. 7–11

[1] berlinern: mit Berliner Dialekt sprechen
[2] souverän: selbstbewusst

E 5 Aufgabentyp 4a: Silbermond: B 96 (selbstständiges Üben)

Teil II

Lies bitte zunächst den Text, bevor du die Aufgaben bearbeitest.
Schreibe einen zusammenhängenden Text.

Analysiere den Liedtext „B 96" von der Gruppe Silbermond.
Gehe dabei so vor:
- **Schreibe** eine Einleitung, in der du Titel, Autor, Textart und Erscheinungsjahr **benennst** und das Thema **formulierst**.
- **Fasse** den Inhalt des Songs kurz **zusammen**.
- **Beschreibe** die Gefühle, die das lyrische Ich am dargestellten Ort empfindet, und ziehe daraus Schlussfolgerungen bezüglich der Beziehung zu seiner Heimat. Belege deine Ergebnisse mit Textstellen.
- **Erkläre**, warum der zweite Refrain um einen weiteren Vers (V. 36) ergänzt worden sein könnte.
- **Erläutere** anhand der sprachlichen Gestaltung, woran deutlich wird, dass der „Hinterwald" auf viele Orte übertragbar ist (*mögliche Aspekte: Zeit- und Ortsangaben, Wortwahl, Metaphern, Alliterationen*).
- Ein Mitschüler sagt über den Songtext: *„Das lyrische Ich hat sicher einen sehr stressigen Alltag, denn ansonsten würde es die Einsamkeit zu Hause nicht so suchen."*
  – **Nimm Stellung** zu dieser Aussage.
  – **Begründe** deine Meinung.
  – **Belege** deine Ausführungen am Text.

B 96 (2015)   *Silbermond*

Über blassgelben Feldern
Schüchtern und scheu
Und ein taufrischer Morgen
Neblig und neu
5 Und die frühesten Vögel
Hauen den Morgenappell
An das rostige Hoftor
Bis es irgendwann umfällt
Und es dauert nicht lang
10 Bis die Gedanken verträumt sind
Hier an der B 96

Und die Welt steht still hier im Hinterwald
Und das Herz schlägt ruhig und alt
Und die Hoffnung hängt am Gartenzaun
15 Und kaum ein Mensch kommt je vorbei
Im Hinterwald
Wo mein Zuhause ist
Schön wieder hier zu sein

Versteckt unter Heu
20 Liegen Sachen von dir
Aber auch 'ne drei viertel Kindheit
Verbeult und ramponiert
Und seit zwanzig Jahren
Brennt ein Licht überm Stammtisch
25 Und seit zehntausend Jahren
Zerreißen Menschen sich Mäuler
Über alles und jeden
Also alles beim Alten
Hier an der B 96

30 Und die Welt steht still hier im Hinterwald
Und das Herz schlägt ruhig und alt
Und die Hoffnung hängt am Gartenzaun
Und kaum ein Mensch kommt je vorbei
Im Hinterwald
35 Wo mein Zuhause ist
Erinnerungen holen mich ein
Schön wieder hier zu sein

Und die Welt
Steht still
40 Hier im Hinterwald
Und das Herz
Schlägt ruhig
Hier im Hinterwald
Und die Welt
45 Steht still
Hier im Hinterwald
Und das Herz
Schlägt ruhig
Hier im Hinterwald

B 96. Text: (OT) Kloss, Stefanie / Nowak, Andreas / Stolle, Johannes / Stolle, Thomas
Copyright: Verschwende deine Zeit GmbH/BMG Rights Management GmbH, Berlin

Informationen zum Song:
Die B 96 ist eine Bundesstraße, die im Osten Deutschlands von Sachsen nach Mecklenburg-Vorpommern verläuft.
Silbermond ist eine deutsche Rock-Pop-Band, die 1998 in Bautzen gegründet wurde. Die B 96 fährt die Sängerin regelmäßig von Berlin auf dem Weg nach Hause.

F Prüfungs-/Übungsaufgaben zum Themenbereich „Medien und mehr"

In diesem Kapitel bearbeitest du zum Themenbereich „Medien und mehr" mehrere Prüfungsbeispiele. Notiere die benötigte Arbeitszeit (siehe Seite 5).

F 1 Leseverstehen: Sechstklässlerin verkauft sichere Passwörter (angeleitetes Üben)

Teil I

Lies zunächst den Text sorgfältig durch und bearbeite anschließend die Aufgaben ❶ – ⓬.

Sechstklässlerin verkauft sichere Passwörter *Ana Maria Michel*

(1) Es ist ein Geschäft mit der Faulheit der Leute: Mira Modi verkauft für zwei Dollar sichere Passwörter. Die Elfjährige arbeitet mit der Diceware-Methode[1]. Und die ist eigentlich ganz einfach.

(2) Mira Modi braucht nur ein paar Würfel, einen Stift und eine Wortliste[2].
5 Die elfjährige New Yorkerin schafft damit das, was viele Erwachsene nicht hinbekommen: Passwörter, die sicher sind. Daraus hat die Sechstklässlerin jetzt ein Geschäft gemacht. In Zeiten, in denen selbst die Mails des CIA-Chefs[3] von einem Schüler gehackt worden sein sollen, sicher keine schlechte Idee.

10 (3) „123456" und „password" waren auch 2014 die beiden beliebtesten Passwörter. Einfache Passwörter sind leicht zu merken, aber auch leicht zu knacken. Ein Passwort gilt als sicher, wenn es möglichst lang ist. Es sollte Groß- und Kleinbuchstaben sowie Zahlen und Sonderzeichen enthalten. Auf keinen Fall sollte es im Wörterbuch zu finden sein. Das bereitet vielen
15 Probleme. Denn was nützt ein sicheres Passwort, das man sich nicht merken kann?

(4) Mira Modis Passwörter stehen im Wörterbuch, sind aber trotzdem schwer zu knacken. Genau genommen bestehen die Passwörter, die sie entwickelt, aus mehreren Wörtern. „Passphrase" lautet der Fachbegriff für die-
20 se Passwort-Kette. Mira Modi arbeitet mit der Diceware-Methode: Mit fünf Würfen würfelt sie eine fünfstellige Zahl. Diese schlägt sie in einer Liste[4] nach, die ihr das entsprechende Wort für die Zahl liefert. Insgesamt macht Mira Modi das sechs Mal und erzeugt damit eine Passphrase, die aus sechs Wörtern besteht. Diese ist einzigartig und deshalb für Hacker[5] nicht beson-
25 ders attraktiv. Je einzigartiger ein Passwort ist, desto länger dauert es, es zu knacken. Leicht zu merken sind Mira Modis Passwörter auch, wenn man aus den sechs Wörtern zum Beispiel eine kleine Geschichte spinnt. Eigentlich ganz einfach.

(5) Die meisten Menschen scheinen allerdings nicht nur zu faul zu sein, sich
30 ein möglichst einzigartiges Passwort auszudenken. Auch zum Würfeln nehmen sich wohl nur die wenigsten die Zeit. Mira Modi ist die Tochter der Journalistin und Autorin Julia Angwin, die sich ebenfalls für das Thema Privatsphäre im Internet interessiert. Im Rahmen der Nachforschungen für ihr Buch zu diesem Thema bat Angwin ihre Tochter, Diceware-Passwörter zu er-
35 stellen. Für Mira Modi war das der Ursprung ihrer Geschäftsidee. Zunächst

verkaufte sie ihre Passwörter nur auf Lesungen[6] ihrer Mutter. Weil das nicht besonders gewinnbringend war, richtete sie sich eine eigene Website ein.
(6) Für zwei Dollar kann man bei Mira Modi ein sicheres Passwort bestellen. Dieses verschickt sie nicht per E-Mail, sondern per Post. [...] Diese könne die Regierung nur mit einem Durchsuchungsbefehl öffnen, versichert Mira Modi auf ihrer Website. Weder speichert sie die verkauften Passwörter digital noch lernt sie sie auswendig. Sie schreibt die Passphrase mit der Hand auf ein Stück Papier, das sie dem Käufer zuschickt. Trotzdem rät Mira Modi ihren Kunden, zur Sicherheit kleine Änderungen an dem Passwort vorzunehmen. Die Elfjährige weiß selbst, dass auch ihre Passwörter nicht absolut sicher sind. Auf ihrer Website zitiert Mira Modi Arnold G. Reinhold, den Entwickler der Diceware-Methode. Er weist darauf hin, dass auch eine Passphrase aus sechs Wörtern geknackt werden kann. [...]

http://www.faz.net/aktuell/feuilleton/medien/eine-schuelerin-verkauft-sichere-passwoerter-13877173.html (Zugriff: 04.05.2017, verändert), © Alle Rechte vorbehalten. Frankfurter Allgemeine Zeitung GmbH, Frankfurt. Zur Verfügung gestellt vom Frankfurter Allgemeine Archiv.

[1] Diceware-Methode: Die Bezeichnung dieser Verschlüsselungsmethode beruht auf dem englischen Wort dice (Würfel).
[2] Wortliste: eine von Modi erarbeitete Liste mit Zahlenkombinationen, denen jeweils ein Wort zugeordnet ist
[3] CIA – Central Intelligence Agency: der Auslandsgeheimdienst der USA
[4] Siehe Fußnote 2
[5] Hacker: jemand, der in Computersysteme eindringt
[6] Lesung: hier: Veranstaltung, bei der aus einem Buch vorgelesen wird

Lösungshilfen zu Aufgabe ❶ – ⓬

1. Bevor du dich den Aufgaben zuwendest, solltest du das Textmaterial sorgfältig erschlossen haben (vgl. dazu B 3, S. 19). Das heißt, du hast:
   - unbekannte Begriffe geklärt,
   - Schlüsselwörter markiert,
   - Zwischenüberschriften formuliert.

   Zu deiner Orientierung sind die vorgegebenen Texte schon in Sinnabschnitte gegliedert.

2. Lies jede Aufgabe gründlich:
   - Markiere darin die Schlüsselwörter, die dir Hinweise darauf geben, was du tun sollst.
   - Achte darauf, ob in der Aufgabenstellung der Singular oder der Plural verwendet wird, z. B. *Kreuze die richtige/n Antwort/en an.* So weißt du, ob du eine oder mehrere Antworten ankreuzen musst.
   - Zudem enthalten die Aufgaben Hinweise auf den Abschnitt, den Satz oder die Zeile/n, die du besonders in den Blick nehmen musst. Dieser Hinweis erleichtert dir das Finden der richtigen Lösung.

TIPP zu ❶/❷/❹/❺/❻/❽/❾/❿/⓫: Richtige Aussagen ankreuzen

1. Suche zu jeder Aussage die passende Stelle im Text und unterstreiche sie. Oftmals wird dir der betreffende Absatz, in dem du nachlesen musst, schon vorgegeben.
2. Oft musst du Satzanfänge durch Ankreuzen vervollständigen. Erschließe auch diese.
3. Überprüfe genau, ob die Textstelle mit der Aussage in der Aufgabe übereinstimmt bzw. worin sie sich unterscheiden. Achte dazu auf die Wortwahl und überprüfe Zahlen, Namen und Fakten.
4. Bei Aufzählungen kann auch nur ein Wort nicht richtig sein. Überprüfe daher immer alle aufgezählten Wörter oder Wortgruppen.

1 Kreuze die richtige Antwort an.

Mira Modi verdient Geld mit dem Verkauf von Passwörtern (Abschnitt 1), weil ...

a)	sichere Passwörter teuer sind.	
b)	die Anwendung leicht ist.	X
c)	die Leute gerne würfeln.	
d)	die Kunden bequem sind.	

2 Kreuze die richtige Antwort an.

In erster Linie gilt ein Passwort als sicher (Abschnitt 3) durch die ...

a)	Anzahl der Zeichen.	
b)	Anordnung von Zahlen.	
c)	Kombination von Buchstaben.	X
d)	Vielfalt der Wörter.	

TIPP zu ❸

1. Lies noch einmal den angegebenen Absatz und markiere die dort genannten Schritte. Vergegenwärtige dir ggf. die Worterklärung unter dem Text (hier: ¹*Diceware-Methode*).
2. Kennzeichne die Reihenfolge mit Ziffern: 1–3.
3. Vergleiche dann diese Schritte mit den Stichworten in der Aufgabenstellung.
4. Nummeriere danach die Stichworte in der Tabelle.

3 Bringe das Vorgehen bei der Diceware-Methode in die richtige Reihenfolge (Abschnitt 4).

	Vorgehen bei der Diceware-Methode	Reihenfolge: 1, 2, 3
a)	aus einer Liste ein Wort suchen	2
b)	eine Zahl mit fünf Stellen würfeln	1
c)	das gefundene Wort aufschreiben	3

4 Kreuze die richtige Antwort an.

Die Passwort-Kette von Mira Modi (Abschnitt 4) besteht aus ...

a)	einer Reihe von Zahlen.	
b)	der Auflistung von Zeichen.	X
c)	einer Folge von Wörtern.	
d)	der Idee für eine Geschichte.	

Quelle (Aufgaben): Qualitäts- und UnterstützungsAgentur – Landesinstitut für Schule, Soest 2017

5 Kreuze die richtige Antwort an.

Die Diceware-Methode ist sicher (Abschnitt 4) durch die …

a)	Ansammlung von Zahlen und Wörtern.	
b)	Anzahl von Wörtern in einer Liste.	X
c)	große Menge an gewürfelten Zahlen.	
d)	Zuordnung von Zahlen zu Wörtern.	

6 Kreuze die richtige Antwort an.

Viele Internet-Benutzer kaufen bei Mira Modi ein Passwort (Abschnitt 5), weil sie …

a)	keine eigenen Ideen haben.	
b)	nicht denken können.	X
c)	keine Würfel haben.	
d)	Zeit sparen möchten.	

TIPP zu ❼: Begriffe/Textaussagen erklären

1. „Erklären" heißt, Textaussagen auf der Basis von Kenntnissen darstellen. Hier verdeutlichst du, dass du den Textzusammenhang verstanden hast.
2. Suche die angegebene Textstelle und markiere sie. Zumeist wird dir diese schon vorgegeben.
3. Lies auch noch einmal die Textaussagen, die vor und hinter der angegebenen Textstelle stehen. Darin findest du häufig bereits Erklärungen oder Beispiele.
4. Formuliere deine Erläuterung mit eigenen Worten und in ganzen Sätzen. Du kannst auch die Aufgabenstellung paraphrasieren, z. B. bei Aufgabe ❼: *Mira Modi kam dazu, Diceware-Passwörter zu erstellen und zu verkaufen, indem sie …*

7 Erkläre, wie Mira Modi dazu kam, Diceware-Passwörter zu erstellen und zu verkaufen (Abschnitt 5).

_____
_____
_____

8 Kreuze die richtige Antwort an.

Damit sie mit ihrer Idee Geld verdienen kann (Abschnitt 5), verkauft Modi ihre Passwörter …

a)	bei einer Veranstaltung.	
b)	durch einen Internetauftritt.	X
c)	in einer Fachzeitschrift.	
d)	durch einen Bucheintrag.	

9 Kreuze die richtige Antwort an.

Die Kunden erhalten das Passwort (Abschnitt 6) …

a)	ausgedruckt.	
b)	eingescannt.	x
c)	aufgeschrieben.	
d)	ausgehändigt.	

10 Kreuze die richtige Antwort an.

Um das Passwort noch mehr zu schützen (Abschnitt 6), empfiehlt Mira Modi Kunden, das Passwort zu …

a)	verschlüsseln.	x
b)	vernichten.	
c)	verändern.	
d)	verzieren.	

11 Kreuze die richtige Antwort an.

In dem Text wird deutlich, dass die Diceware-Methode …

a)	eine Idee von Mira Modi ist.	
b)	nicht besonders aufwändig ist.	
c)	für Hacker sehr attraktiv ist.	y
d)	absolut sicher ist.	

TIPP zu ⑫: Zu einer Aussage Stellung nehmen

1. „Stellung nehmen" heißt, eine Aussage oder Meinung kritisch prüfen und danach eine eigene begründete Einschätzung formulieren.
2. Bestimme deinen Standpunkt zu der Aussage: *Ich stimme zu/nicht zu.*
3. Überfliege den Text noch einmal und markiere Textaussagen, die deine Auffassung unterstützen oder/und auf die du dich in deiner Stellungnahme beziehen willst.
4. Formuliere deinen Text:
    a) Greife zu Beginn die Aussage, zu der du Stellung nehmen willst, noch einmal auf und erläutere sie, wenn nötig: *Ein Schüler sagt nach dem Lesen des Textes, das sei doch Abzocke. Damit meint er, dass …*
    b) Nenne deinen Standpunkt und begründe ihn stichhaltig. Beziehe dich bei deiner Begründung auch auf die markierten Textaussagen: *Ich kann der Aussage zustimmen/nur bedingt/nicht zustimmen, denn auch im Text wird deutlich, dass …/Daraus kann man ableiten, …/Hinzu kommt noch, …*

12 Nach dem Lesen des Textes sagt ein Schüler: *„Das ist doch Abzocke!"*
Schreibe eine kurze Stellungnahme zu dieser Aussage. Du kannst der Auffassung zustimmen oder nicht. Wichtig ist, dass du deine Meinung begründest. Beziehe dich dabei auf den Text.

F 2 Leseverstehen: Warum ich im Supermarkt auch ohne Payback-Karte ausgeforscht werde (selbstständiges Üben)

Teil I

Lies zunächst den Text sorgfältig durch und bearbeite anschließend die Fragen ❶ – ⓬.

Warum ich im Supermarkt auch ohne Payback-Karte ausgeforscht werde *Bernd Kramer*

(1) „Haben Sie eine Payback-Karte[1]?", fragt die Kassiererin. Es ist einer der wenigen Momente, in denen ich mich wie ein Mensch fühle, der den Datenschutz ernst nimmt. Wie ein Kunde, der sich bewusst verhüllt, statt sich gläsern[2] zu machen. „Nein", sage ich mit voller Überzeugung. „Natürlich nicht." Ich weiß ja, was der Handel mit Rabattkarten bezweckt: Er will mich ausforschen.

(2) Die amerikanische Supermarktkette Target fand mithilfe solcher Kundenkartendaten zum Beispiel heraus, wie man schon ziemlich früh schwangere Frauen identifiziert: Ab einem gewissen Zeitpunkt neigen sie unter anderem dazu, parfümfreie Körperpflegeprodukte zu kaufen. Je früher die Händler werdende Mütter erkennen, desto gezielter können sie sie umwerben. Das führte bereits zu kuriosen[3] Situationen: Eines Tages kam ein Vater empört in den Laden, weil die Supermarktkette seiner Tochter Gutscheine für Babykleidung geschickt hatte. Sie gehe doch noch zur Schule, schimpfte der Vater. Target wusste bereits von der Schwangerschaft, bevor die junge Frau es ihrer Familie sagte.

(3) Auch die Deutschen helfen dem Handel sehr bereitwillig beim Datensammeln. Payback, der größte Rabattkartenanbieter, hat nach eigenen Angaben hierzulande 30 Millionen aktive Nutzerinnen und Nutzer. Aber sind die anderen, die sich nicht von ein paar Prämien locken lassen, wirklich so gut getarnt?

(4) Die Händler mit Ladenlokal lassen sich inzwischen einiges einfallen, um ihre Kunden so zu durchleuchten wie die Konkurrenten im Internet. Die Supermarktkette Real erfasste zum Beispiel eine Zeit lang die Gesichter der Kunden an der Kasse, wenn sie auf Werbebildschirme schauten. So lässt sich personalisierte Werbung ausspielen – wie im Internet. Erst nach öffentlichem Protest wurde das Projekt eingestellt, in einigen Filialen der Deutschen Post ist es weiterhin aktiv.

(5) Eine besonders verbreitete Methode macht sich zunutze, dass viele Menschen die WLAN-Funktion ihres Handys nicht ausschalten, wenn sie den Laden betreten. Ein Smartphone sucht in der Regel automatisch nach Netzen in der Nähe und schickt dem WLAN-Sender dabei eine persönliche Identifikationsnummer des Gerätes, die sogenannte MAC-Adresse. Aus der Signalstärke können die WLAN-Sender in den Läden wiederum ermitteln, wo der Kunde sich gerade befindet: Bleibt er besonders lange an der Wursttheke stehen? Traut er sich nur dann an das Regal mit den Kondomen, wenn gerade keine anderen Kunden in der Nähe sind? Oder greift er ganz schambefreit[4] zu? Und wie oft kommt er überhaupt in den Laden? Jeden Tag? Oder nur einmal in der Woche zum Großeinkauf?

(6) Das EHI Retail Institute aus Köln, eine Forschungseinrichtung des Handels, hat kürzlich 44 Handelsketten befragt. Zehn gaben dabei an, die Laufwege der Kunden bereits zu erfassen, 16 planen es für die Zukunft. Das Bayerische Landesamt für Datenschutzaufsicht befürchtet, dass Funksignale des Handys auch mit anderen Informationen verknüpft werden können, etwa mit Angaben zur EC-Kartenzahlung. Dann wüssten die Händler ziemlich schnell, welches Bewegungsprofil zu welchem Menschen gehört, und statt einer MAC-Adresse, die zweimal in der Woche abends zwischen den Regalen herumirrt, sähen sie dann plötzlich: mich. Auch ganz ohne Payback-Karte.

(7) Bei meinem nächsten Ladenbesuch achte ich darauf, welche WLAN-Netze mein Handy in der Nähe findet. Auch mein Supermarkt taucht in der Liste auf. Am Abend schleppe ich meine Einkäufe nach Hause und schalte zur Erholung Netflix[5] ein. Der Streamingdienst kennt meine Vorlieben schon sehr genau – und schlägt mir „Black Mirror" vor, eine Serie, die oft von den Überwachungsmöglichkeiten der nahen Zukunft erzählt. Ich nehme mir vor: Von nun an stelle ich das Smartphone öfter aus, sobald ich aus dem Haus gehe.

Bernd Kramer: Mich für nichts. Teil 4. In: fluter – Magazin der Bundeszentrale für politische Bildung. Was gibst du preis? Thema Daten. Herbst 2018/Nr. 68, Seite 14.

[1] die Payback-Karte: eine Kundenkarte, mit der man Rabattpunkte sammeln kann
[2] sich gläsern machen: ein von Daten überwachter Mensch
[3] kurios: merkwürdig, ungewöhnlich
[4] schambefreit: sich nicht für etwas schämen
[5] Streamingdienst „Netflix": Internetanbieter, über den man Filme und Serien schauen kann

Aufgaben 1 – 12

1 Kreuze die richtige Antwort an.
Der Autor fühlt sich ohne Payback-Karte als jemand, der (Abschnitt 1) …

a)	keine Rabatte erhält.	
b)	keine Daten hinterlassen möchte.	X
c)	die Kassiererin enttäuscht.	
d)	von der Kassiererin nicht verstanden wird.	

2 Kreuze die richtige Antwort an.
Der Handel will mit Rabattkarten (Abschnitt 2) …

a)	die Kunden zum Sparen anhalten.	
b)	schwangere Kunden bevorzugen.	
c)	viele Kundendaten sammeln.	X
d)	die Kunden über Rabatte informieren.	

3 Kreuze die richtigen Antworten an.
Der Handel kann viele Kundendaten sammeln, weil die Deutschen (Abschnitt 3) …

a)	sich entgegenkommend verhalten.	
b)	sich uninformiert verhalten.	
c)	sich unkritisch verhalten.	X
d)	sich gleichgültig verhalten.	

4 Kreuze die richtige Antwort an.
Händler mit einem Ladenlokal orientieren sich an der Konkurrenz (Abschnitt 4) …

a)	in Supermarktketten.	
b)	der Deutschen Post.	
c)	im Internet.	
d)	anderer Ladenlokale.	X

5 Erläutere, was mit der Aussage „So lässt sich personalisierte Werbung ausspielen …" (Z. 25/26) gemeint ist.

Das sie wissen was du magst und dich interessiert und sie dir dann die Werbung dazu schicken.

6 Kreuze die richtige Antwort an.
Der Aufenthaltsort vieler Menschen kann bestimmt werden, weil (Abschnitt 5) …

a)	die WLAN-Funktion des Handys aktiviert ist.	X
b)	die WLAN-Funktion summt.	
c)	die WLAN-Funktion aufleuchtet.	
d)	die WLAN-Funktion ausgeschaltet ist.	

7 Kreuze die richtige Antwort an.
„Aus der Signalstärke können die WLAN-Sender in den Läden wiederum ermitteln, …" (Z.33/34)

a)	an welcher Stelle im Laden sich Kunden aufhalten.	X
b)	an welcher Stelle im Laden Kunden ihre Smartphones lauter stellen.	
c)	an welcher Stelle im Laden Kunden sich nach Rabatten erkundigen.	
d)	an welcher Stelle im Laden Kunden den Einkaufskorb abstellen.	

8 Stelle dar, wie durch die WLAN-Funktion des Smartphones der Ort des Benutzers festgestellt werden kann (Abschnitt 5).

Indem man abruft wo er grade ist.

9 Kreuze die richtige Antwort an.
Das Bewegungsprofil von Kunden wird erfasst durch (Abschnitt 6) …

a)	eine Umfrage einer Forschungseinrichtung.	
b)	eine Befragung der Handelsketten.	
c)	das Bayerische Landesamt für Datenschutzaufsicht.	
d)	die Erfassung der Laufwege.	X

10 Kreuze die richtige Antwort an.
Nach Aussage des Autors werden seine Interessen auch erkannt von (Abschnitt 7) …

a)	seinem Smartphone.	
b)	seinem Fernseher.	
c)	seinem Wochenmarkt.	
d)	seinem Streamingdienst.	X

11 Kreuze die richtige Antwort an.
Der Autor nimmt sich vor, von nun an (Abschnitt 7) …

a)	sein Smartphone immer auszustellen.	X
b)	sein Smartphone nie auszustellen.	
c)	sein Smartphone zu Hause zu lassen.	
d)	sein Smartphone wiederholt auszustellen.	

12 Nach dem Lesen des Textes sagt ein Schüler:
„Die WLAN-Funktion meines Handys ist mir zu wichtig, um sie abzuschalten. Von mir aus können meine Daten ruhig gesammelt werden."

Schreibe eine kurze Stellungnahme zu dieser Aussage. Du kannst der Auffassung zustimmen oder nicht. Wichtig ist, dass du deine Meinung begründest. Beziehe dich dabei auf den Text.

F 3 Aufgabentyp 4b: Dialekte (angeleitetes Üben) 🕒

Teil II

- Lies bitte zunächst die Aufgabe und dann die Materialien aufmerksam durch, bevor du mit dem Schreiben beginnst.
- Schreibe einen zusammenhängenden Text.

Untersuche die Materialien M1, M2 und M3.
Gehe dabei so vor:

- **Stelle** die Materialien kurz **vor** und **benenne** das gemeinsame Thema von M1, M2 und M3.
- **Fasse** die Informationen aus M1 **zusammen**.
- **Stelle** die Aussagen aus M2 mit eigenen Worten **dar**.
- **Gib** die Informationen aus M3 **wieder**. **Vergleiche** die beiden Positionen im Hinblick darauf, ob Dialekt sprechende Jugendliche im Alltag wirklich benachteiligt sind. **Belege** deine Ausführungen am Text.
- **Setze dich** kritisch mit der folgenden Aussage einer Schülerin **auseinander**:
  „Wenn ich in einem Unternehmen, das überregional tätig ist, ein Vorstellungsgespräch in einem Dialekt führen würde, würden die mich doch gar nicht einstellen."
  – **Nimm Stellung** zu der Aussage.
  – **Begründe** deine Meinung.
  – Beziehe dich dabei auch auf die Materialien M1 bis M3.

M1 Immer mehr Menschen wollen ihren Dialekt loswerden (2018)

Kurse zum Dialekt-Abgewöhnen sind im Kommen. Einer davon findet im Allgäu statt. Warum Mundart-Sprecher daran teilnehmen und welche Tücken das Süddeutsche hat.

Auf dem Spitzenplatz der unbeliebtesten Dialekte landet regelmäßig das Sächsische, das haben in der Vergangenheit mehrfach Umfragen ergeben. Das Bayerische und der norddeutsche Zungenschlag rangieren hingegen auf der Hitliste der sympathischsten Dialekte meist weit oben.
Auch das Allgäuerische sei sehr beliebt, sagt Ariane Willikonsky – und trotzdem bringt sie in Bolsterlang bei Oberstdorf Einheimischen Hochdeutsch bei. Denn: Beliebtheit hin oder her, viele Menschen würden statt ihres Dialektes lieber Hochdeutsch sprechen. „Viele verbinden mit Allgäuerisch Urlaub", sagt die Sprachtrainerin. Aber: „Im Beruf kann die Wirkung ganz anders sein." Denn je hochdeutscher jemand spreche, desto mehr Kompetenz werde ihm zugetraut [...] Auch wenn sie [die Süddeutschen] Englisch oder Französisch sprechen, höre man den Dialekt durch und damit ein ländliches Image. „Eigentlich bräuchte man keine Hochdeutsch-Kurse", sagt sie. „Aber immer mehr Menschen sind beruflich überregional tätig und wollen verstanden werden. Es ist erleichternd, wenn sie sich im Gespräch oder Vortrag nicht auf die Sprache konzentrieren müssen." [...]
Die meisten Menschen haben heute nur noch eine dialektale Färbung[1]. Vor allem in Städten sprechen die Kinder Hochdeutsch. Über ein mögliches Schulfach „Mundart" wird daher immer wieder diskutiert. Wissenschaftlicher Konsens[2] ist dabei, dass Dialektkinder, die auch Hochdeutsch beherr-

schen, sprachlich vergleichbar sind mit mehrsprachig aufwachsenden Kindern.

Ein weiterer Vorteil: In der Mundart gibt es auch einen größeren Wortschatz. Längst existieren spezielle Unterrichtsmaterialien für die Dialektförderung, doch nach Angaben des Bayerischen Lehrer- und Lehrerinnenverbandes ist es noch ein weiter Weg: Dialekt genieße zwar eine breite Akzeptanz, werde jedoch an nur wenigen Schulen aktiv gefördert.

Obwohl die Akzeptanz für die Mundart vielerorts also da ist – nicht zuletzt weil sie sympathisch wirkt –, gibt es zahlreiche Einrichtungen, die das Hochdeutsche forcieren wollen. Und so ist die Allgäuer Sprachschule beileibe kein Unikum[3]. In vielen Städten gibt es Kurse, bei denen sich Schwaben, Württemberger oder Rheinländer ihren Dialekt abtrainieren können.

Ein Düsseldorfer Sprachinstitut etwa bietet ebenfalls unter dem Motto „So werden Sie Ihren Dialekt los und sprechen akzentfrei" Seminare an. Die Rheinländer betonen: „Dabei geht es nicht darum, die eigene Herkunft und Heimat zu verleugnen. Regionale sprachliche Besonderheiten sind schützenswert und tragen zur Sprachvielfalt bei." Im Job sei es aber von Vorteil „dialektfreies Hochdeutsch tadellos zu beherrschen". Doch der Weg dahin ist nicht leicht: „Einen unliebsamen und hinderlichen Dialekt loszuwerden und akzentfrei zu sprechen ist nicht so einfach, wie es sich anhört."

© dpa; nach: Augsburger Allgemeine: https://www.augsburger-allgemeine.de/bayern/Immer-mehr-Menschen-wollen-ihren-Dialekt-loswerden-id51009126.html, 02.05.2018, abgerufen am 26.01.2019

[1] dialektale Färbung: d. h. man hört aufgrund der Laute und bestimmter Worte den Dialekt heraus
[2] wissenschaftlicher Konsens: die Übereinstimmung der Wissenschaftler
[3] Unikum: Einzelerscheinung

M2 Sind Dialekt sprechende Schüler im Alltag benachteiligt?

(Abgegebene Stimmen: 296)

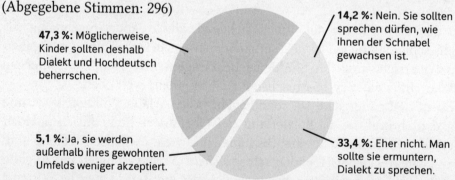

47,3 %: Möglicherweise, Kinder sollten deshalb Dialekt und Hochdeutsch beherrschen.

14,2 %: Nein. Sie sollten sprechen dürfen, wie ihnen der Schnabel gewachsen ist.

5,1 %: Ja, sie werden außerhalb ihres gewohnten Umfelds weniger akzeptiert.

33,4 %: Eher nicht. Man sollte sie ermuntern, Dialekt zu sprechen.

https://www.bllv.de/Dialekt-Umfrage-Ergebnis.9930.0.html, Umfrage des Bayerischen Lehrer- und Lehrerinnenverbandes, Stand: 24.9.2018, Copyright: Bayerischer Lehrer- und Lehrerinnenverband (BLLV), München

M3 „Dialekt fördert Intelligenz" *Julia Vogelmann in Südwest Presse (Ulm, 2016)*

Regionale Sprachfärbungen und das Hochdeutsche müssen nicht in Konkurrenz stehen. Wer seinen örtlichen Dialekt gut beherrscht, hat mit der Schriftsprache weniger Probleme.

In den 70er-Jahren war man sich einig, dass Dialekt eine Sprach- und Bildungsbarriere[1] darstellt. Mundart[2] wurde gleichgesetzt mit schlechtem Bildungsstand. Heute weiß man, dass dies ein Irrtum ist [...] Was man heute sicher weiß: Wer in der Lage ist, zwischen Dialekt und Hochsprache hin- und herzuwechseln, wer die Übersetzungsleistung bringen kann, die dazu erforderlich ist, der zeigt schon einmal ein erhebliches Maß an Intelligenz. Dialekt, betrachtet man ihn von der Warte des Nicht-Verstehens aus, ist kein defizitäres[3] Sprachsystem, sondern eine natürlich gewachsene Fremdsprache, mit eigener Struktur, Grammatik und einem Wortschatz, der weit facettenreicher[4] ist, als der der Hochsprache. Aus diesem Blickwinkel betrachtet ist für viele Kinder vor allem im ländlichen Raum Dialekt die Erst- oder wenn man so will Muttersprache, die die Sprachbegabung eher fördert, anstatt wie früher angenommen, zu bremsen.

Auch deshalb hat Dialekt nicht nur ein immer besseres Image, mit dem man sich mitunter sogar gerne schmückt, sondern auch einen festen Platz im Lehrplan der Schulen. [...] „Es kommt darauf an, dass die Schüler zwischen den verschiedenen Varianten und Stilebenen unterscheiden und sich angemessen in der jeweiligen Situation ausdrücken können", formuliert Koch [Schulleiter in Crailsheim] das Lernziel. Dass Kinder, die den Dialekt schon in die Wiege gelegt bekommen haben, einen sprachlichen Vorteil haben, davon ist Koch überzeugt. „Schüler, die ausschließlich mit Hochdeutsch aufwachsen, haben teilweise größere Schwierigkeiten, die mündliche Sprache in die schriftliche Form zu bringen", sagt er und zitiert eine Studie der Universität Oldenburg, die über Jahre hinweg Aufsätze von Dritt- und Sechstklässlern untersuchte und zu dem Ergebnis kam, dass Mundart sprechende Kinder 30 Prozent weniger Rechtschreibfehler machten.

Auch was den Wortschatz angeht, profitieren Kinder vom Dialekt, denn der ist im Ausdruck oft facettenreicher[4] und nuancierter und bietet somit mehr Ausdrucksmöglichkeiten als die Hochsprache. Jetzt aber herzugehen und zu sagen „dann sprechen wir nur noch Dialekt" wäre verkehrt, denn Kinder profitieren tatsächlich nur davon, wenn die innere Mehrsprachigkeit gefördert wird. [...]

Neben all den sprachlichen Vorteilen, die der Dialekt Kindern bieten kann, gibt es auch soziale Aspekte, die dafür sprechen, dass Dialekt einen festen Platz im alltäglichen Sprachgebrauch hat. Dialekt ist identitätsstiftend, durch ihn fühlt man sich zugehörig, hat eine Möglichkeit, seine Heimatverbundenheit zu zeigen. Außerdem fördert er den persönlichen Ausdruck und bringt soziokommunikative[5] Vorteile – sprich: Wer schwätzt, wie ihm der Schnabel gewachsen ist, findet unter „Gleichsprachlichen" schneller Freunde. Zwar werden die lokalen Unterschiede der Dialekte immer weniger, da richtiger Dialekt häufig nur noch von der älteren Generation gesprochen wird, dennoch kann festgestellt werden: Dialekt stirbt nicht. [...] Die Allgemeinheit, auch die Hochdeutsch sprechende, profitiert vom Dialekt, weil er aktiv der Verarmung der deutschen Sprache entgegensteuert [...].

Julia Vogelmann: Dialekt fördert Intelligenz. Leicht gekürzt, zitiert nach: https://www.swp.de/suedwesten/staedte/crailsheim/dialekt-foedert-intelligenz-23177227.html – abgerufen am 03.07.2018

[1] Sprach- und Bildungsbarriere: Hindernis in Verständigung und Bildung
[2] die Mundart: regional auftretender Dialekt
[3] defizitär: durch Mängel gekennzeichnet
[4] facettenreich: vielfältig
[5] soziokommunikativ: einfache Verständigung in der Gesellschaft

Lösungshilfen zu Aufgabe 1 a)

1. Bearbeite M1, M2 und M3, indem du den ersten und zweiten Arbeitsschritt durchführst (siehe C 3.5, S. 60). Nutze die Ergebnisse dieser Vorarbeit, um die Teilaufgabe 1 a zu bearbeiten.

2. a) Lege dir einen Schreibplan an und ergänze ihn. Orientiere dich dabei am dritten Schritt (s. C 3.5, S. 63). Du kannst auch die Vorlage aus C 3.4 verwenden (S. 59).
   b) Ergänze deine Ergebnisse zu Aufgabe 1 a im Schreibplan. Beginne so:

> **TIPP zu 1. und 2.**
> 1. In der ersten Teilaufgabe wirst du dazu aufgefordert, die vorliegenden Materialien kurz vorzustellen (TATTE-Satz) und das gemeinsame Thema zu benennen. Stelle das Thema bei der Vorstellung der Einzelmaterialien nur sehr kurz dar und leite daraus übergreifend das gemeinsame Thema ab.
> 2. Wenn du dir den Schreibplan anlegst, plane in der ersten Zeile mehr Platz ein, damit du die Angaben (TATTE-Satz) zur Vorstellung geordnet eintragen kannst.

Vorliegende Materialien:

– M1: Sachtext „Immer mehr Menschen wollen ihren Dialekt loswerden", Zeitung Augsburger Allgemeine, 02.05.2018; Thema: Hindernisse für Dialektsprecher im Alltag

– M2: Kreisdiagramm ...; Quelle: BLLV = Bayerischer Lehrer- und Lehrerinnenverband, o. J.

– M3: ...

Gemeinsames Thema:

Vor- und Nachteile, die sich im Alltag für Dialektsprecher ergeben; unterschiedliche Gründe werden ...

Lösungshilfen zu Aufgabe 1 b) und 1 c)

3. In diesen Teilaufgaben sollst du die wesentlichen Informationen aus den Materialien M1 und M2 zusammenfassen. Trage diese stichwortartig in die zweite und dritte Zeile deines Schreibplans ein.

> **TIPP zu 3.**
> 1. In der zweiten und dritten Teilaufgabe sollst du die Informationen aus zwei Materialien (M1 und M2) zusammenfassen.
> 2. Nutze deine Stichworte, die du bei der Texterschließung des Sachtextes und der Infografik notiert hast (vgl. zweiter Schritt).
> 3. Formuliere in eigenen Worten Fakten, Zahlen und Namen kannst du aber übernehmen.
> 4. Schreibe im Präsens und verwende die indirekte Rede (Konjunktiv), denn du gibst die Aussagen der Autoren wieder.

M1: – im Sachtext wird dargestellt, dass sich Mundart-Sprecher ihren Dialekt häufig abgewöhnen wollen

– Dialekte sind unbeliebt, weil Menschen beim Hören Sympathie und Antipathie zuordnen ...

M2: – Kreisdiagramm bildet die Ergebnisse einer Erhebung zu der Frage „Sind Dialekt sprechende Schüler im Alltag benachteiligt?"

– Umfrage wurde vom Bayerischen Lehrer- und Lehrerinnenverband durchgeführt (BLLV)

– dadurch ergibt sich ein sehr geteiltes Bild hinsichtlich der Meinung der Befragten ...

Lösungshilfen zu Aufgabe 1 d)

4. Gib als Nächstes die Aussagen aus Material M3 wieder.
   Schreibe deine Stichworte aus der Erschließung in die vierte Spalte deines Schreibplans:

   Zusammenfassung Sachtext (M3):
   – Darstellung der Vorteile für Dialektsprecher
   – Dialekt und Hochdeutsch müssen nicht in Konkurrenz zueinander stehen
   – vor etwa 50 Jahren sei Dialekt noch als Hindernis betrachtet worden, heute dagegen weiß man, dass Menschen, die ohne Probleme zwischen Dialekt und Hochsprache wechseln können, intelligenter sind
   – Dialekt müsse man wie eine Fremdsprache einstufen, mit eigener Struktur und Grammatik und eigenem Wortschatz ...

> **TIPP zu 4. und 5.**
>
> 1. Die vierte Teilaufgabe ist komplexer, denn sie enthält zwei verschiedene Operatoren und bezieht sich zudem auf drei verschiedene Materialien (M1, M2 und M3):
>   - Gib ... wieder ...
>   - Vergleiche ...
>
>   Hier gibst du zunächst die Vorteile, die sich für Dialektsprecher ergeben, wieder und vergleichst dann die Materialien miteinander. Zusätzlich sollst du bezüglich des genannten Schwerpunktes Schlussfolgerungen ziehen. Diese musst du am Text belegen.
> 2. Es ist sinnvoll, die beiden Teile der Aufgabe nacheinander zu bearbeiten, um nicht den Überblick zu verlieren. So stellst du die drei gegebenen Materialien inhaltlich gegenüber und kannst zum Schluss den Vergleich formulieren.
> 3. Lass nach jedem Teil einen Absatz. Somit ist dein Text besser lesbar und du gehst sicher, dass du alle Teilaufgaben bearbeitet hast.

5. Setze nach der Darstellung der Aussagen die Materialien zueinander in Beziehung, d. h. du vergleichst die Positionen miteinander. Beginne mit dem Schwerpunkt (= Vergleichsaspekt) der Aufgabenstellung. Notiere deine Ergebnisse nach einem Absatz ebenfalls in der vierten Spalte deines Schreibplans und ergänze die Belege, die du in den Texten markiert hast.

   Zusammenfassung Sachtext (M3):
   – vergleicht man die beiden in M1, M2 und M3 dargestellten Positionen bezüglich der Vor- und Nachteile für Dialektsprecher im Alltag, so ist festzustellen, dass insgesamt die Vorteile überwiegen
   – es ist deutlich von Vorteil, wenn Jugendliche mehrere Sprachen beherrschen
   – so spricht auch Vogelmann von „innere[r] Mehrsprachigkeit" (M3, Z. 34); sie benennt konkret, dass Dialekt in der Schule sprachliche Vorteile mit sich bringt: „erhebliches Maß an Intelligenz" (M3, Z. 9), Förderung der Sprachbegabung (M3, Z. 15) ...
   Fazit:
   Zusammenfassend ergibt sich aus dem Vergleich, dass Jugendliche im Alltag aufgrund ihres Dialekts nicht wirklich benachteiligt sind, wenn sie problemlos ...

Lösungshilfen zu Aufgabe 1 e)

6. a) Lies die letzte Teilaufgabe, in der du Stellung zu einer Aussage nehmen sollst.
   b) Kannst diese Aussage teilen? Formuliere deinen Standpunkt dazu.
   c) Suche in den Materialien nach Aussagen, die deine Position stützen, und notiere diese in der letzten Zeile des Schreibplans.

> **TIPP zu 6.**
>
> In der letzten Aufgabe musst du zu einem Zitat aus dem Text oder zu einer Aussage zum Text Stellung nehmen. Gehe dazu so vor:
> 1. Gib die Aussage, zu der du Stellung nehmen sollst, wieder. Erläutere sie oder beziehe dich auf die schon erarbeitete Darstellung.
> 2. Stelle deine eigene Position dazu dar und begründe, warum du ebenfalls dieser Meinung bist oder warum du die Meinung nicht teilen kannst.
> 3. Beziehe dich in deiner Argumentation auf den Text. Ziehe dazu Textbelege heran.

<u>Eine Schülerin meint, dass sie, wenn sie in einem überregional tätigen Unternehmen ein Vorstellungsgespräch in einem Dialekt führen würde, nicht eingestellt werden würde. Damit sagt sie aus, dass Dialektsprecher im Beruf deutlich mit Nachteilen zu rechnen hätten ...</u>

<u>Ich teile diesen Standpunkt / nur bedingt / nicht, denn ...</u>

<u>– jeder muss persönlich abwägen, ob ..., da ...</u>

Lösungshilfen zum Schreiben

7. Formuliere deinen Text nach dem Schreibplan. Hier sind einige Formulierungshilfen, die du verwenden kannst.

   ❶ a) Insgesamt liegen mir drei verschiedene Materialien zum Vergleich vor. Der Sachtext „Immer mehr Menschen wollen ihren Dialekt loswerden" (M 1) stammt aus der Zeitung Augsburger Allgemeine vom .... Hier werden die Hindernisse für Dialektsprecher ...

   ❶ b) In der Reportage „Immer mehr Menschen wollen ihren Dialekt loswerden" (M1 aus dem Jahre 2018 wird dargestellt, dass Mundart-Sprecher sich ihren Dialekt häufig abgewöhnen wollen. Einerseits seien Dialekte häufig unbeliebt, weil Menschen beim Hören ...

   ❶ c) Das Kreisdiagramm (M 2) aus dem Jahr 2018 bildet die Ergebnisse einer Erhebung zu der Frage ...

   ❶ d) Im Sachtext „Dialekt fördert Intelligenz", der 2016 von Julia Vogelmann (M 3) verfasst wurde, werden dagegen eher Vorteile für Dialektsprecher dargestellt. Sie gibt an, dass ...
   Vergleicht man die beiden in M 1, M 2 und M 3 dargestellten Positionen bezüglich der Vor- und Nachteile für Dialektsprecher im Alltag, so ist festzustellen, dass ...

   ❶ e) Eine Schülerin meint, dass sie, wenn sie in einem überregional tätigen Unternehmen ein Vorstellungsgespräch in einem Dialekt führen würde, nicht eingestellt werden würde ...

8. Überarbeite deinen Text mithilfe der CHECKLISTE auf Seite 66.

F 4 Original-Prüfung 2019: Aufgabentyp 4b: Tastatur oder Stift? (selbstständiges Üben)

Teil II

- Lies bitte zunächst die Aufgabe und dann die Materialien aufmerksam durch, bevor du mit dem Schreiben beginnst.
- Schreibe einen zusammenhängenden Text.

Aufgabe:*
Untersuche die Materialien M1, M2 und M3.

Gehe dabei so vor:
- **Benenne** das gemeinsame Thema von M1, M2 und M3.
- **Fasse** die Informationen aus M1a und M1b **zusammen**.
- **Stelle** die Aussagen aus M2 und M3 mit eigenen Worten **dar**. **Vergleiche** die beiden Positionen im Hinblick auf die Frage, welche Möglichkeiten und Grenzen das Schreiben mit der Hand und das Schreiben mit der Tastatur jeweils haben. **Belege** deine Ausführungen am Text.
- **Setze dich** kritisch mit der folgenden Aussage einer Mitschülerin **auseinander**:
  „Tastatur oder Stift – in der Schule sollte man sich aussuchen können, womit man schreibt."
  - **Nimm Stellung** zu der Aussage.
  - **Begründe** deine Meinung.
  - Beziehe dich dabei auch auf die Materialien M1 bis M3.

M1a Wir verlernen das Schreiben mit der Hand *Lara Malberger*

Die Handschrift ist eine der größten kulturellen Errungenschaften der Menschheit: Dank ihr konnten Menschen ihr Wissen bewahren. Schrift ermöglichte es, komplexe Gedanken und Ideen unabhängig von Zeit und Raum an andere Menschen weiterzugeben. [...] Aber während derartige Gedanken früher auf Steintafeln und später auf Papier notiert wurden, löst sich die Schrift heute immer mehr von ihrer physischen[1] Grundlage. Heute schreiben und speichern wir vieles nur noch auf unseren Smartphones und Computern und laden es in die Cloud hoch. Immer seltener greifen wir zum Stift, immer häufiger tippen wir auf Displays und Tastaturen herum. Oft findet sich die Handschrift nur noch in Notizen oder auf Grußkarten.

Quelle: https://www.zeit.de/wissen/2018-04/schreiben-handschrift-digitalisierung-hirnforschung-neurologie/komplettansicht, 14.04.2018 (Zugriff: 20.02.2019, verändert)

[1] physisch: gegenständlich, materiell

M1b Fit am Tablet, mies mit dem Füller

Wer schreibt heute noch mit einem Stift? [...] Über 40 Prozent von 1.400 Bundesbürgern sind der Meinung, dass das flüssige Tippen auf einer Tastatur wichtiger ist, als in der Lage zu sein, flüssig mit Hand zu schreiben. Das ist das Ergebnis einer Umfrage, die der Frage nachging, ob Kinder die Schreibschrift heute noch lernen müssen.

*Quelle (Aufgaben): Qualitäts- und UnterstützungsAgentur – Landesinstitut für Schule, Soest 2019

Finnland will es vormachen. Bald dürfen Lehrer dort der Schreibschrift ade sagen, das Tippen wird dann vermehrt als neue wichtige Kommunikationsform unterrichtet werden. [...]
Seit Jahren existieren zudem europaweit Schulprojekte, die neue Medien in
10 den Schulunterricht einbinden. Whiteboards, Beamer, Laptop- und iPad-Klassen verdrängen zunehmend die Kreidetafel.

Quelle: https://www.focus.de/familie/schule/jetzt-mach-mal-nen-punkt-verlernen-schueler-das-schreiben_id_4629850.html, 22.04.2015 (Zugriff: 20.02.2019, Text gekürzt und geringfügig verändert) Hinweis zur Quelle: Der Text wurde ohne namentliche Nennung eines Verfassers veröffentlicht.

M2 Tastatur schlägt Stift – oder umgekehrt? *Matthias Kohlmaier*

[...] Finnland, europaweites Vorbild, was das Schul- und Bildungswesen angeht, streicht das Lehren der Handschrift teilweise aus dem Lehrplan. Schreibschrift wird dann gar nicht mehr unterrichtet, nur noch eine einfache Druckschrift soll noch vermittelt werden. Die freiwerdende Unter-
5 richtszeit sollen Schüler nutzen, um ihre Fähigkeiten an der Computertastatur zu verbessern.

Mit der Hand zu schreiben, „und vor allem die Buchstaben miteinander zu verbinden, ist für viele Schüler schwer", erklärt Minna Harmanen vom finnischen Bildungsministerium den Schritt. Dass dieser einen kulturellen
10 Bruch darstellt, das sei ihr natürlich bewusst, daher solle es den Schulen auch in Zukunft erlaubt bleiben, Schreibschrift zu lehren, wenn sie das unbedingt wollten. Das Tippen auf der Tastatur sei jedoch mit dem Alltag der Schüler viel einfacher in Verbindung zu bringen als das Handschreiben, sagt Harmanen weiter. Schnelles und fehlerfreies Schreiben auf der Tastatur sei
15 zudem „eine wichtige Kompetenz".

Bei Letzterem wird Harmanen niemand widersprechen können. Auch ist zu erwarten, dass künftige Generationen immer weniger handschriftliche Notizen werden machen müssen – weil es schlichtweg bei all den digitalen Möglichkeiten kaum noch eine Notwendigkeit dafür geben wird. „Es wäre
20 dumm, wenn wir neue technische Hilfsmittel – Gehirnprothesen nenne ich sie – nicht nutzen würden, um uns mehr auf den Inhalt statt auf die Form zu konzentrieren", sagt auch Caroline Liberg, Professorin an der schwedischen Universität Uppsala, gegenüber der *Neuen Osnabrücker Zeitung*.

Quelle: https//www.sueddeutsche.de/bildung/handschrift-in-der-grundschule-tastatur-schlaegt-stift-oder-umgekehrt-1.2296730, 12.01.2015 (Zugriff: 20.02.2019, verändert)

M3 Schreiben mit der Hand ist für das Gehirn wichtig
Christoph Arens

[...] Im Alltag ist die Handschrift immer noch wichtig: Notizen, Einkaufszettel, To-Do-Listen, Familienkalender in der Küche, die Unterschrift im Arbeitsvertrag, die Weihnachtskarte, der Liebesbrief, das Kondolenzschreiben[1] – all das wird mit Hand geschrieben, weil es schneller geht oder ein-
5 fach persönlicher wirkt.

Aber reicht das um diese alte Kulturtechnik zu erhalten? In den USA ist die geschwungene Handschrift schon weithin aus den Schulen verschwunden.

Als 2016 die Meldung durch die Medien geisterte, dass Finnlands Schulen das Schreiben von Hand abschaffen wollten, schien das Totenglöckchen endgültig zu läuten. [...]

Das beunruhigt Bildungsforscher. Marianela Diaz Meyer, Geschäftsführerin eines 2012 gegründeten Instituts für Schreibmotorik[2], ist sich sicher: Es geht beim Handschreiben nicht nur um eine schöne, aber verzichtbare Kulturtechnik – sondern um Bildungschancen. Sie verweist auf Erkenntnisse der Hirnforschung, wonach das Schreiben mit der Hand die Entwicklung des Gehirns fördert. Auch die Bielefelder Graphologin[3] Rosemarie Gosemärker bestätigt: „Die Erinnerungsleistung derer, die mit der Hand schreiben, ist erheblich besser. Das liegt daran, dass das Schreiben das Gehirn ganzheitlich aktiviert."

Die Handschrift als Denkwerkzeug. Als Beispiel nennt Diaz Meyer den klassischen Spickzettel: Wer ihn von Hand geschrieben hat, muss ihn oft nicht einmal mehr benutzen, weil er sich den Inhalt bereits eingeprägt hat. Tippen gehe zwar schneller, hinterlasse aber im Gehirn weniger Spuren.

Quelle: https://www.welt.de/vermischtes/article172742060/Welttag-der-Handschrift-Bildungsexperten-warnen-vor-Aussterben.html, 23.01.2018 (Zugriff: 20.02.2019, verändert)

[1] Kondolenzschreiben: Schreiben, mit dem jemand den Angehörigen eines Verstorbenen sein Beileid bekundet
[2] Schreibmotorik: Bewegungsabläufe beim Schreiben
[3] Graphologin: Wissenschaftlerin, die auf der Grundlage der Handschrift ein Persönlichkeitsprofil erstellt

F 5 Aufgabentyp 4b: Das Smartphone – Unser ständiger Begleiter (selbstständiges Üben)

Teil II

Untersuche die Materialien M1, M2 und M3.

Gehe dabei so vor:
- **Stelle** die Materialien M1, M2 und M3 kurz **vor** und **benenne** das gemeinsame Thema.
- **Fasse** den Inhalt von M1 kurz **zusammen**.
- **Stelle** mithilfe von M2 **dar**, welche Rolle Smartphones im Leben der Menschen heute spielen und wozu sie am häufigsten benutzt werden.
- **Stelle** die wesentlichen Aussagen von M3 **dar** (Verhalten der Handy-Besitzer, Reaktionen der Zuhörer, Konsequenzen von Händlern ...).
- **Vergleiche** die Materialien M1, M2 und M3, indem du Vor- und Nachteile des Handys als ständiger Begleiter **erläuterst**.
- Ein Schüler sagt: *„In ein Restaurant, in dem ein Handy-Verbot herrscht, würde ich nicht mehr gehen."*
Nimm Stellung zu dieser Aussage und **begründe** deine Meinung. Beziehe dich dabei auch auf die Materialien.

M1 Das Smartphone – Unser ständiger Begleiter

Nicht ohne mein Smartphone! In 99 Prozent der deutschen Haushalte gibt es mittlerweile mindestens ein Smartphone. Damit ziehen Smartphones mit dem klassischen Festnetzanschluss praktisch gleich. In der Altersgruppe der 12- bis 19-Jährigen besitzen ebenfalls 99 Prozent ein Smartphone.
5 Die Menschen sind immer erreichbar, ständig verbunden, nehmen permanent am Leben von anderen teil und sind live bei den Erlebnissen anderer zugeschaltet. Sie posten auf Facebook oder Twitter und verschicken ständig Nachrichten und Fotos.
Ein Smartphone kann noch viele andere Dinge. Es ist ein Lexikon zum Nach-
10 schlagen wichtiger Begriffe, eine Foto- oder Videokamera, ein Vokabeltrainer, ein Musikabspielgerät, ein Kalender mit Terminen, eine Spielekonsole, ein Fotoalbum, ein Taschenrechner, ein Navi, eine Zeitung usw.
Immer mehr Menschen erwarten von ihren Mitmenschen, dass diese auch stets mobil erreichbar sind. Interessant dabei ist, dass viele nicht mit ei-
15 nem großen Kreis von Personen Kontakt haben, sondern dass mehr als die Hälfte der Telefongespräche, Nachrichten und SMS im Durchschnitt nur an vier bis sechs Menschen gehen, nämlich an die engsten Verwandten und Freunde, mit denen sie sich ohnehin oft treffen. Forscher sehen in dieser Zahl den Beweis dafür, wie stark das Mobiltelefon zum festen Bestandteil
20 der Privatsphäre geworden ist. Über das Smartphone wird mit den engsten Freunden und Verwandten kommuniziert. Sich über Gedanken oder Gefühle auszutauschen, eine positive SMS zu verschicken oder ein lustiges Video weiterzuleiten, all das gehört heute zur Kommunikation innerhalb einer festen Bezugsgruppe dazu.

Die Finnen nennen ihr Mobiltelefon „Kanny", was nichts anderes bedeutet als „Verlängerung der Hand". Und so kommt es vielen Menschen mittlerweile vor – als wäre das Smartphone ein fester Bestandteil des Körpers, also quasi an der Hand angewachsen.

Jana Krause: Das Smartphone - Unser ständiger Begleiter. Limberger Tageszeitung, 01.10.2017

M2 Smartphone als mobiler Alleskönner im Alltag

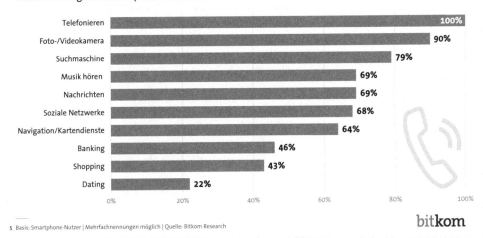

Smartphone als mobiler Alleskönner im Alltag
Nutzen Sie folgende Smartphone-Funktionen?

- Telefonieren: 100%
- Foto-/Videokamera: 90%
- Suchmaschine: 79%
- Musik hören: 69%
- Nachrichten: 69%
- Soziale Netzwerke: 68%
- Navigation/Kartendienste: 64%
- Banking: 46%
- Shopping: 43%
- Dating: 22%

Basis: Smartphone-Nutzer | Mehrfachnennungen möglich | Quelle: Bitkom Research

bitkom

M3 Menschen, die auf Smartphones starren

Man kann das täglich beobachten, an jeder beliebigen Supermarktkasse, im Bus oder in der Schlange beim Bäcker: Tippen, surfen, quatschen – der moderne Mensch wartet nicht mehr einfach nur, er schaut auf sein Smartphone. Erstmals hat nun ein Bäcker seinen Kunden in der Warteschlange verboten, mit dem Handy herumzuspielen, zu telefonieren, zu surfen oder Nachrichten zu tippen. In dem Laden stehen große Schilder mit der Aufschrift: Wer telefoniert, wird nicht bedient!
Der Bäckermeister argumentiert, dass die Handy-Gucker den Betrieb aufhalten, weil sie oft nicht merken, dass sie an der Reihe sind. „Das ist unhöflich und auch eine Beleidigung für unser Personal", sagt er. Mit seiner Anti-Smartphone-Aktion findet er mittlerweile viel Beifall und auch Nachahmer. „Mit der einen Hand halten sie das Smartphone, mit der anderen fuchteln sie in der Gegend herum, um auf das zu zeigen, was sie haben möchten. Wünsche äußern können sie nicht, weil sie gerade telefonieren", sagt ein anderer Ladenbesitzer. Auch in bestimmten Restaurants werden Gäste nicht mehr bedient, die ihr Smartphone benutzen. „Andere Gäste, die nicht telefonieren, sondern gut essen und sich unterhalten wollen, ärgern sich maßlos darüber, dass sie das Gequatsche eines anderen Gastes mit anhören müssen. Darum habe ich es untersagt", sagt ein Restaurantbesitzer.

nach: Helmut Hetzel: „Menschen, die auf Smartphones starren", Hannoversche Allgemeine Zeitung vom 16.01.2016 – geändert und ergänzt

Glossar

Alliteration: → *Sprachliche Mittel*

Anapher: → *Sprachliche Mittel*

Anekdote: Eine Anekdote ist eine kurze, humorvolle Erzählung über eine Begebenheit, die für eine historische Persönlichkeit oder einen bestimmten Zeitraum bezeichnend ist.

Auktorialer Erzähler: → *Merkmale erzählender Texte*

Bericht: → *Journalistische Textsorten*

Diagramm: → *Grafik*

Direkte Rede: → *Merkmale erzählender Texte*

Ellipse: → *Sprachliche Mittel*

Epik: Unter diesem Begriff fasst man alle Arten der erzählenden Dichtung zusammen. Es gibt viele epische Kleinformen (→ *Erzählung*, → *Fabel*, → *Kurzgeschichte*, *Märchen*, *Sage*, *Schwank*). Zu den umfangreicheren epischen Texten gehört der → *Roman*.

Erlebte Rede: → *Merkmale erzählender Texte*

Er-/Sie-Erzählung: → *Merkmale erzählender Texte*

Erzählperspektive: → *Merkmale erzählender Texte*

Erzählung: In der Literatur versteht man unter einer Erzählung alle kurzen erzählenden Texte, die nicht eindeutig einer anderen Kurzform (→ *Fabel*, *Märchen*, *Sage*, *Schwank*) zugeordnet werden können.

Essay: → *Journalistische Textsorten*

Euphemismus: → *Sprachliche Mittel*

Fabel: Dies ist eine zumeist kurze Erzählung, in der Tiere oder Pflanzen sich wie Menschen verhalten. Häufig stehen sich zwei Tiere mit gegensätzlichen Eigenschaften gegenüber. Meistens wird nach einer kurzen Einführung die Handlung durch Rede und Gegenrede fortgeführt
und endet mit einem überraschenden Schluss. Am Beispiel des erzählten Geschehens wird eine Lehre gezogen oder Kritik an bestimmten Verhaltensweisen geäußert.

Gedicht: → *Lyrik*

Glosse: → *Journalistische Textsorten*

Grafik: Grafiken stellen statistische Größen und Größenverhältnisse mithilfe von Diagrammen bildlich dar. Man unterscheidet folgende Typen von Diagrammen:

1. **Balkendiagramme** oder **Säulendiagramme**, die absolute Zahlen anzeigen. Die Höhe der Säule oder die Länge des Balkens gibt eine Anzahl an.
2. **Tortendiagramme** bzw. **Kreisdiagramme**, die eine prozentuale Zusammensetzung einer Gesamtmenge verdeutlichen. Der Kreis ist in mehrere Teile unterteilt, die jeweils den Anteil an der Gesamtmenge wiedergeben.
3. **Kurvendiagramme** oder **Liniendiagramme**, die eine Entwicklung anzeigen. Die Daten von verschiedenen Zeitpunkten können mithilfe eines solchen Diagramms miteinander verglichen werden.
4. **Flussdiagramme** oder **Ablaufpläne** stellen den Verlauf eines (Handlungs-)prozesses inklusive möglicher Variationen logisch dar. Sie eignen sich insbesondere, um Handlungs- bzw. Ablaufprozesse zu planen bzw. zu erklären.

Hyperbel: → *Sprachliche Mittel*

Ich-Erzählung: → *Merkmale erzählender Texte*

Indirekte Rede: → *Merkmale erzählender Texte*

Innerer Monolog: → *Merkmale erzählender Texte*

Interview: → *Journalistische Textsorten*

Ironie: → *Sprachliche Mittel*

Journalistische Textsorten:

Informierende Texte
Die **Meldung** ist die Kurzform der Nachricht. Sie enthält nur die wichtigsten Informationen (Wer? Wo? Was? Wann?). Sie steht häufig auf der ersten Seite und weist meist auf einen ausführlichen Bericht im Innenteil der Zeitung hin.

Der **Bericht** ist die ausführliche Form der Nachricht. Er liefert eine detaillierte und sachliche Darstellung eines Sachverhalts.
Merkmale:
1. Die Überschrift (häufig mit Unterüberschrift) informiert sachlich.
2. Ein halbfett gedruckter Vorspann fasst die wichtigsten Informationen (W-Fragen) zusammen.
3. Im Hauptteil erfolgt eine ausführliche Darstellung der Nachricht mit Erklärung der Zusammenhänge und Hintergründe.
4. Die Darstellung ist sachlich, wertende Äußerungen durch den Berichterstatter fehlen.
5. Aussagen von Personen werden in direkter und indirekter Rede wiedergegeben.
6. Häufig ergänzt den Text ein erklärendes Bild.

Die **Reportage** ist das Ergebnis vielfältiger Nachforschungen (= Recherchen). Die Reportage will nicht nur informieren, sondern die Leser auch durch die

lebendige Art der Darstellung in besonderem Maße ansprechen.
Merkmale:
1. Die Überschrift ist so formuliert, dass sie die Neugier der Leser weckt.
2. Häufig informiert ein halbfett gedruckter Vorspann über den Inhalt der Reportage.
3. Der Anfang lässt die Leser oft ein Geschehen miterleben.
4. Sachlich-informierende Textstellen wechseln mit persönlich-schildernden Darstellungen.
5. Dadurch ergibt sich oft ein Wechsel von Zeitstufen (z. B. Präteritum für Rückblick).
6. Häufig werden Aussagen von Personen in wörtlicher Rede wiedergegeben.
7. Oft findet man wertende Meinungsäußerungen der Autorin/des Autors.
8. Illustrierende oder erklärende Bilder unterstützen die Aussagen des Textes.
9. Der Name der Autorin/des Autors wird angegeben.

Das **Interview** ist das Ergebnis eines Gesprächs, in dem ein Journalist/eine Journalistin gezielte Fragen an eine Person stellt, die von ihr beantwortet werden. Das Ziel kann darin bestehen, aktuelle Informationen über bestimmte Sachverhalte zu erhalten oder die persönliche Meinung zu einem bestimmten Problem zu erfahren.

Kommentierende Texte
Der **Kommentar** liefert eine Meinung zu einem Sachverhalt. Diese kann zustimmend oder ablehnend sein.
Merkmale:
1. Häufig wird er in Verbindung mit einem Bericht oder einer Meldung geschrieben.
2. In vielen Zeitungen erscheinen die Kommentare an einer bestimmten Stelle (z. B. Kommentare zu politischen Ereignissen).
3. Kürzere Kommentare beziehen sich oft auf einen Artikel auf der gleichen Seite.
4. Die Autorin/der Autor wird genannt.
5. In der Regel verwenden Kommentare keine Bilder.

Oft haben Kommentare einen typischen Aufbau:
1. Zunächst werden die wichtigsten Informationen dargestellt, die zum Verständnis der Stellungnahme nötig sind.
2. Die Autorin/der Autor legt seine Meinung begründet dar.
3. Als Abschluss wird meist ein Wunsch oder ein Ausblick formuliert.

Die **Glosse** ist ein locker geschriebener, häufig kritisch gehaltener Kommentar zu einem aktuellen Ereignis. Glossen stehen in vielen Zeitungen und Zeitschriften an einem festen Platz, haben das gleiche Layout und sind eine Form der persönlichen Meinungsäußerung.
Merkmale:
1. Sie sind oft zugespitzt formuliert und humorvoll geschrieben.
2. Aktuelle Themen oder neue gesellschaftliche Erscheinungen werden kritisiert oder verspottet.
3. Die Kenntnis des Sachverhalts wird vorausgesetzt.
4. Sie enden oft mit einer überraschenden Wende am Schluss (Pointe).
5. In Glossen tauchen immer wieder ironische Formulierungen, sprachliche Bilder, Wortspiele, Doppeldeutigkeiten und Anspielungen auf.

Der (oder das) **Essay** ist eine kürzere, sprachlich lebendige Abhandlung, in der ein Problem von verschiedenen Seiten betrachtet und in der die persönliche Meinung der Autorin/des Autors zum Ausdruck gebracht wird.

Karikatur: Durch Über- oder Untertreibungen werden in Zeichnungen menschliche Schwächen oder Missstände kritisiert und lächerlich gemacht.

Klimax: → *Sprachliche Mittel*

Kommentar: → *Journalistische Textsorten*

Konjunktiv: Die Verbform, die wir normalerweise verwenden, nennt man **Indikativ** (**Wirklichkeitsform**): *Er sagt: „Ich komme morgen."*
In der indirekten Rede (→ *Merkmale erzählender Texte*) verwendet man meistens den **Konjunktiv** (**Möglichkeitsform**): *Er sagt, er komme morgen.*
Der Konjunktiv gibt an, was ein anderer gesagt haben soll.

Kurzgeschichte: Es handelt sich um einen kürzeren erzählenden Text. Die folgenden Merkmale sind zwar typisch für Kurzgeschichten, aber nicht immer treffen alle Kriterien in gleicher Weise zu.
Merkmale:
1. Die Handlung setzt unvermittelt ein. Es fehlen einleitende Angaben zu Ort, Zeit und Personen der Erzählung.
2. Gegenstand der Kurzgeschichte sind Alltagspersonen in Alltagssituationen.
3. Die Hauptperson ist einem Problem oder einer kritischen Situation ausgesetzt.
4. Oft nimmt die Handlung eine unerwartete Wendung.
5. Der Schluss ist offen. Der Leser soll über den Fortgang der Handlung selbst nachdenken.
6. Die Darstellung der Handlung ist kurz gefasst und auf das Wesentliche beschränkt.
7. Typische Merkmale der Sprache in Kurzgeschichten:
   – Wiederholungen, Aufzählungen,
   – Umgangssprache, Jugendsprache,
   – mehrere kurze Sätze, die aufeinanderfolgen,
   – unvollständige Sätze (Ellipsen).

Lyrik: Lyrik bezeichnet Dichtung in Versform (Gedichte). Früher wurden die Verse zur Lyra, einem alten Saiteninstrument, gesungen. Deshalb sagt man auch heute noch einfach: Lyrik ist liedartige Dichtung. Viele Gedichte sind vertont worden.
Im Gedicht drückt das → *lyrische Ich* seine Gefühle, seine Stimmungen, aber auch seine Erlebnisse, Einstellungen und Gedanken aus.
Viele Gedichte sind in **Strophen** gegliedert. Mindestens zwei Verszeilen werden in einer Strophe zusammengefasst. Oft beginnt mit einer Strophe ein neuer Gedanke. Es gibt Gedichte, die zwar einem bestimmten Rhythmus folgen, aber nicht am Wort- und Versende gereimt sind.

Durch **Reime** erhalten Gedichte eine bestimmte Klangwirkung. Durch den Gleichklang der Reimwörter (z. B. *küssen – müssen; Fassaden – baden*) werden oft zwei oder mehr Verszeilen miteinander verbunden.
Drei Reimformen werden besonders oft verwendet (siehe S. 134):

Paarreim
a Sonne
a Wonne
b Eis
b heiß

umarmender Reim
a Sonne
b Eis
b heiß
c Wonne

Kreuzreim
a Sonne
b Eis
a Wonne
b heiß

Unter dem **Metrum** eines Gedichts versteht man die Folge von betonten und unbetonten Silben in den Wörtern eines Verses:

x ́x x ́x x ́x x (= Jambus)
Es war, als hätt der Himmel …
́x x ́x x ́x x ́x x (= Trochäus)
Als ich schläfrig heut erwachte …

Eine besondere Gedichtform stellt das **Sonett** dar. Diese Gedichtform wurde im 14.–16. Jahrhundert häufig verwendet. Sie besteht aus zwei Strophen zu vier Zeilen und zwei Strophen zu drei Zeilen. Häufig wird in den beiden Vierzeilern das Thema vorgestellt, während die abschließenden Dreizeiler eine Auswertung oder Schlussfolgerung beinhalten.

Lyrisches Ich: Das lyrische Ich kann die oder der Sprechende im Gedicht sein. Das lyrische Ich kann, muss aber nicht die Einstellung oder Stimmung der Dichterin/des Dichters wiedergeben.

Märchen: Märchen erzählen Geschichten, die sich in Wirklichkeit nicht ereignen könnten. Oft handeln sie von Zauberern, Hexen, Feen und sprechenden Tieren. In einer räumlich und zeitlich nicht festgelegten Welt steht die Hauptfigur vor großen Gefahren und kaum lösbaren Aufgaben. Die Zahlen 3, 6, 7, 12 spielen eine besondere Rolle. Auch formelhafte Sprüche sind typisch für Märchen. Am Ende siegt meist das Gute.

Merkmale erzählender Texte: Wenn man eine Erzählung analysieren will, ist die genaue Untersuchung von folgenden Merkmalen wichtig:
1. **Erzählform:** Ein Autor kann in unterschiedlicher Weise erzählen. Daher unterscheidet man:
   Ich-Form: Das Geschehen, aber auch Gedanken und Gefühle werden aus der Sicht einer bestimmten Figur in der 1. Person erzählt: *Meine Eltern schlafen sicher schon. Mir aber dreht sich der Kopf, und ich komm nicht zur Ruhe. Was soll ich nur tun? Könnte ich doch nur die Zeit um einen halben Tag zurückdrehen!*
   Er-/Sie-Form: Der Erzähler stellt seine Personen in der dritten Person vor. Er kann dabei **als auktorialer Erzähler (auktoriales Erzählverhalten/auktoriales Erzählen)** auftreten. Der Autor ist der Allwissende, der das Geschehen von außen erzählt und auch mehr weiß als die Figuren des Geschehens und daher Ereignisse voraussehen oder auf sie zurückblicken und sie kommentieren kann.
   Jan vermutete, dass seine Eltern schon schliefen, während er sich im Bett wälzte und sich heftige Vorwürfe machte. Ein bisschen tat er sich auch selbst leid. Seine Eltern schliefen jedoch keineswegs, sondern fassten einen Entschluss.
   Der Erzähler kann aber auch in der 3. Person aus der Sicht einer Person die Geschichte erzählen und kommentieren. Man spricht dann von einem **personalen Erzähler (personales Erzählverhalten/personales Erzählen):**
   Jan wälzte sich im Bett und fand keine Ruh. Sicher würden seine Eltern schon schlafen. Warum nur konnte er die Zeit nicht zurückdrehen, nur einen halben Tag?
   Der Erzähler kann die Ereignisse aber auch von außen schildern und sich dabei auf die reine Wiedergabe der Handlung beschränken. Er gibt keine Kommentare oder Erklärungen ab. Man spricht dann von einem **neutralen Erzähler (neutrales Erzählverhalten/neutrales Erzählen):**
   Jan fuhr mit dem Fahrrad zum Training. Auf dem Sportplatz war niemand. „Wo seid ihr?", rief Jan. Er stellte sein Fahrrad ab und setzte sich auf eine Bank.

2. **Zeitverhältnisse:** Wenn ein Erzähler ein Geschehen, das in der Realität sehr kurz ist, sehr ausführlich darstellt und kommentiert, spricht man von **Zeitdehnung:**
   In diesem Augenblick des Fallens liefen die Ereignisse der letzten Tage in seinem Kopf wie in einem Film ab: die Begegnung mit seinem Vater, sein unbeherrschtes Verhalten Marion gegenüber und das Treffen mit dem großen Unbekannten, der ihn in diese ausweglose Situation gebracht hatte.
   Von **Zeitraffung** hingegen spricht man, wenn der Autor ein Geschehen, das in der Realität länger dauert, zusammenfasst, nur andeutet oder überspringt:
   Als Jan Stunden später im Krankenhaus aufwachte, hatte er Mühe, sich zurechtzufinden.
   Stimmen die erzählte Zeit und die Erzählzeit überein, laufen also die Handlung im Text und in der Realität ungefähr gleich schnell ab, spricht man von **Zeitdeckung.**

3. **Redeformen:** Der Erzähler kann unterschiedliche Redeformen verwenden.
   Direkte Rede: In wörtlicher Rede werden Äußerungen und Gedanken wiedergegeben: *Jan war aufgebracht: „Was wissen Sie schon, was geschehen ist!"*
   Indirekte Rede: Äußerungen werden vom Erzähler wiedergegeben, zumeist unter Verwendung des → Konjunktivs: *Vollkommen unbeherrscht machte er allen um ihn Stehenden Vorwürfe, dass schließlich niemand gekommen sei, ihm zu helfen, und er daher ganz allein auf sich selbst gestellt gewesen sei.*
   Erlebte Rede: Der Erzähler gibt die Gedanken und Gefühle in der 3. Person und meistens im Präteritum wieder: *Als alle den Raum verlassen hatten, war Jan sehr niedergeschlagen. War es nicht auch sein Fehler,*

dass es so weit gekommen war? War er nicht einfach zu stolz gewesen?
Innerer Monolog: Die Gedanken und Gefühle werden in der Ich-Form dargestellt, häufig im Präsens: *Jan nahm sein Handy und suchte die Nummer von Marion. Ich werde ihr alles erklären. Ich werde sie nicht um Verzeihung bitten, denn mein Verhalten kann man nicht entschuldigen.*

4. **Satzbau:** Man unterscheidet folgende Möglichkeiten des Satzbaus:
   - **Satzreihe (Parataxe):** Es werden nur Hauptsätze aneinandergereiht. Häufig sind sie kurz: *Jan schwieg. Sein Puls raste. Blut schoss ihm in den Kopf. Dann sprang er auf.*
   - **Satzgefüge (Hypotaxe):** Darunter versteht man den Verbund von Haupt- und Nebensätzen: *Als er die Tür öffnete* (Nebensatz)*, blies ihm ein kalter Wind entgegen* (Hauptsatz)*, der schon vor geraumer Zeit begonnen hatte zu wehen und sich nun zu einem Sturm entwickelte* (Relativsatz).
   - **Unvollständige Sätze (Ellipse):** → *Sprachliche Mittel* Die Wirkung dieser Satzformen kann sehr unterschiedlich sein und kann nur aus dem Zusammenhang des Textes erschlossen werden.

5. **Sprachliche Mittel:** → *Sprachliche Mittel*

Metapher: → *Sprachliche Mittel*

Metrum: → *Lyrik*

Neologismus: → *Sprachliche Mittel*

Operatoren: In jeder Aufgabenstellung werden Anweisungen gegeben. Diese Anweisungen bezeichnet man als Operatoren. Wichtige Operatoren sind:
zusammenfassen (Inhalte, Aussagen und Zusammenhänge komprimiert und strukturiert wiedergeben),
beschreiben (Textaussagen in eigenen Worten strukturiert wiedergeben),
(be)nennen (Informationen zusammentragen),
darstellen (Inhalte, Aussagen oder Zusammenhänge sachlich und strukturiert formulieren),
erläutern (Textaussagen oder Sachverhalte auf der Basis von Kenntnissen/Einsichten darstellen und durch Informationen/Beispiele veranschaulichen),
erklären (Textaussagen oder Sachverhalte auf der Basis von Kenntnissen und Einsichten darstellen),
bewerten (zu einer Textaussage, einem Sachverhalt ein selbstständiges Urteil abgeben und dabei die eigenen Wertmaßstäbe offenlegen),
begründen (eigene Aussagen erklären, z.B. durch Konjunktionen (*weil, denn, …*) einleiten),
schlussfolgern (auf der Grundlage gegebener Informationen zu eigenen Erkenntnissen gelangen),
Stellung nehmen (eine Problemstellung oder einen Sachverhalt auf der Grundlage von Kenntnissen, Einsichten und Erfahrungen kritisch prüfen und die Einschätzung sorgfältig abwägend formulieren),
verfassen (einen Text unter Beachtung der Vorgaben für eine bestimmte Textsorte formulieren).

Parabel: Eine lehrhafte Erzählung über eine allgemeine Erkenntnis oder Wahrheit, in der anders als im Gleichnis der direkte Vergleich mit dem Vergleichswort „wie" fehlt. Die Parabel enthält eine Sachebene (Sachteil) und eine Bildebene (Bildteil). Die Leser müssen selbstständig von der Bildebene auf die Sachebene schließen.

Paradoxon: → *Sprachliche Mittel*

Parallelismus: → *Sprachliche Mittel*

Personaler Erzähler: → *Merkmale erzählender Texte*

Personifikation: → *Sprachliche Mittel*

Redeformen: → *Merkmale erzählender Texte*

Reim: → *Lyrik*

Reportage: → *Journalistische Textsorten*

Rhetorische Frage: → *Sprachliche Mittel*

Roman: Der Roman ist eine lange Erzählung, die zwischen hundert und mehreren tausend Seiten umfassen kann. Im Zentrum eines Romans steht oft die ausführliche Schilderung der problematischen Situation eines Einzelnen. Beschrieben wird, wie er in seiner Umgebung und mit seinen Mitmenschen lebt, sich verändert und entwickelt.

Rückblick: Vor allem in der → *Epik* (Erzählung, Roman) gibt es solche Einschübe, die vor der Zeit der eigentlichen Handlung spielen. Sie dienen dazu, die jetzige Situation oder das Handeln einer Figur zu erklären.

Sachtext: Ein Sachtext informiert über Tatsachen, Vorgänge und Sachverhalte. Er kann z. B. über die Tier- oder Pflanzenwelt informieren oder über bedeutsame Ereignisse. Sachtexte findet man in Zeitungen, Zeitschriften (→ *Journalistische Textsorten*) oder in Sach- oder Schulbüchern.

Satire: Eine satirische Darstellung zeigt menschliche Schwächen oder Fehler in stark übertriebener Darstellungsweise auf. Sie will diese lächerlich machen, zum Nachdenken anregen, kritisieren und häufig auch eine Änderung von Verhaltensweisen bewirken. Satire kann in den verschiedensten Textsorten auftreten.

Merkmale:
1. Ironie → *Sprachliche Mittel*
2. Übertreibungen und überzogene Vergleiche
3. Verspottungen durch ins Lächerliche gezogene Situationen
4. Wortspiele

Satzgefüge: → *Merkmale erzählender Texte*

Satzreihe: → *Merkmale erzählender Texte*

Sprachliche Mittel: Nahezu in allen Texten werden gezielt sprachliche Mittel eingesetzt, um bestimmte

Wirkungen zu erzielen (siehe Übersicht am Ende dieser Seite).

Sonett: → Lyrik

Strophe: → Lyrik

Umarmender Reim: → Lyrik

Vergleich: → Sprachliche Mittel

Vers: → Lyrik

Vorausdeutung: Vor allem in der → Epik (Erzählung, Roman) gibt es solche Hinweise auf das, was nach der Zeit der eigentlichen Handlung passiert. Vorausdeutungen dienen einerseits dazu, das Interesse an der weiteren Entwicklung zu wecken, ordnen das Geschehen aber auch in einen Gesamtzusammenhang ein.

Zeitdeckung: → Merkmale erzählender Texte

Zeitdehnung: → Merkmale erzählender Texte

Zeitraffung: → Merkmale erzählender Texte

Zeitverhältnisse: → Merkmale erzählender Texte

Sprachliche Mittel	Erläuterung	Beispiel	mögliche Wirkung
Alliteration, die	Wiederholung von Anfangslauten bei aufeinanderfolgenden Wörtern	Milch macht müde Männer munter.	emotionale Verstärkung des gewünschten Eindrucks
Anapher, die	Wiederholung derselben Wortgruppe an Satz-/Versanfängen	Worte sind verletzend. Worte sind unersetzlich.	Eindringlichkeit; Rhythmisierung erreichen
Ellipse, die	unvollständiger Satz, der aber sinngemäß leicht zu ergänzen ist	Feuer! / Je früher der Abschied, desto kürzer die Qual.	der wichtigste Aspekt soll hervorgehoben werden
Euphemismus, der	Beschönigung	vollschlank statt dick / eingeschlafen statt gestorben	abgemilderte Negativbotschaft, taktisches Verhalten
Hyperbel, die	starke Unter- oder Übertreibung	Es ist zum Haareraufen! / ein Meer von Tränen	Dramatisierung; starke Veranschaulichung
Ironie, die	Äußerung, die durchblicken lässt, dass das Gegenteil gemeint ist	Das hast du ja ganz toll hinbekommen! / Vier Wochen Regen. Super!	Herabsetzung; kritische Anmerkung; Stellungnahme
Klimax, die	Steigerung; meist dreigliedrig	Er kam, sah und siegte.	Dramatisierung
Metapher, die	verkürzter Vergleich, Verwendung eines Wortes in übertragener Bedeutung	Geldwäsche / Er war ein Löwe in der Schlacht. / Du bist meine Sonne.	Veranschaulichung
Neologismus, der	Wortneuschöpfung	Mobbing / Gammelfleisch / unkaputtbar (Werbesprache)	Hervorhebung
Oxymoron, das	Verbindung von sich ausschließenden Begriffen	Weniger ist mehr / Eile mit Weile / unblutiger Krieg	Verdeutlichung; Ausdruck von Widersprüchlichkeit
Paradoxon, das	Zusammenstellung von Wörtern, die sich eigentlich widersprechen	bittersüß / Vor lauter Individualismus tragen sie eine Uniform.	starker Anreiz zum Nachdenken
Parallelismus, der	Wiederholung gleicher Satzstrukturen	Ein Blitz leuchtete, der Donner folgte, ein Gewitter setzte ein.	Dramatisierung, Intensivierung
Personifikation, die	Vermenschlichung; Gegenstände oder Tiere erhalten die Eigenschaften oder Fähigkeiten von Menschen	Die Sonne lacht. / Die Smileys haben uns fest im Griff. / Mutter Natur	lebendige und anschauliche Darstellung
rhetorische Frage, die	scheinbare Frage, deren Antwort jeder kennt; Leser und Zuhörer müssen zustimmen, da ihr Einverständnis vorausgesetzt wird	Gibt es den idealen Menschen? / Wer ist schon perfekt? / Wer glaubt denn das noch?	Mobilisierung einer bestätigenden Reaktion der Leser
Vergleich, der	Verknüpfung zweier Begriffe mit *wie*	Der Kämpfer ist stark wie ein Löwe.	anschauliche Darstellung

Glossar

Übersicht zu den Textarten

Die bisher prüfungsrelevanten Textarten für das Leseverständnis oder die Schreibaufgaben sind in der folgenden Übersicht unterschlängelt.

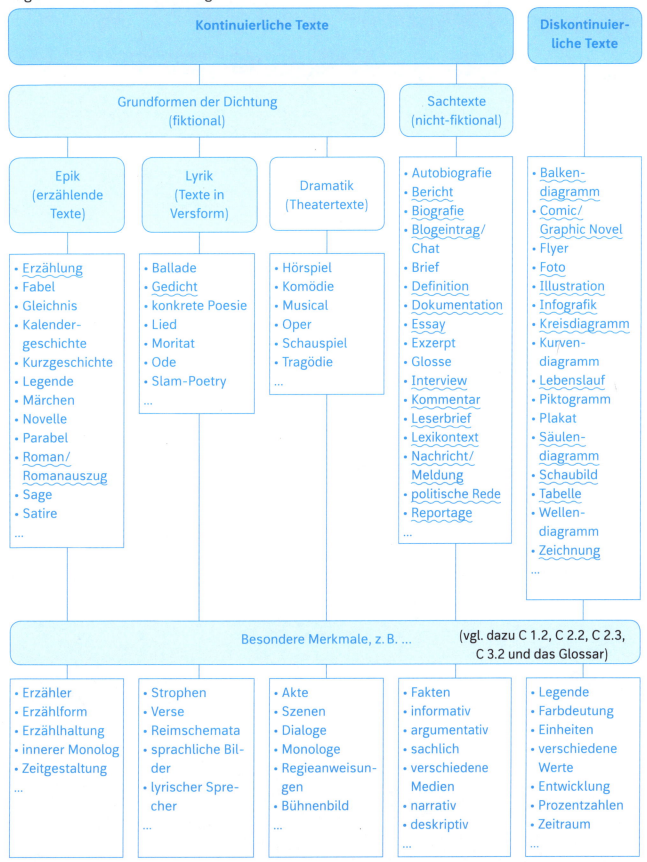

Nicht immer ist in der Prüfungsvorlage angegeben, um welche Textart es sich bei den Materialien handelt. Daher ist es wichtig, dass du die richtigen Bezeichnungen lernst, um durch bestimmte Textmerkmale die Textart und ihre Wirkung/Funktion ermitteln und benennen zu können.

westermann

FiNALE
Prüfungstraining

Nordrhein-Westfalen

Hauptschulabschluss 2021
Deutsch

Lösungen

Andrea Heinrichs
Martina Wolff

Mit Beiträgen von
Harald Stöveken

Teil A Vorbereitung auf die Abschlussprüfung

Bei allen Lösungen zu Original-Prüfungsaufgaben, die in diesem Lösungsheft zu finden sind, handelt es sich um nicht amtliche Lösungen.

A Vorbereitung auf die Abschlussprüfung

A 1 Vorgaben für die Prüfung

Seite 5
1. 30 Minuten: Leseverstehen
   10 Minuten: Auswahl der Schreibaufgabe
   95 Minuten: Bearbeitung der Schreibaufgabe
   10 Minuten (Bonuszeit): wird einem der beiden Prüfungsteile zugerechnet oder auf Wunsch auf aufgeteilt

A 2.1 Das Leseverstehen: ein Beispiel

Seite 7/8
❶ – ❺ Die Aufgaben wurden richtig gelöst.

Seite 8
❻ Hier ist sich der Schüler/die Schülerin unsicher. Im Text werden die beiden verschiedenen Arten des Lesens, die in der Wissenschaft unterschieden werden, genannt: das zeitaufwendige tiefe Lesen, bei dem sich der Leser ohne Störung in eine andere Welt begeben will, und das informierende Lesen, bei dem es vor allem darum geht, möglichst schnell und genau viele Informationen aufzunehmen und zu verarbeiten. Somit ist die angekreuzte Lösung richtig.

Seite 9
❼ – ❽ Die Aufgaben wurden richtig gelöst.

❾ Die Menschen haben *„Freude am Lesen von Gedrucktem"*, weil:
- viele Menschen dem digitalen Lesen immer noch misstrauen, da sie es für flüchtig halten.
- weil sie glauben, dass man etwas nur behalten kann, wenn man es auf Papier gedruckt gelesen hat.
- sie beim Lesen kein technisches Gerät in der Hand halten wollen, sondern ein Buch aus Papier.
- man bei gedruckten Büchern die Seiten umblättern und das Papier fühlen kann.
- man das gedruckte Buch ins Regal stellen kann.

Einer dieser Gründe muss als wichtigster genannt und begründet werden. Beispiel: Wenn ich ein Buch zum Genuss lese, möchte ich das Papier fühlen, die Seiten umblättern und auch mal zurückschlagen können, ohne im E-Reader auf Knöpfe drücken zu müssen. Dies ist mein wichtigster Grund für ein gedrucktes Buch.

Seite 10
❿ Die Antwort ist korrekt.

⓫ Der Schüler/die Schülerin hat bei dieser Antwort angegeben, dass der Anteil des Lesens an der Freizeitgestaltung von Jugendlichen ca. 15 Prozent betrug. Dazu wurden die Werte des Bücherlesens und des Lesens von Zeitschriften und Comics (10,8 Prozent + 2,4 Prozent + 1,5 Prozent) zusammengerechnet (14,7 Prozent = ungefähr 15 Prozent).

⓬ Die Antwort der Schülerin ist korrekt.

A 2.2 Die Schreibaufgabe: ein Beispiel (Aufgabentyp 4a)

Seite 12
3. a) Gliederung und Unterthemen der Schreibaufgabe:

   - <u>Einleitung (Z. 1 – 3)</u>:
     Benennung von Titel, Autor, Textart (Kurzgeschichte), Thema, Erscheinungsjahr

   - <u>Hauptteil (Z. 4 – 54)</u>:
     Z. 4 – 14: inhaltliche Zusammenfassung der Erzählung
     Z. 15 – 27: Darstellung dazu, welches Missverständnis zwischen Vater und Sohn besteht
     Z. 28 – 40: Darstellung der Gedanken des Sohnes durch formale und sprachliche Gestaltungsmittel (Erzählverhalten, Wiederholungen, Satzbau)
     Z. 41 – 54: Erläuterung, warum der Sohn letztlich den Kopf tief unter die Bettdecke steckt

   - <u>Schluss (Z. 55 – 69)</u>:
     Text aus Sicht des Vaters

   b) Untersuchung des Schülertextes:
   - Aspekte der Aufgabenstellung:
     - Aufgabe ❶ a): Z. 1 – 3
     - Aufgabe ❶ b): Z. 4 – 14
     - Aufgabe ❶ c): Z. 15 – 27
     - Aufgabe ❶ d): Z. 28 – 40
     - Aufgabe ❶ e): Z. 41 – 54
     - Aufgabe ❶ f): Z. 55 – 69

   - Überprüfung, ob Absätze sinnvoll gesetzt sind:
     Der Schüler hat durchgängig passende Absätze gesetzt. Sie erleichtern den Lesefluss und die Bewertung, da er nach Beendigung eines jeden Aufgabenaspektes mit einem neuen Absatz beginnt.

   - Genannte Textart und ihre Merkmale:
     Der Schüler hat die Textart „Kurzgeschichte" richtig zugeordnet und in seiner Einleitung benannt. Da die Aufgaben dies nicht erfordern, muss er in seiner Aufgabe nicht weiter darauf eingehen. Er hätte ebenso schreiben können, dass es sich bei dem Text um eine kurze Erzählung, also einen epischen Text, handelt.

   - Beispiele für Aussagen mit Textbelegen:
     Z. 16: Textbeleg zum Inhalt
     Z. 17: wörtliches Zitat zur Erläuterung der Bedeutung der Personalpronomen
     Z. 19 – 27: Textbelege zur Erläuterung des Inhalts von ausgewählten Textstellen

Z. 28 – 30: Textbeleg und wörtliches Zitat als Beispiele zur Erzählform
Z. 30 – 32: wörtliches Zitat zur Veranschaulichung der Krankheit des Sohnes
Z. 34 – 35: wörtliches Zitat zu den Gedanken über den Vater
Z. 34 – 36: Belege für sprachliche Gestaltungsmittel
Z. 37 – 39: Beleg für die eigene Beobachtung
Z. 41 – 42: Textbeleg und wörtliches Zitat als konkrete Bezüge zum Aufgabenaspekt
Z. 46 – 47: Textbelege zur Erläuterung des Inhalts von Textstellen
Z. 48 – 50: Textbelege für eigene Beobachtungen
Z. 50 – 55: wörtliche Zitate zur Veranschaulichung des Verhaltens und der Gedanken des Vaters

Textbelege und wörtliche Zitate belegen und veranschaulichen die eigenen Beobachtungen und Ergebnisse aus der Analyse. Es sollte darauf geachtet werden, dass nicht durchgängig gleiche Textstellen angeführt werden. Zudem ist es in der eigenen Analyse möglich, die Anzahl zu reduzieren. Es sollte aber immer belegt und zitiert werden, wenn dies in der Aufgabenstellung gefordert wird.

- Mögliche Ergänzungen oder Streichungen:
  - Der Schüler hat die Absätze bereits sinnvoll gesetzt, um die Erarbeitungen zu den einzelnen Aufgabenaspekten voneinander abzugrenzen.
  - In der Einleitung wird zwar das Thema der Kurzgeschichte dargestellt, doch die Absicht des Verfassers könnte als Vermutung ebenfalls einbezogen werden, um das erste Verständnis des Textes zu verdeutlichen, z. B.: *Der Autor Wolfgang Borchert möchte ein kommunikatives Missverständnis darstellen, das entstehen kann, wenn die Aufmerksamkeit zweier Personen auf andere Dinge gerichtet ist.* Oder: *Borchert möchte verdeutlichen, dass auch kleinere Dinge in Notzeiten zu Missverständnissen führen können.*
  - Die Anzahl der Textbelege und wörtlichen Zitate könnte bei Zeitmangel gekürzt werden, z. B. zu den Teilaufgaben ❶ c und ❶ e, da in diesen Aufgaben Textbelege nicht explizit erforderlich sind. Auch könnte der Text aus Sicht des Vaters (Teilaufgabe ❶ f) gekürzt werden.

- Text aus der Sicht des Vaters nachvollziehbar: Wichtig ist, dass der Text in der Ich-Form verfasst ist, die Fragen aus der Aufgabenstellung entsprechend beantwortet werden und der Text zum Inhalt der Erzählung passt.
- Ausdrücke und Wendungen, die ich mir merken sollte:
  In der Kurzgeschichte … von … aus dem Jahr … wird beschrieben, wie … / Zunächst … / Außerdem … / Zu Beginn der Erzählung … / Vermutlich … / Daher … / Also … / Die Gedanken werden deutlich, da … / Dabei … / Durch den parataktischen Satzbau … wird betont, denn … / Dadurch … / Dafür gibt es zwei mögliche Erklärungen: … / Einerseits … / Andererseits … / Außerdem wird durch die Redeanteile deutlich, dass … / Durch die Erklärung zeigt sich, dass … / Hinzu kommt, dass … / Da das Ende offen ist, … / Ein Mitschüler meint, … / Ich teile die Meinung (nicht/zum Teil), weil … / Und so … / Daher stimme ich dem Mitschüler (nur zum Teil) zu, denn …

Seite 15
1. Bewertung:
   Die Lösung zur Analyse scheint insgesamt sinnvoll hergeleitet und verständlich. Sie enthält Erarbeitungen zu allen Aufgabenaspekten, ist sachlich richtig und zum Teil sehr genau und ausführlich. Ebenso werden im gesamten Text Textbelege oder wörtliche Zitate zur Veranschaulichung herangezogen. Stellenweise ließe sich der Text etwas straffen. Man kann erkennen, dass der Schüler sich sehr genau mit der Kurzgeschichte und den Teilaufgaben dazu beschäftigt hat. Diese Art der Darstellung entspricht in allen Teilen dem Bewertungsraster und ist daher sehr gut gelungen.

B Arbeitstechniken

B 1 Arbeitstechnik: Im Wörterbuch nachschlagen

Seite 16
1. – exzessive Nutzung: übertrieben, übermäßig, maßlos
   – Risiken (Mehrzahl von Risiko): Gefahren, Gefährdung
   – die Probanden (Mehrzahl von Proband): Testpersonen oder Versuchspersonen
   – permanentem Kommunikationsdruck: ununterbrochen, dauernd, ständig

2. diskutieren, einzigen, Menge, überflüssige (ein Wort), Mitteilungen, gestresst

B 2 Arbeitstechnik: Texte erschließen und Inhalte zusammenfassen – literarische Texte

Seite 17
1. individuelle Schülerlösung

B 3 Arbeitstechnik: Texte erschließen und Inhalte zusammenfassen – Sachtexte

Seite 19
1. individuelle Schülerlösung

B 4 Arbeitstechnik: Schaubilder auswerten

Seite 21/22
Schaubild A:
a) Thema: Medienbeschäftigung von Jugendlichen in der Freizeit (2018); Zahlenangaben: in Prozent; hellgraue Balken: tägliche Nutzung; dunkelgraue Balken: wöchentliche Nutzung; Vergleich zwischen täglicher und wöchentlicher Nutzung verschiedener Medien

b) Bei der täglichen Mediennutzung der Zwölf- bis 19-Jährigen sind Smartphone- (94 Prozent), Internet- (91 Prozent) und Musiknutzung (84 Prozent) an erster Stelle zu finden. Beliebt sind außerdem Online-Videos. Zwei Drittel der Jugendlichen (65 Prozent) sehen täglich Online-Videos. Immerhin noch knapp die Hälfte hört täglich Radio und 42 Prozent sehen täglich fern. Der Verbreitungsweg spielt dabei keine Rolle.

c) Bei der regelmäßigen Mediennutzung (also mehrmals pro Woche) sind wieder Internet-, Smartphone- und Musiknutzung an erster Stelle zu finden. Für neun von zehn Jugendlichen gehören Online-Videos zu den regelmäßig genutzten Inhalten. Das Fernsehen wird von fast drei Viertel der Jugendlichen mehrmals pro Woche genutzt, das Radio immerhin noch von 70 Prozent.

Schaubild B:
a) Unterschiedliche Lebensweisen (Familie, Paare ohne Kinder, Alleinstehend); Zahlenangaben: in Prozent; Kreisausschnitte: unterschiedliche Farben zur Kennzeichnung der verschiedenen Lebensweisen; Vergleiche zwischen 1996 und 2012

b) In je einem Kreisdiagramm für das Jahr 1996 und 2012 wird der Anteil von Familien, Paaren ohne Kinder und Alleinstehenden an Gesamtbevölkerung wiedergegeben. Auffällig ist, dass sich die Anzahl der Paare ohne Kinder so gut wie gar nicht verändert hat. Die Anzahl der Familien hingegen hat um sieben Prozent abgenommen, während die Anzahl der Alleinstehenden um sechs Prozent zugenommen hat.

c) Am meisten zugenommen hat die Lebensweise der Alleinstehenden. Die Anzahl der Paare ohne Kinder hat sich nicht wesentlich verändert. Auffällig ist, dass die Anzahl der Familien um sieben Prozent abgenommen hat, während die Anzahl der Alleinstehenden um sechs Prozent zugenommen hat.

Schaubild C:
a) Thema: Preisentwicklung für Telekommunikation, Zahlenangaben: ausgehend vom Verbraucherpreisindex für 2010 = 100; dunkelgraue Kurve: Festnetz und Internet, hellgraue Kurve: Mobilfunk, blaue Kurve: Gesamt; Vergleiche zwischen: Festnetz und Internet, Mobilfunk sowie Telekommunikation insgesamt im Zeitraum von 2000 bis 2013

b) Die Preise für Telekommunikation stiegen zwischen 2001 und 2003 besonders stark für den Mobilfunk an.
Nachdem die Preise bis 2001 für Mobilfunk, Festnetz und Internet gefallen sind, stiegen die Kosten für Mobilfunk bis 2003 stark an, während Festnetz und Internet nur etwas teurer wurden. Bis 2006 glichen sich die Kosten in allen Bereichen an und fallen seitdem jedes Jahr. Telekommunikation wird immer günstiger.

c) In einem Kurvendiagramm wird die Preisentwicklung für Telekommunikation im Zeitraum von 2000 bis 2013 dargestellt. Verglichen wird dabei die Preisentwicklung für Mobilfunk mit der für Festnetz und Internet. Außerdem wird die Preisentwicklung für den gesamten Bereich dargestellt. Nachdem die Preise bis 2001 für Mobilfunk, Festnetz und Internet gefallen sind, stiegen die Kosten für Mobilfunk bis 2003 stark an, während Festnetz und Internet nur etwas teurer wurden. Bis 2006 glichen sich die Kosten in allen Bereichen an und fallen seitdem jedes Jahr. Telekommunikation wird immer günstiger.

Seite 23
Schaubild A:
Das vorliegende **Balkendiagramm** stellt die „Medienbeschäftigung von Jugendlichen in der Freizeit" dar. Es wurde durch den **Medienpädagogischen Forschungsverbund** im Jahre 2018 veröffentlicht. Dazu wurden **1200** Jugendliche befragt. Auf der x-Achse kann man die **Prozentangaben** zu den Nennungen ablesen. Dabei stellen die hellgrauen Balken die **tägliche Nutzung** dar, während die dunkelgrauen Balken die **wöchentliche Nutzung** verdeutlichen. Das heißt, die Studie ermöglicht einen Vergleich zwischen täglicher und wöchentlicher Nutzung. Auf der y-Achse sind die **Medien** aufgelistet, die Jugendliche nutzen. Die Auflistung beginnt mit dem am häufigsten genannten

Medium und endet mit dem am wenigsten genannten. Bezüglich der täglichen Mediennutzung werden **Smartphone nutzen** (94 Prozent), Internet (**91 Prozent**) und **Musik hören** (**84 Prozent**) besonders häufig genannt. Beliebt sind außerdem **Online-Videos** (65 Prozent). Mindestens mehrmals pro Woche nutzen die Jugendlichen insbesondere Streaming-Dienste (34 Prozent), gefolgt von Fernsehen (**31 Prozent**) und **digitalen Spielen** (**28 Prozent**). Zusammenfassend ist festzustellen, dass für viele Jugendliche das **Internet** im Alltag mittlerweile eine große Bedeutung hat.

Schaubild B:
Das **Kreisdiagramm** mit dem Titel „Familien, Paare ohne Kinder, Alleinstehende", veröffentlicht im Jahre **2012**, befasst sich mit den unterschiedlichen **Lebensweisen**. Diese Aufschlüsselung wurde vom **Statistischen Bundesamt** in Wiesbaden veröffentlicht. Das Schaubild besteht aus zwei **Kreisen**, die durch die Anordnung einander gegenübergestellt werden können. Der äußere Kreis enthält **Prozent**-Angaben zum Jahr **2012**, während der **innere Kreis** Angaben zum Jahr **1996** darstellt. Durch den Vergleich beider Angaben lässt sich ermitteln, dass sich im angegebenen Zeitraum, also von **1996** bis **2012**, die Anzahl der Familien um 7% auf **28%** verringert hat. Demgegenüber hat der Anteil der Alleinstehenden um **6%** zugenommen, denn er ist von 38 % auf 44 % gestiegen. Nahezu gleich geblieben ist der Anteil der **Paare ohne Kinder** (1996: 28 %, 2012: **29%**). Insgesamt verdeutlicht das Kreisdiagramm die Tendenz, dass Menschen eher allein leben. Allerdings enthält das Schaubild keine Angaben über das Alter der Befragten.

Schaubild C:
Das **Verlaufsdiagramm**, das den Titel Preisentwicklung **Telekommunikation** trägt, stellt die Preisentwicklung für Telekommunikation im Jahr **2010** dar. Diese wurde erhoben durch das Statistische Bundesamt in **Wiesbaden**. Auf der **x-Achse** sind die Jahreszahlen ablesbar, während auf der **y-Achse** Angaben zum Verbraucherpreisindex gemacht werden. Ausgehend vom Verbraucherpreisindex (2010 = 100) sind **die Entwicklungen** als Kurven für „Mobilfunk" (hellgraue Kurve), „Festnetz und Internet" (**schwarze Kurve**) kombiniert und „insgesamt" (**blaue Kurve**) über den Zeitraum von **2000** bis **2013** abzulesen. Dabei fällt auf, dass, nachdem die Preise bis **2001** für Mobilfunk, Festnetz und Internet **stark gefallen sind**, die Kosten für den **Mobilfunk** zwischen 2001 und **2003** besonders stark anstiegen. Festnetz und **Internet** wurden nur etwas teurer. Bis **2006** glichen sich die Kosten in allen Bereichen an und **fallen** seitdem jedes Jahr. Das heißt zusammenfassend betrachtet, Telekommunikation wird tendenziell **günstiger**.

Teil C Strategien zur Bearbeitung von Schreibaufgaben

C Strategien zur Bearbeitung von Schreibaufgaben

C 1.1 Was bedeutet die Aufgabenstellung „Informiere ..."?

Seite 24
1. Adressat: Schülerinnen und Schüler sowie Lehrkräfte
Situation/Thema: Info-Text zum Thema „Mehrsprachigkeit" für Vorbereitungsordner zum Projekttag „Sprachenreichtum an unserer Schule"
Schreibziel: Adressaten zur Vorbereitung des Projekttages über das Thema „Mehrsprachigkeit" informieren

2. • <u>Stelle</u> die Vorteile <u>dar</u>, wenn man von Geburt an mehrsprachig aufwächst.
   • <u>Erläutere</u>, wie sich die Meinungen zu „Mehrsprachigkeit ab Geburt" geändert haben.
   • <u>Schlussfolgere</u> anhand der Materialien und eigener Überlegungen, warum viele Firmen es gut finden, wenn Auszubildende neben Deutsch auch noch andere Sprachen sprechen.
   • <u>Notiere</u> unterhalb des Textes die Nummern der von dir genutzen Materialien.

C 1.5 Schreibaufgabe zu einem informierenden Text in sechs Schritten erarbeiten (AT2)

Seite 28
2. Adressat: Schülerinnen/Schüler, Lehrerinnen/Lehrer, Eltern
Situation/Thema: Namensgebung; Schule soll nach der Autorin Mirjam Pressler benannt werden
Schreibziel: Adressaten gut über die Autorin Mirjam Pressler zu informieren

3. individuelle Schülerlösung

4. individuelle Schülerlösung

Seite 32/33
5.–10. siehe Lösungsheft, Seite 23

Seite 34
11. Mögliche Schülerlösung:
Wissenswertes über die Autorin Mirjam Pressler
Unsere Schule soll nun nach der Autorin Mirjam Pressler benannt werden. Deshalb sollten alle Beteiligten genauer wissen, wer Mirjam Pressler eigentlich ist. Die Autorin wurde 1940 in Darmstadt geboren. Bevor sie zum Schreiben kam, übte sie unterschiedliche Jobs aus, unter anderem war sie Inhaberin eines Jeansladens. Aber auch ein einjähriger Aufenthalt in einem Kibbuz in Israel ist in ihrem Lebenslauf zu finden. Heute lebt sie in Bayern.
Mirjam Presslers Bücher sind sicher deshalb so beliebt, weil sie darin Themen aufgreift, die für uns alle eine große Bedeutung haben und mit denen sich viele identifizieren können, zum Beispiel geht es um Außenseiter, um Flucht und Vertreibung, das Leben mit Behinderungen oder um Kinder, die in schlimmen sozialen Verhältnissen aufwachsen. Mirjam Pressler greift Themen auf, die nicht die „heile" Welt schildern. Ihre eigenen Lebenserfahrungen lässt sie dabei nicht außen vor, sie lassen sich gut mit der Lebenswelt der Figuren ihrer Bücher verknüpfen. Das Leben der Figur „Halinka" aus dem Buch „Wenn das Glück kommt, muss man ihm einen Stuhl hinstellen" weist große Ähnlichkeit mit Presslers Kindheit auf. Auch Mirjam Pressler verbrachte ihre Kindheit bei Pflegeeltern und in einem Heim. So wie Halinka in ihrer Phantasie mit Huckleberry Finn auf Reisen geht, erfand Pressler in Gedanken die Geschichten von Karl May weiter. Sicher haben Presslers eigenen Erfahrungen als Heimkind dazu beigetragen, die Gefühle des Heimkindes Halinka so einfühlsam wiedergeben zu können. Auch die Eigenart von Halinka, sich Sprüche und Sätze aufzuschreiben, die ihr durch den Kopf gehen, hat sicher etwas damit zu tun, dass für Pressler das Erfinden und Schreiben von Geschichten immer von großer Bedeutung war. Hier finden sich also einige Parallelen.
Für Mirjam Pressler sind wir Jugendlichen und Kinder eine wichtige Lesergruppe, da es ihr ein besonderes Anliegen ist, Kinder ernst zu nehmen und sie darin zu bestärken, stabile Persönlichkeiten zu werden. Sie zeigt dabei großes Einfühlungsvermögen. Zugrunde liegt ihrer Haltung der Begriff der „beschädigten Kindheit". Sie meint damit Zustände, in denen Kinder aufwachsen, die fern der „heilen" Welt sind. Sie stellt fest, dass Kinder die Situation, in der sie sich befinden, selbst nicht ändern können. Sie dürfen daran aber nicht zerbrechen, daher will Pressler ihnen durch ihre Bücher vermitteln, dass sie selbst keine Schuld an den Verhältnissen haben. Sie möchte, dass sie frei über ihre Situation reden, um sie so bewältigen zu können. Ganz wichtig dabei ist ihr, ihnen klar zu machen, dass ihnen die Situation an sich und das Sprechen darüber nicht peinlich sein muss. Sie möchte diese Kinder vor allem entlasten.
Durch ihr großes Einfühlungsvermögen und ihren Einsatz für das Kindeswohl ist Mirjam Pressler sicher eine würdige Namensgeberin für unsere Schule.

Ich habe für meinen Text Informationen aus den Materialien 1, 2, 3, 4 und 5 genutzt.

C 2.1 Was wird bei der Aufgabenstellung „Analysiere ..." erwartet?

Seite 35
2. • <u>Fasse</u> den Text kurz <u>zusammen</u>.
   • <u>Stelle dar</u>, wie sich Mr Vine gegenüber Ruby und den Kunden verhält.
   • <u>Untersuche</u>, welche Empfindungen Ruby während des Konflikts durchlebt.
   • <u>Erläutere</u>, wie durch sprachliche und formale Mittel deutlich wird, dass Ruby sich über Mr Vine ärgert (mögliche Aspekte: *Wortwahl, Sprachbilder, Erzählperspektive*).
   • <u>Setze dich</u> im Schlussteil mit der folgenden Aussage eines Schülers kritisch <u>auseinander</u> ...
     – <u>Nimm Stellung</u> zu der Aussage.
     – <u>Begründe</u> deine Meinung.
     – <u>Belege</u> deine Ausführungen am Text..

3 b) Es wird nach konkreten sprachlichen Besonderheiten gefragt.
c) Die Bewertung ergibt sich durch die Aufgabe, Stellung zur Aussage nehmen zu müssen.

C 2.6 Schreibaufgabe zu einem erzählenden Text in sechs Schritten bearbeiten (AT 4a)

Seite 40
2. – eine Einleitung schreiben (hier: Titel, Autor, Thema)
– den Inhalt zusammenfassen
– das Besondere an der Beziehung darstellen
– erklären, warum Therese zu Hause nichts von Bull erzählt
– Gründe für den inneren Konflikt Thereses erläutern und sprachliche und formale Mittel herausarbeiten, die den Konflikt verdeutlichen (Erzählform und -verhalten, Satzbau)
– Text aus der Sicht von Therese in der Ich-Form verfassen

3. individuelle Schülerlösung

4. individuelle Schülerlösung

5. Beziehung von zwei Jugendlichen mit unterschiedlichen Wertvorstellungen und Lebensweisen; unterschiedliche Definitionen von Freundschaft; Freundschaft nicht um jeden Preis; Veränderung einer Beziehung von Zuneigung zu Abneigung; Thereses Enttäuschung; Ehrlichkeit siegt etc.

Seite 44 – 47
6. – 12. siehe Lösungsheft, Seite 24/25

Seite 48
13. Mögliche Schülerlösung:
In der kurzen Erzählung „Der Freund" von Gina Ruck-Pauquèt, die diese im Jahr 1987 verfasst hat, geht es um die freundschaftliche Beziehung zwischen zwei Jugendlichen. Diese sind sehr unterschiedlich, denn sie haben unterschiedlichen Wertvorstellungen und Lebensweisen. Die Freundschaft endet aufgrund der Enttäuschung des Mädchens durch den Jungen.
Therese und Bull sind befreundet, obwohl sie sehr verschieden sind. Therese kommt aus behüteten Verhältnissen, während Bull mit seinen 14 Jahren nicht einmal die Schule besucht und auch nicht das tut, was Erwachsene von ihm erwarten würden. Ebenso arbeitet er nicht. Therese bringt ihrem Vater, der nicht besonders gesprächig ist, häufiger Essen in die Gärtnerei. Zumeist kümmert er sich nicht weiter um sie, weil er viel arbeitet. In der Gärtnerei trifft sie Bull zum ersten Mal. Er liegt im Gras und spielt Mundharmonika. Bull erzählt, dass er aus einer schlechten Gegend kommt. Sie treffen sich fortan jeden Tag und vertreiben sich die Zeit mit Spielereien. Therese genießt diese lustige Zeit mit Bull, obwohl sie vermutet, dass er stiehlt. Dann wird in der Schule ein gelber Wollschal gestohlen. Therese stellt Bull deswegen zur Rede, weil sie vermutet, dass er ihn genommen hat, doch er leugnet die Tat und lacht sie aus. Sie zweifelt daraufhin an der Freundschaft und muss sich anstrengen, lustig zu sein. Tage später fehlt in der Schule eine dicke Winterjacke. Therese ahnt, wer sie gestohlen hat. Als sie zur Gärtnerei kommt, sieht sie Bull in der Jacke und fordert ihn auf, diese herauszugeben. Er reagiert schroff und belustigt und glaubt nicht, dass sie ihn verrät. Therese verfällt in einen inneren Konflikt und überlegt sich in Gedanken Entschuldigungen für Bulls Tat. Schließlich fasst sie aber einen Entschluss. Sie fährt zur Lehrerin, um ihr die Wahrheit zu sagen.
Im ersten Absatz wird erzählt, dass Therese keine Schulfreunde hat (Z. 4–7). Auch zu ihrem Vater scheint sie kein inniges Verhältnis zu haben (Z. 37–38, Z. 45–47), obwohl sie ihm oft das Essen in die Gärtnerei bringt (Z. 29–31). Dabei lernt sie Bull kennen, der dort einfach im Gras herumliegt (Z. 28–29). Bull genießt das Leben und ist unkompliziert (Z. 48–56), was Therese zunächst fasziniert. Die Beziehung ist für Therese besonders, weil Bull einfach in den Tag hineinlebt. Seine Lebensweise unterscheidet sich sehr von der ihren (Z. 7–11, Z. 23–27), denn sie lebt mit ihren Eltern eher konservativ und traditionell, während Bull das tut, was ihm Spaß macht. Er kennt allerdings auch keine Regeln, was sie später stört. Das Besondere an der Beziehung ist, dass sie sich gut verstehen und miteinander Spaß haben können, z. B. Mundharmonika spielen, Sonnenblumenkerne weitspucken oder Seifenblasen pusten (Z. 73–82, Z. 95–100). Im Text steht, dass Therese denkt: „Mit Bull war alles anders, leichter, fröhlicher." (Z. 98–99).
Thereses Mutter bezeichnet die Häuser am Stadtrand als „Silos" (Z. 68). Sie meint, dass in den „Wohnmaschinen" (Z. 69) nur „Gesindel" (Z. 71) leben würde. Durch diese Bezeichnung wertet sie Bull als Person ab, denn der ist in dieser Siedlung zu Hause. Therese weiß auch, dass ihre Eltern die Lebensweise Bulls nicht gutheißen würden („Seifenblasenfabrikant", Z. 93–94), denn sie selber arbeiten den ganzen Tag (Z. 33–36) und erziehen Therese nach den gängigen Werten und Normen der Gesellschaft. Ihnen ist Ehrlichkeit wichtig, und das merkt man später an Thereses Handeln (Z. 199–203). Therese glaubt, dass die Eltern nicht verstehen würden, warum sie sich so gut mit Bull versteht (Z. 101–103). Deshalb erzählt sie zu Hause nichts von ihm, denn sie würden den Umgang mit ihm vermutlich nicht gutheißen, ihn vielleicht sogar verbieten. Zudem vermutet Therese auch, dass Bull die Sonnenblumenkerne aus der Gärtnerei ihres Vaters gestohlen hat (Z. 84–88).
Bull kann nicht damit aufhören, zu stehlen. Er besorgt sich die Dinge, die er im Leben braucht, einfach ohne zu fragen und ohne dafür Geld zu bezahlen. Er bestiehlt Thereses Vater und ihre Klassenkameraden (Z. 84–88: Sonnenblumenkerne, Z. 112–116: gelber Wollschal, Z. 158–161: dicker, grauer Janker). Das ärgert Therese maßlos und sie wünscht sich zu Beginn noch, dass sie Unrecht mit ihren Vermutungen hat. Im weiteren Verlauf der Erzählung erfährt sie aber, dass Bull unehrlich ist und stiehlt, während sie selber eher offen und ehrlich ist. Daher spricht sie den Diebstahl des gelben Wollschals in der Schule in seiner Gegen-

wart an (Z. 120–123), doch Bull grinst nur und sagt gar nichts dazu (Z. 126–127). Daraus zieht sie ihre Schlussfolgerungen und verurteilt sein Handeln: „Das war gemein von dir!" (Z. 119–120). Nach dem dritten Diebstahl wird Therese richtig wütend (Z. 174–182), denn Bull meint, das gehe sie nichts an (Z. 178). Nach ihrer Drohung, etwas zu sagen, macht er sich sogar über sie lustig („Das machst du nie!" Bull lachte.", Z. 178–181. Sie zählt bis drei (Z. 181) und da sie ein konsequenter Mensch ist, fährt sie weg. Genau diese Konsequenz stürzt sie in einen inneren Konflikt, denn sie mag Bull eigentlich, doch durch die Er-/Sie-Erzählform mit personalem Erzählverhalten werden auch die Gedanken Thereses deutlich, und zwar als Aufzählung von Nebensätzen (Z. 185–188). Sie sucht zunächst nach Entschuldigungen für Bulls schlechtes Verhalten. Dann reagiert sie vernünftig, denn ihr ist klar, dass Bulls Verhalten nicht zu tolerieren ist (Z. 190–193): „Dass er es trotzdem nicht durfte. Weil kein Mensch das Recht hat, einem anderen etwas wegzunehmen." Die gewählte Erzählform und das Erzählverhalten sorgen dafür, dass der Leser Thereses inneren Zwiespalt und ihren Entschluss, der Lehrerin am Ende die Wahrheit zu sagen (Z. 194–203), nachvollziehen kann. Gleichermaßen lassen die kurzen Dialoge mit Bull Rückschlüsse auf dessen Charakter zu, denn er reagiert ihr gegenüber gar nicht beschämt oder einsichtig. Dass ihr die Entscheidung nicht leicht fällt, wird ebenfalls durch das personale Erzählverhalten deutlich: „Noch bevor sie anfangen würde zu weinen." (Z. 202–203).

Text aus der Sicht von Therese:
Bull ist und lebt so ganz anders als ich, deswegen fand ich ihn gleich interessant. Er geht nicht mehr in die Schule und macht nur das, worauf er Lust hat. Außerdem interessiert er sich für mich und ich kann mit ihm lachen und Blödsinn machen. Ich verbringe gerne Zeit mit Bull, denn mit ihm ist alles leichter und fröhlicher. Und seit ich Bull kennen gelernt habe, bin ich endlich nicht mehr so alllein.
Der erste Verdacht, dass Bull stiehlt, kam mir, als ich ihn in der Schule gesehen hatte; danach fehlte ein Schal. Nachdem ich ihn zur Rede gestellt hatte, grinste er nur – und ich wusste, dass er mich anlog, als er sagte, er würde nicht stehlen. Ich war verzweifelt, schließlich ist Bull mein Freund. Trotzdem hat er nicht das Recht andere Menschen zu bestehlen. Am nächsten Tag fehlte dann auch Jochens Wolljanker. Und nachmittags hatte Bull genau diesen Janker an. Nachdem ich ihm auf den Kopf zugesagt habe, dass er den Janker gestohlen hat und Bull wieder abweisend reagierte, wurde es mir zu viel und ich habe beschlossen, Bull meiner Lehrerin zu melden. Das hat mich sehr traurig gemacht, weil ich wusste, dass er das Gefühl haben würde, dass ich ihn verraten habe. Mir war klar, dass unsere Freundschaft vorbei ist und ich wieder allein sein würde. Außerdem hat es mich sehr bedrückt, dass Bull nicht ehrlich zu mir war, eben weil ich dachte wir seien Freunde. Er hätte mir doch sagen können, dass er Hilfe braucht, dann hätte ich ihm auf ehrliche Weise Winterkleidung besorgt.

C 2.7 Schreibaufgabe zu einem lyrischen Text in sechs Schritten bearbeiten (AT 4a)

Seite 49

1. schreibe, benennst, fasse zusammen (Inhalt), stelle dar (Einstellung zur Beziehung), erläutere (Unterschied Wolke 4/7), erläutere (sprachliche Mittel), nimm Stellung, begründe (Stellungnahme)

2. individuelle Schülerlösung

3. individuelle Schülerlösung

4. individuelle Schülerlösung

5. Beziehung zwischen zwei Partnern/aus der Sicht von lyrischem Ich/Beschreibung u. Unterschied von Wolke 4 und Wolke 7/Einschätzung der Beziehung durch das lyrische Ich

Seite 51–53
6.–11. siehe Lösungsheft, Seite 26

Seite 54
12. Mögliche Schülerlösung:
Im Liedtext „Wolke 4" von Philipp Dittberner und Marv aus dem Jahr 2015 beschreibt das lyrische Ich aus seiner Sicht die Situation seiner jetzigen Beziehung.
Das lyrische Ich bittet seine Partnerin bzw. seinen Partner darum, auf der jetzigen Beziehungsstufe, die es als „Wolke 4" bezeichnet, zu bleiben, da es bereits einmal in einer anderen Beziehung auf der „Wolke 7" gewesen ist und dort schlechte Erfahrungen gemacht hat. Das lyrische Ich setzt den derzeitigen Beziehungszustand mit der Wolke 4 gleich und vergleicht ihn mit dem Beziehungszustand der Wolke 7. Dazu nennt es Beispiele aus dem jetzigen Beziehungsalltag. Die Beziehung des lyrischen Ich wird von ihm gleichgesetzt mit „Wolke 4" (V. 1). Das heißt, es teilt seine Beziehungen in Stufen ein. In einer früheren Beziehung war es bereits auf Wolke 7, aber es wurde enttäuscht (V. 3). Im Liedtext werden die Wolke 4 und die Wolke 7 miteinander verglichen, das heißt im Vergleich, auf Wolke 4 kann das lyrische Ich nicht so sehr verletzt oder enttäuscht werden wie auf Wolke 7 („bin zu tief gefallen" (V. 3). Das heißt aber auch, dass man auf der Stufe der Wolke 4 nicht so glücklich sein kann wie auf Wolke 7. Ganz ohne Partner oder Partnerin möchte das lyrische Ich jedoch auch nicht sein (V. 4). In Strophe 2 schildert es seinen gegenwärtigen Alltag. Es passiert nichts Großartiges, nur Kleinigkeiten (V. 5/6). Das heißt, es gibt derzeit keine Höhen und Tiefen in seinem Alltag. Diese Wahrheit will es jedoch nicht wahrhaben. Es verdrängt die Wirklichkeit („maskiert", V. 7) und fühlt sich gut damit (V. 8). In Strophe 4 geht das lyrische Ich noch einmal auf seine frühere Beziehung auf Wolke 7 ein. Es hat nicht in die Zukunft geblickt (V. 13) und so nicht geahnt, was ihn erwartet. Offensichtlich ist das Ende der Beziehung sehr plötzlich gekommen und es ist dann sehr verletzt worden (V. 14). Das lyrische Ich scheint immer noch großen Liebeskummer zu haben. Seine Tage sind für ihn dun-

kel (V. 15) und auch das Lächeln der neuen Partnerin bzw. des neuen Partners tröstet es nicht (V. 16). Es ist aber beständig. So muss es sich wohl keine Gedanken machen, dass es erneut verlassen wird.

Die Einstellung des lyrischen Ich zu seiner derzeitigen Beziehung wird besonders durch die Wortwahl deutlich. Es ist derzeit nur auf „Wolke 4", während die Redewendung „Wolke 7" soviel heißt, wie „auf Wolken schweben", also sehr glücklich zu sein. Diese Redewendung aktiviert beim Leser sofort eine genaue Vorstellungskraft, sodass die Beziehung gut eingeschätzt werden kann. Ihm reicht jedoch offensichtlich „Wolke 4" (V. 1), da er mit einem höflichen Imperativ seine neue Partnerin bzw. Partner darum bittet, auf dieser Stufe bleiben zu können. Durch die Personifikation, dass die Wirklichkeit eine Maske trägt (V. 7) wird deutlich, dass das lyrische Ich die Wahrheit nicht sehen will und sie verdrängt.

Dass es sich derzeit wohl nicht um die große Liebe handelt, kann man daran erkennen, dass die Sprache sehr sachlich und wenig romantisch gewählt wird („gut zu wissen", „funktioniert"). Das lyrische Ich hat wohl großen Liebeskummer. Sein Herz wurde „zerbombt" (V. 14), also völlig zerstört und nicht nur verletzt. Auch das „Lächeln" seiner neuen Partnerin bzw. seines Partners kann man nur als „kleine" Freude bezeichnen. Auch da ist es nur auf der Stufe der Wolke 4. Auf Wolke 7 würde sicherlich eher laut gelacht werden und nicht nur gelächelt.

Eine Schülerin sagt über den Liedtext, sie finde, das lyrische Ich würde seine Freundin bzw. seinen Freund nicht richtig lieben und schlägt vor, es sollte die Beziehung beenden. Damit meint sie, dass die Beziehung der beiden keinen Sinn mehr hat, weil das lyrische Ich den Freund bzw. die Freundin nicht aufrichtig liebt.

Ich bin der Meinung, dass die Schülerin mit ihrer Aussage recht hat. Es ist nicht die große Liebe, denn das lyrische Ich gibt sich mit weniger zufrieden. Es scheint, als möchte es einfach nur versorgt sein, denn die Wolke 4 ist für ihn besser als gar keine Beziehung. Das finde ich der neuen Freundin bzw. dem Freund gegenüber sehr unfair, denn diese oder dieser wird es sicher mehr lieben und hat es nicht verdient, nur als zweite Wahl bereitzustehen.

C 3.1 Was bedeutet die Aufgabenstellung „Untersuche und vergleiche ...?"

Seite 56

2. • <u>Fasse</u> die Informationen aus M1 <u>zusammen</u>.
   • <u>Stelle</u> die Aussagen aus M2 mit eigenen Worten <u>dar</u>.
   • <u>Gib</u> die Informationen aus M3 <u>wieder</u>. <u>Vergleiche</u> die beiden Positionen im Hinblick darauf, ob Dialekt sprechende Jugendliche im Alltag wirklich benachteiligt sind. <u>Belege</u> deine Ausführungen am Text.
   • <u>Setze dich</u> kritisch mit der folgenden Aussage einer Schülerin <u>auseinander</u> ...
     – <u>Nimm Stellung</u> zu der Aussage.
     – <u>Begründe</u> deine Meinung.

– <u>Beziehe</u> dich dabei auch auf die Materialien M1 bis M3.

3. – Informationen aus M3 wiedergeben
   – Die genannten Positionen im Hinblick darauf vergleichen, ob Jugendliche, die Dialekt sprechen im Alltag benachteiligt sind
   – Textbelege bringen

C 3.5 Schreibaufgabe zu Sachtext und Schaubild in sechs Schritten bearbeiten (AT 4b)

Seite 60

2. Die Materialien M 1 bis M 3 untersuchen, miteinander vergleichen und die Fragen in einem zusammenhängenden Text beantworten.

3. individuelle Schülerlösung

4. individuelle Schülerlösung

5. Material 1:
   – Computerspiele ermöglichen das Lernen
   – Computerspiele sind Lernspiele und auch Lernhilfe
   – Computerspiele fördern Kompetenzen in 5 Bereichen: Sensomotorik, kognitive Kompetenz, Medienkompetenz, soziale Kompetenz, persönlichkeitsbezogene Kompetenz
   – hinter diesen Kompetenzen stehen Fähigkeiten, die im Berufsleben des 21. Jahrhunderts dringend benötigt werden (→ Auge-Hand-Koordination, Geschicklichkeit, logisches Denken, Konzentrations- und Planungsfähigkeit, der Umgang mit Computersoftware, Teamfähigkeit, Kommunikationsfähigkeit, der Umgang mit Erfolg und Misserfolg usw.)

6. Material 2:
   Ein Medienforscher sagt:
   – zur Feststellung einer Sucht sind mehrere Anzeichen über einen längeren Zeitraum notwendig, beispielsweise die stetige Steigerung der Spielzeit (oft trotz Verbot), das Verheimlichen des Spielkonsums, der Rückzug aus dem Freundeskreis, das Vernachlässigen bisheriger Interessen und Hobbies
   – weitere Anzeichen: schulische Auffälligkeiten (Verschlechterung der Noten, zunehmende Fehlzeiten)
   – wer mehrere Stunden am Tag spielt, leidet meist unter lästigen Nebenwirkungen (Rückenbeschwerden, Augenschmerzen, Verspannungen; oft auch Übermüdung, ungewöhnliche Stimmungswechsel, Teilnahmslosigkeit oder Agressivität)
   – die Folgen von Computerspielen mit gewalttätigen Inhalten auf die Spielenden sind nach wie vor umstritten; die Spiele allein rufen keine Gewalttaten hervor, können aber eine deutlich aggressionsfördernde Wirkung haben → Abstumpfen gegenüber Gewalt, verringertes Mitleidsgefühl

Material 3:
   – Säulendiagramm: Spieldauer von Jugendlichen (Jungen/Mädchen) am Computer pro Woche

Teil C Strategien zur Bearbeitung von Schreibaufgaben

- 0–2 Std. in der Woche: Jungen ca. 30 Prozent, Mädchen ca. 80 Prozent
- 3–6 Std. in der Woche: Jungen ca. 22 Prozent, Mädchen ca. 9 Prozent
- 7–14 Std. in der Woche: Jungen ca. 20 Prozent, Mädchen ca. 9 Prozent
- mehr als 14 Std. in der Woche: Jungen ca. 30 Prozent, Mädchen ca. 5 Prozent

Fazit: Jungen spielen weitaus länger als Mädchen, gut 70 Prozent der befragten Jungen spielen 3 Std. pro Woche und mehr; gut ein Drittel der befragten Jungen spielt sogar mehr als 14 Std. in der Woche!

Seite 63–65

7.–14. siehe Lösungsheft, Seite 27/28

12. Ein Medienforscher hat gesagt, dass er dafür sei, dass Jugendliche unter 18 Jahren Computerspiele mit aggressivem Inhalt nicht kaufen können. So soll verhindert werden, dass junge Menschen süchtig bzw. sozial auffällig werden.

13. Meiner Meinung nach kann man zwar fordern, dass Spiele mit gewalttätigen Inhalten nicht an Jugendliche unter 18 Jahren verkauft werden dürfen, aber in der Wirklichkeit lässt sich das nicht so leicht durchsetzen. Ein Verbot des Verkaufs von solchen Spielen, die oft über das im Internet vertrieben werden, lässt sich nur schwer kontrollieren: Ich selbst habe einige Freunde, die bereits 18 sind, und die mir ein entsprechendes Spiel besorgen würden. Außerdem ist noch nicht sicher nachgewiesen worden, dass Computerspiele mit gewalttätigem Inhalt sich negativ auf die Spielenden auswirken.

Seite 66

15. ❶/❷ Mögliche Schülerlösung:
Es liegen drei Materialien vor. Material 1 ist ein Text des Autors Harald Stöveken aus dem Jahr 2016 mit dem Titel „Computerspiele als Chance". Der informierende Text wurde unter Verwendung von Informationen aus verschiedenen Internetartikeln bzw. Zeitschriftenbeiträgen erstellt.
Bei M2 handelt es sich um ein Interview mit dem Medienforscher Markus L., das am 18.09.2016 im Neustädter Tageblatt erschienen ist und sich kritisch mit dem Thema Computerspiele auseinandersetzt.
Das Säulendiagramm M3 gibt die Spieldauer von Jugendlichen am Computer pro Woche an, es beruht auf einer Erhebung der Hauptschule Immerfeldt.
Alle Materialien beschäftigen sich also aus unterschiedlichen Blickwinkeln mit dem Thema Computerspiele.
Der Autor vom M1 bezeichnet Computerspiele als Chance, weil sie, wie alle Spiele, anregend sind und vielerlei Fähigkeiten fördern. Eine der wichtigsten Fähigkeiten ist das Lernen selbst, schließlich müssen die Spielenden die Regeln, die Geschichte, den Inhalt, die Strategien und die Handlungsmöglichkeiten des Spiels meistern und ihr Können ständig neu an die Anforderungen des Spiels anpassen. Darüber hinaus fördern Computerspiele die Kompetenzen der Spielenden in den Bereichen Sensomotorik, kognitive Kompetenz, Medienkompetenz, soziale Kompetenz und persönlichkeitsbezogene Kompetenz. Hinter diesen Kompetenzen steht eine Vielzahl an Fähigkeiten, wie zum Beispiel die Auge-Hand-Koordination, die Geschicklichkeit, das logische Denken, die Konzentrations- und Planungsfähigkeit, die Fähigkeit zum Umgang mit Computersoftware, Kommunikationsfähigkeit usw. All diese Fähigkeiten werden im Berufsleben des 21. Jahrhunderts benötigt. Deshalb können Computerspiele auch eine Chance für die Spielenden darstellen, eben weil mit ihrer Hilfe eine Vielzahl an wichtigen Kompetenzen und Fähigkeiten erworben werden kann.
In M2 wird ein Medienforscher dazu befragt, wie süchtig Computerspiele eigentlich machen. Der Medienforscher gibt in diesem Zusammenhang zu bedenken, dass eine eindeutige Antwort auf diese Frage nur schwer zu finden ist, und zum Feststellen einer Sucht mehrere Anzeichen über einen längeren Zeitraum vorliegen müssen. In diesem Zusammenhang wird unter anderem eine stetige Steigerung der Spielzeit genannt, oft auch trotz Verbot. Weitere Anzeichen sind z.B. der Rückzug aus dem Freundeskreis, mangelndes Interesse an Familienaktivitäten, das Vernachlässigen bisheriger Hobbies oder schulische Auffälligkeiten wie die Verschlechterung der Noten oder zunehmende Fehlzeiten. Außerdem geht der Medienforscher auf die körperlichen Folgen ein, die übermäßiges Computerspielen mit sich bringt, beispielsweise Rückenbeschwerden, Augenschmerzen oder Verspannungen.
M3 bildet die Spieldauer von Jugendlichen am Computer pro Woche ab. Das Diagramm zeigt, dass Jungen weitaus länger spielen als Mädchen. Während die große Mehrheit der befragten Mädchen, nämlich knapp 80 Prozent, pro Woche höchstens zwischen 0 und 2 Stunden am Computer spielt, spielen gut 70 Prozent der befragten Jungen 3 Stunden pro Woche und mehr. Auffällig ist auch, dass gut ein Drittel der befragten Jungen sogar mehr als 14 Stunden in der Woche am Computer spielt. Solche „Vielspieler" finden sich unter den Mädchen kaum. Der Anteil der Mädchen, die pro Woche zwischen 7 und 14 Stunden oder gar mehr als 14 Stunden spielen, beträgt nicht einmal 10 Prozent bzw. gerade 5 Prozent.
M1 befasst sich ausschließlich mit den positiven Auswirkungen, die Computerspiele auf die Spielenden haben können und bezeichnet Computerspiele deshalb als Chance für die Spieler. Wirft man einen genaueren Blick auf die anderen Materialien, so wird aber deutlich, dass Computerspiele nicht immer eine Chance für die Spielenden darstellen. In M2 wird nämlich ein Medienforscher ausführlich dazu befragt, wie süchtig Computerspiele eigentlich machen. Zwar äußert sich dieser ganz sachlich zu dem Thema und betont, dass es schwer ist, allgemein gültige Antworten auf diese Frage zu geben (Z. 9–10), dennoch macht M2 deutlich, dass Computerspiele ein hohes Suchtpotential bergen und gerade übermäßiger Spielkonsum auch gesundheitliche Folgen nach sich zieht. M2 zeichnet also ein ganz anderes, viel kritischeres Bild von Com-

puterspielen als M1. Nach dem Lesen von M2 wird deutlich, dass Computerspiele nur dann eine Chance für die Spielenden darstellen, wenn sie in Maßen gespielt werden. Dies wird schon an der eher kritisch gewählten Überschrift von M2 deutlich („Sind sechs Stunden täglich zu viel?").

Im Gegensatz zu M1 und M2 geht M3 nicht direkt auf die positiven oder negativen Auswirkungen von Computerspielen ein. Stattdessen informiert das Diagramm allgemein und umfassend darüber, wie lange Jugendliche pro Woche am Computer spielen. Dem Diagramm lässt sich entnehmen, dass es unter den Jugendlichen durchaus eine nennenswerte Zahl an Vielspielern gibt, insbesondere unter den Jungen. Somit unterstreichen die Zahlen aus M3 gewissermaßen die Aussagen aus M2, indem sie betonen, dass eine Sucht nach Computerspielen bei Jungen eine realistische Gefahr darstellt. Auch dieses Material macht deutlich, dass das Spielen von Computerspiele insbesondere für Jungen nicht von vornherein ein Chance darstellt, die sie im Leben weiterbringt, sondern durchaus ein bestimmtes Gefahrenpotential birgt.

Die Aussage des Medienforschers, der fordert, dass Computerspiele mit aggressivem Inhalt nicht an Jugendliche unter 18 Jahren verkauft werden sollen, damit diese nicht süchtig bzw. sozial auffällig werden, kann ich zum Teil nachvollziehen. Ein Verbot des Verkaufs von solchen Spielen lässt sich meiner Meinung nach aber nur schwer kontrollieren. Wer will sicher überprüfen, ob der Käufer schon 18 ist? Ich habe z. B. Freunde, die bereits volljährig sind, und die mir durchaus ein entsprechendes Spiel besorgen würden. Außerdem ist der Zusammenhang zwischen Computerspielen mit aggressiven Inhalten und Gewalttaten nicht eindeutig nachgewiesen (M2, Z. 55–58). Fest steht, dass solche Spiele auf einzelne Spieler eine deutlich aggressionsfördernde Wirkung haben können, weil sie zu einem Abstumpfen gegenüber Gewalt und verringertem Mitleidsgefühl führen können. Nicht jeder der „Ballerspiele" spielt, wird aber sofort gewalttätig. Dabei spielen noch andere Faktoren, wie z. B. die Persönlichkeit des Spielers und sein soziales Umfeld, eine wichtige Rolle. Deshalb aber Spiele mit aggressivem Inhalt generell nicht an Jugendliche unter 18 Jahren zu verkaufen, halte ich für falsch. Ich finde, man sollte Jugendliche eher über die Gefahren aufklären, die Computerspiele bergen können, da diese durchaus ein Suchtpotential haben, wie M2 und M3 zeigen. Ein komplettes Verbot einer bestimmten Art von Spielen macht diese für die Jugendlichen doch nur noch interessanter.

D Prüfungs-/Übungsaufgaben zum Themenbereich „Sprachkultur und Leselust"

D 1 Leseverstehen: Wenn Hunde Kindern die Angst vor dem Vorlesen nehmen (angeleitetes Üben)

Seite 69

❶ b) trifft zu.

❷ a) trifft zu.

❸ d) trifft zu.

Seite 70

❹ Bei den Lesehunden handelt es sich um ein Projekt der Johanniter. Dabei kommen ausgebildete Hundeführer mit Hunden in Grundschulklassen und die Schüler lesen den Hunden vor.

❺ d) trifft zu.

❻ a: Schäferhund, b: Schüler, c: Labrador, d: Hundeführerin, e: Pädagogin

❼ b) trifft zu.

Seite 71

❽ Durch den Einsatz der Hunde im Unterricht gibt es die Möglichkeit, die Lesekompetenz der Schüler zu verbessern. Die Kinder, die den Hunden vorlesen, erzielen in der Regel größere Lesefortschritte, die auch dauerhafter sind. Dies liegt daran, dass die Anwesenheit der Hunde die Kinder entspannt und motiviert. Sie haben langfristig gesehen mehr Spaß am Lesen.

❾ c) trifft zu.

❿ a) trifft zu.

Seite 72

⓫ b) trifft zu.

⓬ Ich stimme der Aussage des Schülers, der sagt, dass das Projekt Lesehunde an allen Schulen eingeführt werden sollte, nicht zu. Sicherlich motivieren die Hunde manche Schüler, wenn es um das Thema „Lesen" geht. Was ist aber mit den Schülern, die allergisch auf Hunde reagieren oder gar Angst vor Hunden haben? Diese Schüler werden durch den Einsatz der Hunde im Unterricht sicher kein positives Verhältnis zum Thema Lesen entwickeln. Im schlimmsten Fall werden sie aufgrund der Hunde noch zu Lesemuffeln!

D 2 Original-Prüfung 2019: Leseverstehen: Guck mal, eine Ba-na-ne! (selbstständiges Üben)

Seite 74

❶ c) trifft zu.

Seite 75

❷ d) trifft zu.

❸ b) trifft zu.

❹ a) trifft zu.

❺ c) trifft zu.

❻ c) trifft zu.

Seite 76

❼ Kinder, die in einem Alter von einem Jahr viel Babysprache gehört hatten, verfügten später über einen größeren Wortschatz als Gleichaltrige, mit denen in normaler Tonlage und Betonung gesprochen wurde.

❽ b) trifft zu.

❾ b) trifft zu.

❿ a) trifft zu.

⓫ b) trifft zu.

Seite 77

⓬ Ich stimme der Aussage der Schülerin, die sagt, dass es keine Rolle spielen würde, wie man mit einem Baby spricht, solange man überhaupt mit ihm spricht, zu. Schließlich haben Untersuchungen ergeben, dass Eltern ihre Sprache nicht anpassen müssen, damit ihr Baby sprechen lernt. Stattdessen sei es wichtig, dass das Baby durch wechselnde erwachsene Gesprächspartner unterschiedliche sprachliche Einflüsse haben würde.

D 3 Aufgabentyp 2: Sprachenreichtum an unserer Schule (angeleitetes Üben)

Seite 81/82

1. individuelle Schülerlösung

2.–7. Lösungshilfen zu den Aufgaben befinden sich direkt im Arbeitsheft sowie in der nachfolgenden Musterlösung zur Schreibaufgabe.

Seite 82

8. **In mehreren Sprachen zu Hause – Was heißt das für uns?**

Das Thema Mehrsprachigkeit geht uns alle an, denn unsere Gesellschaft verändert sich zusehends und verschiedene Sprachen werden auch für uns immer wichtiger, gleichermaßen aber auch alltäglicher. Zur Vorbereitung unseres Projekttages „Sprachenreichtum an unserer Schule" am 1. Juli wollen wir Schüler und Lehrkräfte auf dieses Thema vorbereiten.
Aber was ist eigentlich unter dem Begriff Mehrsprachigkeit zu verstehen? Es gibt verschiedene Arten von Mehrsprachigkeit: Zum einen spricht man von der Mehrsprachigkeit, über die man von Geburt an verfügt, da man die Sprachen durch seine Eltern oder auch im näheren Umfeld lernt. So kann es zum Beispiel sein, dass Mutter und Vater unterschiedliche Muttersprachen sprechen und diese dem Kind beibringen. Davon unterscheidet

man die Mehrsprachigkeit, die beispielsweise über den Fremdsprachenunterricht in der Schule erworben wird, wie zum Beispiel durch die Fächer Englisch oder Französisch. Grundsätzlich müssen das aber nicht nur zwei Sprachen sein; es gibt auch Kinder und Jugendliche, die mit drei oder mehr Sprachen aufwachsen.

Die Jugendlichen, die mehrsprachig aufwachsen, werden von Geburt an mit zwei Sprachen erzogen. Sie lernen diese Sprachen also gleichzeitig, ohne dass ihnen das Erlernen besonders bewusst ist. Es fällt ihnen also leichter, als wenn sie eine neue Sprache mühsam in der Schule lernen müssen. Gerade im frühen Kindesalter sind Kinder gewissermaßen „Sprachgenies". Hinzu kommt, dass Kinder Sprachen, die sie im alltäglichen Gebrauch stets verwenden, wesentlich besser beherrschen. Zudem zeigt sich, dass es Menschen, die mit mehreren Sprachen aufgewachsen sind, leichter fällt, weitere Sprachen zu lernen. Es gibt auch Hinweise darauf, dass durch die Mehrsprachigkeit das Denken an sich flexibler funktioniert.

In früheren Jahren hatte die Mehrsprachigkeit von Geburt an ein eher negatives Image. Die gängige Meinung war bis dahin, dass Kinder, die mit zwei Sprachen aufwachsen, Schwierigkeiten hätten, sich sprachlich oder körperlich problemlos zu entwickeln. Man ging davon aus, dass der gleichzeitige Erwerb von zwei Sprachen das Kind verwirrt und zu Sprachstörungen führt. Diese Annahmen sind jedoch veraltet und mittlerweile durch die Forschung vollkommen widerlegt. Heutzutage ist klar, dass Mehrsprachigkeit keine Probleme mit sich bringt, sondern eher Vorteile. Demzufolge hat sich die Einstellung zur Mehrsprachigkeit deutlich zum Positiven hin verändert.

Daher ist es heute eine gute Idee, Mehrsprachigkeit zu fördern, damit Auszubildende neben Deutsch auch noch weitere Sprachen sicher beherrschen, denn darauf legen Firmen mittlerweile großen Wert. Viele Firmen und Unternehmen unterhalten Geschäftsbeziehungen mit dem Ausland und betreiben Import oder Export. Für diese Handelsbeziehungen sind Fremdsprachen unerlässlich. Aber auch intern, beispielsweise beim Einkauf von Waren und deren Lagerung sowie im Rechnungswesen, sind Fremdsprachenkenntnisse unbedingt erforderlich. Eine Studie der Europäischen Kommission aus dem Jahre 2006 hat zudem gezeigt, dass kleinere und mittlere Firmen höhere Handelseinnahmen erzielen, wenn sie Angestellte beschäftigen, die über gute Fremdsprachenkenntnisse verfügen. Das liegt sicher daran, dass es vorteilhaft ist, sich mit Kunden in deren Sprache austauschen zu können. So schaffen diese Unternehmen eine größere Kundennähe und haben Wettbewerbsvorteile anderen Firmen gegenüber.

Für meinen Text habe ich die Materialien M1, M2, M3 sowie M5 genutzt.

D 4 Aufgabentyp 2: Comics (selbstständiges Üben)

Seite 83
Mögliche Schülerlösung:
Donald Duck, Asterix, Superman und Co – Warum uns Comics faszinieren

Immer öfter stoßen wir Schülerzeitungs-Redakteure bei der Recherche nach interessanten Themen für die nächste Ausgabe auf die Meinung, dass heute anders gelesen wird als früher. Besonders Comics werden dabei unterschiedlich bewertet: Für die einen sind sie das reine Lesevergnügen, für andere eher ein Dorn im Auge. Daher greifen wir in unserer aktuellen Ausgabe das Thema „Comics" auf, um alle unsere Leser dazu auf den neuesten Stand zu bringen.

Einige von euch haben sich sicher schon einmal gefragt, woher der Comic seinen Namen hat und was man genau unter einem „Comic" versteht. Im Grunde handelt es sich dabei um gezeichnete Bildergeschichten, die durch kurze Texte, dargestellt in Sprech- oder Gedankenblasen, ergänzt werden. Wenn ihr an typische Comic-Figuren denkt, wie zum Beispiel an Obelix oder Donald Duck, beginnt ihr vielleicht zu schmunzeln. Genau das beinhaltet auch der Name „Comic". Er hat große Ähnlichkeit zu dem Wort „komisch" und das ist auch die Absicht des Comics. Wir Leser sollen sie lesen und darüber lachen.

Die meisten Comics bringen uns tatsächlich zum Lachen. Das liegt sicher daran, dass die Figuren in den Bildergeschichten unheimlich ausdrucksstark gezeichnet werden. So kann jeder Comic-Liebhaber leicht Gefühle oder Reaktionen seiner Comic-Helden erfassen. Und solltet ihr tatsächlich mal eine Zeichnung nicht richtig deuten können, so werdet ihr durch Geräusche, Ausrufe oder besondere Ausdrücke, wie zum Beispiel ein „Rooooar," darin unterstützt. Manch einer von uns hat sicher schon einmal gedacht, dass diese Lautmalereien manchmal viel treffender sind als Verben, die das gleiche ausdrücken sollen. Vielleicht kennt ihr es sogar, dass sich verkürzte Verben aus der Comic-Sprache in eure Deutscharbeit verirrt haben? So wird aus einem „Nachdenken" plötzlich ein „Grübel", was für einige von uns viel anschaulicher wirkt. Nichtsdestotrotz kommen Comics nicht ohne Texte aus. Neben den Texten in Sprech- und Denkblasen tauchen kurze Sätze auch an Bildrändern auf. Sie liefern uns Lesern zum Beispiel Erklärungen zum Ort oder der jeweiligen Situation. Jeder Comic braucht somit sowohl Bilder als auch Texte, um die Geschichten verständlich an uns Leser zu vermitteln. Trotzdem greifen viele von uns gerade zu Comics, weil ihre Sprache leicht verständlich ist. Niemand muss sich durch lange Sätze kämpfen, sondern kann durch Sätze mit wenigen Wörtern der Geschichte gut folgen. Und statt sich durch die Bedeutung von Fremdwörtern zu quälen, ist es kein Problem für eifrige Comic-Leser, verkürzte Verben abzuleiten.

Somit müsste es doch eine wahre Freude – besonders für unsere Eltern und Lehrer – sein, zu sehen, dass es unter uns eifrige Leser von Comics gibt? Das war aber nicht immer so! Heutzutage ist das Lesen von Comics tatsächlich kein gesellschaftliches Problem mehr, sondern rundum anerkannt. Noch vor 70 Jahren aber galten Comics als Schundliteratur und wurden gar verboten. Dabei haben mehr als 90 Prozent der Jugendlichen in den USA begeistert Comics gelesen! Die Comic-Gegner hatten jedoch Angst davor, dass die Bilder-Geschichten einen schlechten Einfluss auf die damalige Jugend hätten. Häufig ging es in den Comics nämlich um Kriminalgeschichten, sodass ein negativer Einfluss auf die jugendlichen Leser befürchtet wurde. Zum Glück müssen wir heute mit solchen Ansichten nicht mehr umgehen! Im Gegenteil: Viele Comics gibt es nun auch ganz selbstverständlich als Verfilmung im Kino und Fernsehen.

Warum werden nun Comics immer noch so gerne gelesen? Für uns Jugendliche sind Comics einfach motivierend. Damit können auch Lesemuffel Freude am Lesen entwickeln, ohne viel Mühe investieren zu müssen. Dafür sorgen die Zeichnungen und die leicht verständlichen, kurzen Texte. Einen Comic zu lesen dauert definitiv nicht so lange, wie das Lesen eines Buches! Genau wie beim Lesen eines Buches wird aber unsere Phantasie durch die erzählte Geschichte angeregt. Ein Vertreter vom Interessenverband Comic behauptet sogar, dass unser Gehirn durch die Verknüpfung der Bilder und Texte stärker beansprucht wird, als beim Lesen von Büchern. Selbst viele Romane, die wir im Deutschunterricht lesen, gibt es mittlerweile als Comic, beziehungsweise als „Graphic Novel". Wahrscheinlich werden einige in Zukunft zeitgleich darauf zurückkommen, weil sie so den Inhalt des Romans leichter verstehen. Selbst im Fremdsprachen-Unterricht werden Comics eingesetzt, um die Motivation und das Sprachverständnis zu erhöhen. So wird aus „Asterix bei den Briten" „Asterix in Britain".

Also, greift guten Gewissens mal wieder zum Comic!

Für meinen Text habe ich die Materialien M1, M2, M3, M4 sowie M5 genutzt.

D 5 Aufgabentyp 2: Winnetou

Seite 87
Mögliche Schülerlösung:
Winnetou – Auf ewig Häuptling der Apachen
Bald werden wir ihn leibhaftig erleben – Winnetou, Häuptling der Apachen und Held vieler Leser- und Zuschauergenerationen. Doch wer und was steckt hinter diesem Idol und fasziniert uns noch heute? Winnetou, Indianerhäuptling des Stammes der Apachen, ist eine erfundene Figur des Schriftstellers Karl May. Gemeinsam mit seinem Blutsbruder Old Shatterhand und Sam Hawkens kämpft er für Frieden und Gerechtigkeit im Wilden Westen.

Wir alle haben sicher ein genaues Bild von Winnetous Aussehen vor Augen. Das liegt an den vielen Filmen und auch den Buchcovern, auf denen Winnetou stets sehr ähnlich abgebildet ist, mit langen dunklen Haaren und traditioneller indianischer Kleidung aus Leder.

Das Bild, welches wir heute von Winnetou haben, hat zudem Pierre Brice geprägt, der als Schauspieler in die Rolle des Apachenhäuptlings geschlüpft ist und dadurch weltberühmt wurde. Pierre Brice verlieh Winnetou ein edles, schönes, aber auch ernstes Aussehen. Neben seiner schönen äußeren Erscheinung besitzt Winnetou viele gute Eigenschaften. Er gilt als ehrlich, mutig, verlässlich und treu. Außerdem wird er als gerecht dargestellt. Er kann natürlich sehr gut reiten und schießen. Dazu ist er gebildet, denn er kann lesen, schreiben und verschiedene Sprachen sprechen.

Karl May hat sich offensichtlich so sehr mit seinen erfundenen Winnetou-Geschichten identifiziert, dass er immer wieder behauptete, selbst Old Shatterhand zu sein. In seinem Buch „Winnetou I" lässt er den Vermesser Karl zu Old Shatterhand werden. Hier gibt es also eine Namensgleichheit zwischen Karl May und dem späteren Winnetou-Gefährten. Der spätere Old Shatterhand stammt zudem auch aus Deutschland. Mays Leser des 19. Jahrhunderts dachten wirklich, May wäre ein erfahrener Reisender und Experte für den Wilden Westen, doch waren seine Geschichten pure Fantasie. Erst als er 66 Jahre alt war, reiste May tatsächlich in die USA, ohne aber dort auf Apachen zu treffen.

Es ist schon unglaublich, wie sehr die Figur Winnetou Leser und Zuschauer fasziniert hat und heute immer noch begeistert. Denn wer fiebert nicht gerne mit, wenn ein gut aussehender, edler Indianer gemeinsam mit seinem besten Freund und Blutsbruder bei tollen Hintergrundbildern durch den Wilden Westen reitet? Winnetou ist einfach ein wahrer Freund, der immer wieder seinen Blutsbruder Old Shatterhand beschützt. Heldenhafte Taten und wahre Freundschaft werden in unserem Alltag immer seltener, sodass wir gerne den Apachen-Häuptling Winnetou bei seinen Abenteuern begleiten. Auch die vielen Medien, wie Kinofilme, Hörspiele, Comics und Theaterstücke über Winnetou sorgen dafür, dass der Apachen-Häuptling in jeder Generation bekannt bleibt. Sicher wird die geplante Theateraufführung auch uns Zuschauer begeistern und wir werden eifrig mitfiebern. Also freut euch schon auf eine tolle Schulveranstaltung!

Ich habe den Informationstext mithilfe der Materialien M 1, M 2, M 3, M 4 und M 5 zusammengestellt.

Teil E Prüfungs-/Übungsaufgaben zum Themenbereich „Eine Frage der Beziehung"

E Prüfungs-/Übungsaufgaben zum Themenbereich „Eine Frage der Beziehung"

E 1 Leseverstehen: Während der Ausbildung ins Ausland (angeleitetes Üben)

Seite 93

❶ c) trifft zu.

❷ a) trifft zu.

❸ a: 4/ b: 3/ c:1/ d:2

Seite 94

❹ c) trifft zu.

❺ Mit dieser Formulierung soll ausgesagt werden, dass Jugendliche durch einen Auslandsaufenthalt während der Ausbildung neue Erfahrungen sammeln sollen, und zwar über die bekannten Inhalte und Ausbildungsbedingungen hinaus.

❻ d) trifft zu.

❼ Es müsste mehr Werbung gemacht werden. Anstatt nur die Betriebe zu informieren, müsste man die Azubis direkt ansprechen.

Seite 95

❽ a) trifft zu.

❾ b) trifft zu.

❿ b) trifft zu.

⓫ d) trifft zu.

⓬ Ich stimme der Aussage des Schülers, der sagt, dass ein Auslandsaufenthalt während seiner Ausbildung nichts für ihn wäre, nicht zu. Schließlich ist ja gerade die Ausbildung eine Zeit, in der man neue Dinge lernen soll. Und dafür eignet sich so ein Auslandsaufenthalt ganz hervorragend. Und wenn man dann einmal mit der Ausbildung fertig ist und eine feste Stelle hat, hat man meistens keine Möglichkeit mehr, noch einmal ins Ausland zu gehen.

E 2 Leseverstehen: Ein Freund, ein guter Freund (selbstständiges Üben)

Seite 97

❶ In dem Text geht es um das Thema **Freundschaft**. Einen Freund zu haben, ist wichtiger als **hunderte/viele** Kontakte im Internet.

❷ b) trifft zu.

Seite 98

❸ e) trifft zu.

❹ Damit ist gemeint, dass jeder sich besonders darstellt, z. B. durch schöne Fotos von sich selbst, durch Fotos von tollen Urlaubsorten oder Events, auf denen man war. Man postet kluge Sprüche und welche Schulabschlüsse man hat. Alles, um wichtiger und besser zu erscheinen als andere.

❺ a) und d) treffen zu.

❻ d) trifft zu.

❼ a) = 5 / b) = 2 / c) = 4 / d) = 1 / e) = 3

Seite 99

❽ Damit ist gemeint, dass Mädchen und Jungen voneinander lernen können. Sie haben andere Interessen und Einstellungen. Durch einen Austausch untereinander erfahren sie Dinge, die ihnen sonst verborgen bleiben würden.

❾ a) trifft zu.

❿ Ich stimme der Aussage der Schülerin, die sagt, dass eine echte Freundschaft zwischen Jungen und Mädchen nicht möglich sei, nicht zu. Natürlich kann es immer passieren, dass einer mehr für den anderen empfindet und die Freundschaft dann darunter leidet. Aber es wäre schade, allein schon deshalb auf eine mögliche Freundschaft zu verzichten, die durchaus bereichernd sein kann. Ich selbst bin mit einem Jungen, den ich aus meinem Sportverein kenne, sehr gut befreundet. Als ich kürzlich Streit mit meinem Freund hatte, hat mir das Gespräch mit diesem Jungen sehr geholfen, weil ich plötzlich den Standpunkt meines Freundes viel besser nachvollziehen konnte.

E 3 Aufgabentyp 4a: F. Beale: Am Ende des Alphabets (angeleitetes Üben)

Seite 102–104

1. individuelle Schülerlösung

2.–8. Lösungshilfen zu den Aufgaben befinden sich direkt im Arbeitsheft sowie in der nachfolgenden Musterlösung zur Schreibaufgabe.

Seite 104

9. Mögliche Schülerlösung:
In dem Textauszug „Am Ende des Alphabets" von Fleur Beale geht es um das Mädchen Ruby, die bei ihrem ersten Aushilfsjob Rückgrat zeigt und sich nicht abspeisen lässt.
Die Autorin schildert, wie die Ich-Erzählerin zu ihrem ersten Arbeitstag im Supermarkt von Mr Vine antritt. Vereinbart ist, dass sie dort eine Stunde putzt und dafür 10 Dollar erhält. Vor Arbeitsbeginn willigt ihr Arbeitgeber ein, ihr das Geld täglich bar auszuzahlen. Ruby reinigt gründlich den Linoleum-Boden, doch Mr Vine ist damit nicht zufrieden. Nach Ende der Arbeitszeit bittet Ruby um ihren Lohn, doch Mr Vine weigert sich, sie zu bezahlen, und fordert, Ruby solle auch das Klo putzen. Als Ruby ihn darauf hinweist, dass diese Tätigkeit über die vereinbarte Arbeitszeit hinausgeht,

lässt er sie stehen. Ohne bezahlt worden zu sein, verlässt die Ich-Erzählerin den Supermarkt. Doch dann ist sie entschlossen, trotz ihrer Angst vor Mr Vine, ihre Ansprüche durchzusetzen, und kehrt in den Laden zurück. Sie wiederholt ihre Forderung im Beisein einiger Kunden. Die Kunden geben Ruby recht und Mr Vine zahlt ihr die 10 Dollar aus.

Mr Vine verhält sich gegenüber Ruby und seinen Kunden unterschiedlich. Ruby gegenüber ist er unfreundlich. Er fragt noch nicht einmal nach ihrem Namen (Z. 5) und unterstellt ihr, sie würde nur Forderungen stellen, ohne dafür zu arbeiten (Z. 5/6). Er gibt ihr knappe Befehle und zeigt sich herrisch, indem er die Faust auf den Tisch haut. Rubys Anstrengung, den Boden gründlich zu reinigen, nimmt er nicht wahr, sondern erniedrigt sie, indem er ihr Nichtkönnen vorwirft (Z. 13/14). Er fühlt sich Ruby überlegen, scheitert aber bei dem Versuch, den Boden gründlicher zu reinigen als Ruby. Dies gibt er aber nicht zu, sondern befiehlt Ruby, nun das Klo zu putzen, obwohl diese Aufgabe nicht abgesprochen war. Er ignoriert sie möglichst bzw. weist sie schroff und respektlos an, entweder zu arbeiten oder zu gehen (Z. 33/34). Als Ruby sich entschließt, zurückzukehren und erneut das Geld zu fordern, das ihr zusteht, beleidigt er sie mehrfach („Verdammt nochmal ..." (Z. 56), „Verzieh dich" (Z. 61). Erst auf Druck seiner Kunden, die ihm wichtig sind, lenkt er wütend ein. Er händigt Ruby das Geld aber nicht aus, sondern knallt den Geldschein auf die Theke.

Im Gegensatz zu seinem Verhalten Ruby gegenüber scherzt und lacht Mr Vine mit seinen Kunden und unterhält sich angeregt mit ihnen (Z. 31/32, Z. 37/38). Einer seiner Kunden bezeichnet ihn sogar als „sympathisch" (Z. 40). Erst durch sein wechselvolles Verhalten den Kunden und Ruby gegenüber wird den Kunden klar, dass Mr Vine Ruby über den Tisch ziehen will, sodass der Fernfahrer den Supermarkt-Besitzer durch seine Größe so einschüchtert, das dieser nachgibt, um sein Gesicht zu wahren.

Während der Auseinandersetzung mit Mr Vine durchlebt Ruby mehrere Empfindungen. Zu Beginn ist sie enttäuscht, dass Mr Vine sie nicht einmal fragt, wie sie heißt. Nachdem sie gewissenhaft und fleißig den Boden geschrubbt hat, und dies von Mr Vine nicht gewürdigt wird, ist sie wütend (Z. 16/17). Als sie feststellt, dass ihr Arbeitgeber es selbst nicht besser kann, zeigt Ruby Schadenfreude (Z. 21/22). Aufgeregt gibt sie nicht klein bei und fordert das ihr zustehende Geld. Sie gibt trotzdem nicht auf und wartet darauf, ausgezahlt zu werden. Dabei ist ihr jedoch übel. Als sie merkt, dass sie bei Mr Vine keine Einsicht erreicht, läuft sie gedemütigt aus dem Laden, ist sehr aufgewühlt und den Tränen nahe (Z. 35 f.). Sie beschließt, zurückzukehren und zeigt sich angriffslustig, obwohl sie vor Anspannung zittert. Hartnäckig verlangt sie, bezahlt zu werden. Als Mr Vine am Ende das Geld auszahlt, ist sie erleichtert und dankbar den Kunden gegenüber, die ihr beigestanden haben (Z. 69). Rubys Ärger über Mr Vine zeigt sich deutlich an ihrer bildhaften Sprache. Sie bezeichnet ihn in Gedanken als „Griesgram" (Z. 22) oder „Ekel" (Z. 34). Die Darstellung des Geschehens aus Rubys Sicht veranschaulicht ihre Wut besonders gut. So werden ihre Gefühle sehr deutlich durch treffende Verben wie „ausflippen" (Z. 42), Redewendungen wie „die Fäuste ballen" (Z. 32/33) „über den Tisch ziehen" (Z. 41), „Rückgrat zeigen" (Z. 44) oder Metaphern wie „in den Bauch bohren". Ihre Wut und Energie zeigen sich ebenfalls durch umgangssprachliche Ausdrücke wie „echt" (Z. 36) oder „die Sauerei" (Z. 53), die ihre Gefühle anschaulich verstärken. Trotz ihres Ärgers über Mr Vine bleibt Ruby durchweg freundlich und wird ihm gegenüber nicht ausfallend. Sie verwendet das Wort „bitte" und redet ihn mehrfach mit seinem Namen an.

Der Aussage, dass man sich am ersten Tag eines neuen Jobs nicht so aufführen sollte, wie Ruby, stimme ich nicht zu. Ruby hat ihre Arbeit gewissenhaft erledigt und sich dabei sehr angestrengt (Z. 12 f.). Dass sie putzen kann, hat sie bewiesen, denn die Kundin, die wohl regelmäßig in den Laden kommt, hat sie gelobt (Z. 63). Ruby hat sich an die Absprachen bezüglich ihrer Arbeitszeit und Arbeitsaufgabe gehalten, im Gegensatz zu ihrem Arbeitgeber. Sie hat auch Selbstständigkeit gezeigt, indem sie für Ordnung gesorgt und Mopp und Eimer nach getaner Arbeit wieder weggeräumt hat. Im Gegensatz zu Mr Vine ist sie während des Konflikts immer höflich und respektvoll geblieben. Ich denke, sie kann stolz auf sich sein. Das heißt auch, dass jeder, der seine Arbeit gewissenhaft erfüllt, das Recht hat, dafür so bezahlt zu werden, wie es abgesprochen ist. Niemand sollte sich ausnutzen lassen. Wichtig erscheint mir aber, dass man seine Rechte angemessen vorträgt und nicht ausfallend oder beleidigend wird. Dies hat Ruby gut hinbekommen.

E 4 Original-Prüfung 2019: Aufgabentyp 4a: A. Gerrits: Glücksschimmer (selbstständiges Üben)

Seite 105
Mögliche Schülerlösung:
In dem Romanauszug „Glücksschimmer" von Angela Gerrits aus dem Jahr 2011 geht es um die Aufregung des Mädchens Ruth bei ihrer ersten Verabredung mit ihrem Schwarm Moritz in einem Café.

Ruth ist mit ihrem Klassenkameraden Moritz zu einem ersten Treffen in einem Eiscafé verabredet. Moritz sitzt schon an einem Tisch und trinkt einen Espresso, als Ruth erscheint. Sie freut sich, dass Moritz tatsächlich zu dem Treffen gekommen ist und setzt sich zu ihm an den Tisch. Während er sie beobachtet, überlegt sie, ob er sie wohl mag und dass er anders ist, als die Jungen, die sie kennt. Sie fragt sich, aus welchem Grund er sich wohl mit ihr verabreden wollte. Moritz erkundigt sich bei Ruth, warum sie morgens in der Schule gefehlt hat. Um nicht zugeben zu müssen, dass sie geschwänzt hat, deutet sie an, dass es ihr nicht gut gegangen sei. Danach unterhalten sie sich über die morgige Klassenfahrt. Als Moritz Ruth danach fragt, ob sie denn nichts bestellen möchte, wird sie unsicher, denn Moritz hat bereits seinen Espresso getrunken und keine weitere Lust auf ein Eis. Ruth überlegt, ob sie sich verspätet haben könnte, und schaut auf die Uhr. Daraufhin erkundigt sich Moritz, ob Ruth in Zeitnot sei. Diese Frage bewirkt bei Ruth, dass sie vorgibt, tatsächlich gehen zu müssen, denn sie denkt, Moritz sitzt nur noch aus Höflichkeit mit ihr zusammen. Obwohl sie viel lieber im Café bleiben würde, bricht sie das Treffen mit Moritz ab und ärgert sich über sich selbst.

Zu Beginn des Treffens mit Moritz ist Ruth voller Vorfreude und sehr aufgeregt. Erleichtert stellt sie fest, dass Moritz tatsächlich zu ihrer Verabredung gekommen ist. Diese Erleichterung zeigt sich auch darin, dass sie errötet, als sie Moritz erblickt. Gleichzeitig ist sie unsicher, wie Moritz ihr wohl begegnet. Daher betrachtet sie ihn sehr genau, um festzustellen, ob er sich auch freut, sie zu sehen (Z. 1ff.). Sie stuft Moritz als sehr erwachsen ein, da er sehr souverän im Café sitzt und bereits einen Espresso vor sich stehen hat. Er lächelt Ruth an und sie stellt fest, dass er sehr verlässlich ist (Z. 9). Sie nimmt seinen intensiven Blick und seine graugrünen Augen wahr, die sie mustern. Dabei fühlt sie sich allerdings nicht wohl (Z. 15 f.). Sie reagiert darauf, indem sie unsicher an sich herumzupft. Als Moritz Ruth auf ihr Fehlen in der Schule anspricht, bemerkt sie, dass er sich um sie Gedanken gemacht hat und besorgt ist (Z. 28). Moritz' Berliner Dialekt gefällt Ruth und dadurch fühlt sie sich mit ihm verbunden, denn auch er ist kein Einheimischer.

Ruths Verliebtheit in Moritz zeigt sich auch in der Verwendung der sprachlichen Mittel: Für sie steht er im Mittelpunkt. Das zeigt sich an der häufigen Verwendung des Personalpronomens „Er", sowohl als Anapher als auch innerhalb der Sätze. Alles, was Moritz tut oder wie er sich verhält, wird von Ruth durch kurze Sätze, Ellipsen, wiedergegeben. Sie wirken, wie Aufzählungen von Moritz Vorzügen. Ruths Reaktion auf Moritz wird auch durch eine Metapher („das Herz klopft bis in den Hals hinauf", Z. 13/14) sowie durch das „rot werden" (Z. 2) ausgedrückt. Dass Ruth verliebt ist, wird ebenfalls deutlich durch steigernde Verben: aus einem Lächeln (Z. 19) wird ein „Strahlen" (Z. 19/20).

Während Ruth und Moritz im Café aufeinandertreffen, entwickelt sich das Gespräch zwischen beiden langsam. Zunächst erfolgt lediglich eine sehr knappe Begrüßung durch Moritz. Er sagt lediglich „Hi" (Z. 4). Darauf reagiert Ruth jedoch nicht mit Worten, sondern setzt sich schweigend, aufgrund ihrer Nervosität, Moritz gegenüber. Moritz beginnt das Gespräch, indem er Ruth nach ihrem Fehlen in der Schule fragt. Er fragt zunächst sehr offen, wartet jedoch keine Antwort ab, sondern vermutet, dass sie krank gewesen sei und nennt seine Reaktion auf ihr Fehlen (Z. 26 f.). Auf Moritz Frage antwortet Ruth jedoch nicht eindeutig, sondern weicht ihm aus, um nicht wahrheitsgetreu antworten zu müssen. Um Moritz zum Bleiben zu bewegen, wechselt Ruth das Thema und fragt nach seiner Meinung zur Klassenfahrt. Obwohl Ruth anderer Meinung ist als Moritz, stimmt sie seiner Antwort zu (Z. 49). Auf Moritz Frage, ob sie nichts bestellen möchte, antwortet Ruth ausweichend mit einer Gegenfrage (Z. 53). Da Ruth das Verhalten von Moritz nicht klar deuten kann, ist sie unehrlich zu ihm, und behauptet, gehen zu müssen (Z. 67 f.). Dabei spricht sie den Satz nicht zu Ende. Eine Begründung fehlt. Daraufhin bricht das Gespräch ab und beide verlassen das Café.

<u>Text aus der Sicht von Moritz:</u>
Ruth hat sich echt komisch verhalten! Wieso verabredet sie sich mit mir, kommt ins Café und hat dann keine Zeit, um mit mir etwas zu trinken? Dabei dachte ich, sie freut sich, mich zu sehen! Es schien mir so, als wäre sie sogar etwas rot geworden, als sie auf mich zukam. Und sie hat mich angelächelt – nein – sie hat sogar gestrahlt! Ob ich sie mit meinem Blick und meinen Fragen nach ihrem Fehlen verunsichert habe? Ob sie mir nicht vertraut? Aber ich habe mir wirklich Sorgen um sie gemacht, als sie nicht zur Schule kam! Ob ich sie morgen noch einmal auf ihr Verhalten ansprechen soll? Ich mag sie doch und ich dachte, das hätte ich ihr auch gezeigt. Schließlich bin ich extra früh ins Café gekommen, weil ich es nicht erwarten konnte, sie zu sehen! Schade, dass sich unser Treffen dann so entwickelt hat! Ich hoffe, wir haben auf der Klassenfahrt Zeit, um uns näherzukommen!

E 5 Aufgabentyp 4a: Silbermond: B 96

Seite 108
Mögliche Schülerlösung:
In dem Songtext „B 96" der deutschen Musikgruppe Silbermond geht es um die Rückkehr des lyrischen Ichs in die Heimat, die irgendwo an der Bundesstraße 96 in Sachsen liegt und von der Person nur „Hinterwald" genannt wird. Bereits auf der Fahrt auf der Bundesstraße erinnert sich das lyrische Ich an vergangene Zeiten und es empfindet vertraute Gefühle. Aus den Hintergrundinformationen kann man entnehmen, dass es sich um den Ort Bautzen an der B 96 handelt.

Der Song beginnt mit der Beschreibung der Zeit und des Ortes im „Hinterwald". Es ist ein Morgen im Sommer oder Herbst. Das lyrische Ich sieht die Landschaft, hört die Naturgeräusche und verfällt in Träumerei und Erinnerungen. Die Zeit scheint nicht vorangeschritten zu sein, denn es gibt keine Veränderungen, sodass sich das lyrische Ich sofort wie Zuhause fühlt. Danach schildert es die Erinnerungen, die es hat. Es denkt an bestimmte Personen, seine Kindheit und die Art der Menschen. Auch diese Erinnerungen haben sich im Lauf der Zeit nicht verändert. Erneut empfindet es Heimatgefühle und fühlt sich wohl.

Als das lyrische Ich in seine Heimat zurückkehrt, beschreibt es zunächst die Landschaft (V. 1) und die Geräusche, die es wahrnimmt. Aufgrund der verwendeten Adjektive (V. 2: „Schüchtern und scheu"; V. 4: „Neblig und neu") lässt sich erschließen, dass es einerseits recht vorsichtig und unsicher, aber andererseits auch neugierig ist bezüglich der Dinge, die es vor Ort erwarten. Doch „es dauert nicht lang" (V. 9), bis es die Vertrautheit bemerkt und in Gedanken versinkt (V. 10). Im ersten Refrain (V. 12–18) wird deutlich, dass sich „im Hinterwald" (V. 16) zwar nichts weiterentwickelt oder verändert hat (V. 12) und dass die Menschen nicht mehr hoffnungsvoll (V. 14) und eher einsam (V. 15) sind, doch das lyrische Ich fühlt sich in der angetroffenen Idylle, die fern der Zivilisation mit ihrem Stress zu liegen scheint, wohl und geborgen, denn es äußert klar: „wo mein Zuhause ist." (V. 17). Die folgende Schlussfolgerung, mit der der Refrain endet (V. 18: „Schön wieder hier zu sein."), resultiert aus den positiven Gefühlen, die sich aus der Heimatverbundenheit ergeben und gleichzeitig Geborgenheit und Schutz bieten. Auch in der nächsten Strophe, in der die Erinnerungen konkretisiert werden, werden diese Emotionen deutlich, denn das lyrische Ich hat positive Erinnerungen an die Kindheit („Sachen von dir", V. 20). Vielleicht ist damit eine vertraute Person gemeint, ein Familienmitglied oder gar die erste Liebe. Es hat anscheinend einen Großteil der Kindheit („auch 'ne drei viertel Kindheit", V. 21) an diesem Ort verbracht. Gleichermaßen wirkt das „Licht überm Stammtisch" (V. 24) anheimelnd und vertraut. Auch die dort lebenden Menschen bleiben wie sie sind, indem sie übereinander reden (V. 25–28). Das lyrische Ich findet an diesem Ort alles genau so vor, wie es in seiner Kindheit gewesen ist. Zusammenfassend lässt sich daher schlussfolgern, dass der „Hinterwald" für das lyrische Ich gleichzusetzen ist mit Heimat. Und obwohl sich dort gar nichts verändert, also auch kein Fortschritt zu erkennen ist, fühlt es sich wohl und geborgen, was ihm gleichzeitig Vertrautheit und Schutz vermittelt. Somit ist die Beziehung zum Heimatort als positiv zu bezeichnen.

Der zweite Refrain (V. 30–37) stellt im Prinzip eine wörtliche Wiederholung des ersten (V. 12–18) dar, ist jedoch um den Vers „Erinnerungen holen mich ein" (V. 36) ergänzt worden. Aus dem inhaltlichen Kontext der Strophen wird klar, dass die Umgebung, die Geräusche, die Menschen und ihre Art und Weise des Umgangs miteinander sich gar nicht verändert haben. Daher hat das lyrische Ich sofort Erinnerungen an seine Kindheit, die zwar „verbeult und ramponiert" (V. 22) verlief, jedoch ergibt sich schnell eine Art Wiedererkennungseffekt, der es die oben dargestellte Vertrautheit empfinden lässt, die zu Ruhe und Harmonie führt. Es verbindet die „Erinnerungen" (V. 36) mit dem Gefühl von „Zuhause" (V. 35), Heimat und wirkt etwas nostalgisch.

Zwar wird durch den Titel „B 96" eine ungefähre regionale Angabe gemacht, denn bei dieser Straße handelt es sich um eine Bundesstraße, die im Osten Deutschlands von Sachsen in den Norden nach Mecklenburg-Vorpommern führt, doch im Grunde steht die Bezeichnung „Hinterwald" (z. B. V. 10) für alle kleineren Orte, in denen die Zeit stillzustehen scheint. Das ist daran zu erkennen, dass die Zeit- und Ortsangaben, die genannt werden, eher unbestimmt sind: „Über blassgelben Feldern" (V. 1), „ein taufrischer Morgen" (V. 3), „seit zwanzig Jahren" (V. 23) etc.). Auch die Alliterationen, die verwendet werden (V. 2: „Schüchtern und scheu", V. 4 „Neblig und neu") und der darin enthaltene Reim verstärken diesen Eindruck. Es gibt sicher viele Ort in Deutschland, auf die solche Beschreibungen zutreffen, denn immer, wenn Menschen die Heimat, in der sie groß geworden sind, verlassen, bleiben die Erinnerungen aus der Kindheit. Dass es sich um einen kleineren Ort handeln muss, in dem nicht viel passiert, wird durch die Wortwahl deutlich, denn durch die Verwendung von Adjektiven wird beispielsweise die vergangene Zeit hervorgehoben, zum Beispiel „das rostige Hoftor" (V. 5). Auch Metaphern zeigen, dass der Fortschritt in diesen Ort nicht Einzug gehalten hat: „Und die Welt steht still" (V. 12 und V. 30). Dadurch, dass diese Feststellung zu Beginn des Refrains und am Ende wiederholt wird, zeigt sich, dass gerade diese Tatsache für das lyrische Ich sehr wichtig zu sein scheint, denn so kann es in Erinnerungen schwelgen und positive Erlebnisse noch einmal erfahren. Die Bezeichnung „Hinterwald" an sich ist ebenso eine Metapher, denn damit verbindet der Leser/Hörer einen Ort, der sich nicht weiterentwickelt, an dem die Menschen sozusagen nicht mit der Zeit gehen. Aber genau das konserviert die Heimatgefühle des lyrischen Ichs und belebt sie wieder. Besonders die abschließende Aussage am Ende des Songtextes (V. 47–49: „Und das Herz/Schlägt ruhig/Hier im Hinterwald.") macht deutlich, dass das lyrische Ich hier Ruhe und Geborgenheit findet. Somit kann man festhalten, dass der „Hinterwald" in diesem Liedtext für viele kleine Orte steht, in denen Menschen aufgewachsen sind, die später aus beruflichen oder familiären Gründen an einen anderen Ort gezogen sind. Wenn sie aber heimkehren, kehren durch die Bilder, Gerüche, Menschen und auch Umstände schnell wieder die Gefühle zurück, die sie mit ihrer Heimat verbinden.

Ein Schüler sagt über den Songtext, dass das lyrische Ich sicher einen sehr stressigen Alltag habe, denn ansonsten würde es die Einsamkeit zu Hause nicht so suchen. Ich kann diese Einschätzung teilen, denn das lyrische Ich empfindet Ruhe und Geborgenheit, als es in den „Hinterwald" zurückkehrt. Es bezeichnet diesen Ort als „Zuhause" (V. 17) und empfindet Freude aufgrund der Heimkehr (V. 18). Besonders durch die abschließende Aussage im Lied wäre diese Vermutung zu belegen: „Und das Herz/Schlägt ruhig/Hier im Hinterwald." (V. 47–49). Andererseits könnte das lyrische Ich diesen Ort aber auch grundsätzlich als Heimat ansehen, die es immer wieder aufsucht, weil die Familie dort wohnt oder weil es sich gerne an vergangene Zeiten erinnert. Dies muss nicht unbedingt mit Stress zusammenhängen, sondern könnte viele Ursachen haben, zum Beispiel auch Konflikte oder den Wunsch, sich überhaupt erinnern zu wollen. Daher glaube ich, dass der besungene Ort einfach ein Ort ist, an dem sich das lyrische Ich wohlfühlt und in Erinnerungen verweilen kann.

Teil F Prüfungs-/Übungsaufgaben zum Themenbereich „Medien und mehr"

F Prüfungs-/Übungsaufgaben zum Themenbereich „Medien und mehr"

F 1 Leseverstehen: Sechstklässlerin verkauft sichere Passwörter (angeleitetes Üben)

Seite 112
① d) trifft zu.

② a) trifft zu.

③ 1 = b, 2 = a, 3 = c

④ c) trifft zu.

Seite 113
⑤ d) trifft zu.

⑥ d) trifft zu.

⑦ Mira Modis Mutter ist Journalistin und recherchierte für die Arbeit an ihrem Buch zum Thema „Privatsphäre im Internet". In diesem Zusammenhang begann Mira Modi Diceware-Passwörter zu erstellen. Diese verkaufte sie zunächst nur auf den Lesungen ihrer Mutter, später folgte die eigene Homepage.

⑧ b) trifft zu.

Seite 114
⑨ c) trifft zu.

⑩ c) trifft zu.

⑪ b) trifft zu.

⑫ Ich stimme dem Schüler zu, der sagt, dass Miras Geschäftsmodell Abzocke ist. Schließlich kann jeder sich mithilfe der Diceware-Methode selbst ein sicheres Passwort erzeugen. Man muss sich einfach nur ein bisschen Mühe geben und nicht eines der Standard-Passwörter verwenden, die leicht zu knacken sind, wie z. B. das eigene Geburtsdatum. Und schließlich gibt selbst Mira Modi zu, dass auch die von ihr erstellen Passwörter nicht hundertprozentig sicher sind. Dafür dann Geld zu verlangen finde ich nicht in Ordnung

F 2 Leseverstehen: Warum ich im Supermarkt auch ohne Payback-Karte ausgeforscht werde (selbstständiges Üben)

Seite 116
① b) trifft zu.

② c) trifft zu.

Seite 117
③ a) trifft zu.

④ c) trifft zu.

⑤ Werbebotschaften auf Bildschirmen werden auf die Kunden an der Kasse persönlich abgestimmt.

⑥ a) trifft zu.

⑦ a) trifft zu.

Seite 118
⑧ Das Smartphone sucht nach dem Sendemast in der Nähe und übermittelt die MAC-Adresse des Geräts an den WLAN-Sender. Dies hat zur Folge, dass der genaue Standort des Benutzers ermittelt werden kann.

⑨ d) trifft zu.

⑩ d) trifft zu.

⑪ d) trifft zu.

⑫ Ich stimme dem Schüler zu, der sagt dass ihm die WLAN-Funktion seines Handys zu wichtig sei, um sie abzuschalten und dem es nichts ausmacht, dass seine Daten gesammelt werden. Auch mir ist diese Funktion meines Handys wichtig und ich nutze öffentliche WLAN-Netze, um mein mobiles Datenvolumen zu schonen. Natürlich ist mir klar, dass ich dafür eine Preis zahle, indem ich sozusagen meine Daten verkaufe und Unternehmen mir auf dieser Grundlage personalisierte Werbung zukommen lassen können. Das heißt für mich aber noch lange nicht, dass ich dieser Werbung unkritisch gegenüber stehe und mich davon beeinflussen lasse. Und an manchen Stellen ist die personalisierte Werbung sogar ganz praktisch. Auch in meiner Familie nutzen wir Netflix, so wie der Autor des Textes. Auf Grundlage der Filme und Serien, die wir dort gesehen haben, haben wir schon viele spannende Empfehlungen für Filme bekommen, die wir sonst nie entdeckt hätten.

F 3 Aufgabentyp 4b: Dialekte (angeleitetes Üben)

Seite 122–124
1.–6. Lösungshilfen zu den Aufgaben befinden sich direkt im Arbeitsheft sowie in der nachfolgenden Musterlösung zur Schreibaufgabe.

Seite 124
7. Mögliche Schülerlösung:
Insgesamt liegen drei verschiedene Materialien vor. Der Sachtext „Immer mehr Menschen wollen ihren Dialekt loswerden" (M1) stammt aus der Augsburger Allgemeinen vom 02.05.2018. Hier werden Hindernisse für Dialektsprecher im Alltag dargestellt. Das Kreisdiagramm (M2) stellt die Ergebnisse einer Erhebung zur Frage „Sind Dialekt sprechende Schüler im Alltag benachteiligt?" dar. Der Sachtext „Dialekt fördert Intelligenz" (M3) ist ein Artikel von Julia Vogelmann, der 2016 in der Südwest Presse (Ulm) veröffentlicht wurde. Alle Materialien thematisieren die Vor- und Nachteile, die sich im Alltag für Dialektsprecher ergeben. Dazu werden unterschiedliche Gründe dafür genannt, warum Menschen sich einerseits ihren Dialekt abge-

wöhnen wollen und warum diese regionalen Sprachen auf der anderen Seite aber erhalten werden sollten.

In der Reportage „Immer mehr Menschen wollen ihren Dialekt loswerden" (M1) aus dem Jahre 2018 wird dargestellt, dass Mundart-Sprecher sich ihren Dialekt häufig abgewöhnen wollen. Einerseits seien Dialekte häufig unbeliebt. Sächsisch zum Beispiel löst häufig Antipathien aus. Auch könne der Dialekt von Nachteil sein, da viele glaubten, dass Menschen, die Hochdeutsch sprechen, kompetenter seien. Zudem könne man in den Fremdsprachen den Dialekt heraushören, was das Verständnis erschwert. In den Städten sei dabei das Hochdeutsche weiter verbreitet als auf dem Land. Kinder, die einen Dialekt beherrschen, sind vergleichbar mit mehrsprachig Aufgewachsenen. Sie haben einen größeren Wortschatz. Trotz dieses Vorteils werde der Dialekt in den Schulen nicht ausreichend gefördert. Zudem würden viele Kurse belegt, mithilfe derer sich die Sprecher ihren Dialekt abgewöhnen wollen. Dabei gehe es nicht darum, die Heimat zu verleugnen, sondern sich die Vorteile eines akzentfreien Hochdeutsch zunutze zu machen.

Das Kreisdiagramm (M2) bildet die Ergebnisse einer Erhebung zur Frage „Sind Dialekt sprechende Schüler im Alltag benachteiligt?", die der Bayerische Lehrer- und Lehrerinnenverband (BLLV) vorgenommen hat, ab. Dabei ergibt sich ein geteiltes Bild hinsichtlich der Meinung der Befragten. Etwa die Hälfte glaubt, dass Kinder mit Dialekt Nachteile im Alltag erfahren und daher auch Hochdeutsch beherrschen sollten: 5,1 % gaben an, dass Kinder „außerhalb ihres gewohnten Umfelds weniger akzeptiert werden" und 47,3 % glauben, dass dies zumindest möglich sein kann und Kinder „deshalb Dialekt und Hochdeutsch" gleichermaßen beherrschen sollten. Die andere Hälfte der Befragten meint, dass Dialekt sprechende Kinder nicht benachteiligt seien: 33,4 % sagten diesbezüglich: „Eher nicht. Man sollte sie ermuntern, Dialekt zu sprechen." 14,2 % forderten sogar: „Nein. Sie sollten sprechen dürfen, wie ihnen der Schnabel gewachsen ist."

Im Sachtext „Dialekt fördert Intelligenz", der 2016 von Julia Vogelmann (M3) verfasst wurde, werden dagegen eher Vorteile für Dialektsprecher dargestellt. Sie gibt an, dass Dialekt und Hochdeutsch nicht in Konkurrenz zueinander stehen müssten. Während vor etwa 50 Jahren Dialekt noch als Hindernis in der Bildung gesehen worden sei, weiß man heute, dass das nicht richtig sei, denn wer zwischen Dialekt und Hochsprache ohne Probleme wechseln kann, ist intelligenter. Man müsse den Dialekt wie eine Fremdsprache einstufen, mit eigener Struktur und Grammatik sowie eigenem Wortschatz. Dieser sei zudem vielseitiger als der des Hochdeutschen. Somit fördert der Dialekt eher die Sprachbegabung, als dass er sie bremst. Daher sei der Dialekt in den Unterrichtsplänen vieler Schulen verankert. Außerdem hätten viele Kinder dadurch Vorteile, denn sie könnten die mündliche Sprache einfacher in die schriftliche Form bringen und würden weniger Rechtschreibfehler machen. Zudem hätten sie einen variableren Ausdruck. Allerdings müsse dazu diese innere Mehrsprachigkeit auch in der Schule gefördert werden. Weitere Vorteile der Dialekte sind, dass diese Sprachen dazu führen, dass Menschen sich zugehörig fühlen und ein Heimatgefühl entwickeln. Sie finden schneller Freunde und sind geselliger. Daher ist Vogelmann abschließend der Meinung, dass Dialekte nicht aussterben würden, auch wenn sie vermehrt von der älteren Generation gesprochen würden. Alle Menschen profitierten von den Dialekten, da sie die deutsche Sprache vielseitiger machen würden.

Vergleicht man die in M1, M2 und M3 dargestellten Positionen bezüglich der Vor- und Nachteile für Dialektsprecher im Alltag, so ist festzustellen, dass insgesamt die Vorteile überwiegen. Es ist deutlich von Vorteil, wenn Jugendliche mehrere Sprachen beherrschen. So spricht auch Vogelmann von „innere[r] Mehrsprachigkeit" (M3, Z. 34) und benennt konkret, dass Dialekt in der Schule sprachliche Vorteile mit sich bringt: „erhebliches Maß an Intelligenz" (M3, Z. 9), Förderung der Sprachbegabung (M3, Z. 15), Mündliches in Schriftliches umwandeln (M3, Z. 25/26, bessere Rechtschreibung (M3, Z. 28/29), Ausdruck ist „facettenreicher und nuancierter" (M3, Z. 31, M1, Z. 26). Zudem fördert der Dialekt die Identitätsbildung und ist „identitätsstiftend" (M3, Z. 38) und man würde leichter Freunde finden. Aber auch in M1 wird darauf hingewiesen, dass Menschen manche Dialekte sympathisch finden (M1, Z. 4 – 7), was sich dann auch positiv auf ihre Sprecher auswirkt. Bezogen auf diese Gründe sind Dialektsprecher nicht benachteiligt, sondern profitieren eher von der weiteren Sprache, was auch im Kreisdiagramm M2 deutlich wird, denn 47, 6 % der Befragten glauben, dass Dialekt sprechende Kinder „nicht" oder „eher nicht" darunter leiden. Aber hier wird auch deutlich, dass 47,3 % der Befragten glauben, dass Kinder Dialekt und Hochsprache gleichermaßen lernen und beherrschen sollten, wenn sie im späteren Leben keine Nachteile erfahren möchten (vgl. M1, Z. 17/18; Z. 21 – 25). Und so wird in M3 festgestellt, dass gewährleistet sein muss, „dass die Schüler zwischen den verschiedenen Varianten und Stilebenen unterscheiden und sich angemessen in der jeweiligen Situation ausdrücken können" (M3, Z. 19 – 21). Der Vergleich zeigt also, dass Jugendliche im Alltag aufgrund ihres Dialekts nicht benachteiligt sind, wenn sie zwischen ihrem Dialekt und der Hochsprache situationsgerecht wechseln können.

Eine Schülerin meint, dass sie, wenn sie in einem überregional tätigen Unternehmen ein Vorstellungsgespräch in einem Dialekt führen würde, nicht eingestellt werden würde. Damit sagt sie aus, dass Dialektsprecher im Beruf deutlich mit Nachteilen zu rechnen hätten. Ich kann ihre Meinung teilen, denn manche Dialekte wirken auf den Zuhörenden unsympathisch, wie z. B. das Sächsische (M1, Z. 4 – 5). Hinzu kommt, dass das Verständnis erschwert sein könnte, wenn der Firmenvertreter den Dialekt nicht versteht. Auf der anderen Seite kann schnell Verbundenheit hergestellt werden, wenn der Firmenvertreter den gleichen Dialekt spricht (M3, Z. 38 – 40). Hier sollte man zunächst in Erfahrung bringen, wie der Gesprächspartner kommuniziert, so könnte man gegebenenfalls die Gesprächseröffnung im Dialekt bestreiten. In jedem Fall sollte man aber unter Beweis stellen, dass man auch Hochdeutsch gut beherrscht, denn ein Vorstellungsgespräch ist ja eine offizielle Gesprächssituation. Gerade wenn ein Unternehmen überregional tätig ist, ist es wichtig, dass man auch von jedem Kunden in allen Regionen etc. verstanden werden kann (M1, Z. 17 – 18).

F 4 Original-Prüfung 2019: Aufgabentyp 4b: Tastatur oder Stift? (selbstständiges Üben)

Seite 125

Mögliche Schülerlösung:
Das gemeinsame Thema der Materialien M1 – M3 besteht darin, dass im Zuge der rasanten Entwicklung der Verwendung von hauptsächlich digitalen Medien, wie Tablet und Smartphone zur Textproduktion, die Bedeutung der Schreibschrift bzw. Handschrift deutlich zurückgeht.

M1a, ein gekürzter Zeitungsartikel von Lara Malberger mit dem Titel „Wir verlernen das Schreiben mit der Hand" beschreibt, welche Bedeutung die Handschrift für die Menschheit als Kulturgut besitzt. Durch sie kann Wissen erhalten werden und wichtige Erkenntnisse über Jahrhunderte hinweg weitergegeben werden. Während früher Gegenstände wie Papier und Stift oder gar Steintafeln zum Schreiben benötigt wurden, kann heutzutage durch digitale Medien und die Möglichkeit zur Speicherung von Daten darauf verzichtet werden. Es erfolgt ein Wechsel von der Handschrift zum Tastaturschreiben.

M1b, mit dem Titel „Fit am Tablet, mies mit dem Füller" aus der Zeitschrift „Focus", greift die Problematik der verschwindenden Handschrift auf. 40 Prozent von 1.400 Befragten einer Umfrage zu der Frage, ob Kinder noch Schreibschrift lernen sollten, hielten es für wichtiger, zügig auf einer Tastatur schreiben zu können, als flüssig mit der Hand zu schreiben. Finnland gilt in diesem Zusammenhang als Vorreiter. Hier hat das Tastaturschreiben in der Schule bald Vorrang vor der Handschrift. Gleichzeitig ist an europäischen Schulen ganz allgemein eine zunehmende Verbreitung digitaler Medien zu beobachten.

M2, ein Zeitungstext von Matthias Kohlmaier mit dem Titel „Tastatur schlägt Stift – oder umgekehrt?" greift Finnland als Beispiel für einen veränderten Umgang mit der Schrift auf und erläutert, dass dort nur noch einfache Druckschrift vermittelt werden soll. Die so gewonnene Unterrichtszeit soll genutzt werden, um den Schülern das Tastaturschreiben beizubringen. Eine Erklärung dafür ist laut finnischem Bildungsministerium, dass die Schreibschrift durch das Verbinden der einzelnen Buchstaben zu schwierig für Schüler sei. Daher sollen die Schüler lernen, schnell und fehlerfrei auf der Tastatur zu schreiben, auch weil dies mit ihrem Alltag mittlerweile ohnehin viel besser in Verbindung zu bringen ist. Außerdem geht man für die Zukunft davon aus, dass für Notizen immer stärker auf digitale Medien zurückgegriffen wird und so handschriftliche Notizen kaum noch nötig sind. Konzentrieren will man sich daher künftig vor allem auf die Textinhalte und weniger auf die Schreibform.

Christoph Arens vertritt in M3, einem Zeitungstext mit dem Titel „Schreiben mit der Hand ist für das Gehirn wichtig", den Standpunkt, dass die Handschrift weiterhin eine große Alltagsbedeutung hat, weil sie schneller und persönlicher wirkt. Er befürchtet die Verdrängung der Handschrift durch die digitalen Medien. Bildungsforscher weisen daher darauf hin, dass es sich bei der Handschrift nicht nur um eine Kulturtechnik handelt, sondern dass diese wichtig für die Entwicklung des Denkens ist. Das Schreiben mit der Hand fördert demnach die Erinnerungsleistung und aktiviert das Gehirn.

Im Vergleich der Materialien M2 und M3 in Bezug auf Möglichkeiten und Grenzen der Handschrift und des Tastaturschreibens kann man feststellen, dass einerseits das Tastaturschreiben als moderne und wichtige Form des Schreibens, quasi als eine „moderne" Kulturtechnik, gilt und deshalb Vorrang vor der Handschrift haben sollte (M2), es in M3 jedoch darum geht, die Handschrift als „alte" Kulturtechnik zu erhalten.

In M2 wird darauf hingewiesen, dass die Handschrift als solche eine Quälerei für Schüler darstellt, im Gegenzug jedoch die Denkleistung fördert (M3).

Auch der Blick auf das Schreibprodukt wird unterschiedlich gesehen: In M2 heißt es, der Textinhalt stehe im Vordergrund und nicht die Schriftform, in M3 wird auf die persönliche Note der Handschrift verwiesen, etwa auf Grußkarten oder Beileidsschreiben.

Vergleicht man beide Materialien miteinander, kann man feststellen, dass die Autoren von M2 und M3 die Handschrift und das Tastaturschreiben unterschiedlich bewerten. So wird in M2 die Ansicht vertreten, dass durch die Nutzung digitaler Möglichkeiten auf die Handschrift verzichtet werden kann, während Christoph Arens in M3 deutlich die Unverzichtbarkeit der Handschrift im Alltag herausstellt.

Der Aussage der Schülerin, die sagt „Tastatur oder Stift – in der Schule sollte man sich aussuchen können, womit man schreibt", stimme ich nicht zu. Sicherlich kommt es dem einen oder anderen eher entgegen, mit der Tastatur bzw. dem Stift zu schreiben. Ich denke aber, dass alle Schülerinnen und Schüler beide Möglichkeiten beherrschen sollten, um sie je nach Anlass anwenden zu können. Wie in M3 geäußert, finde ich es viel liebevoller und persönlicher, wenn man handschriftliche Geburtstagskarten erhält. Das zeigt doch, dass der Absender sich Mühe gegeben hat. Oft sind SMS-Glückwünsche sehr beliebig und wenig individuell. Sogar die Emojis sind abrufbar.

Wenn man sich jedoch in der Schule aussuchen könnte, ob man mit dem Stift oder am Tablet oder Computer schreibt, ist meiner Meinung nach die Leistung nicht unbedingt vergleichbar. In einer Klassenarbeit zum Beispiel könnten Schüler auf das Rechtschreibprogramm zurückgreifen, während die Schüler, die mit dem Stift schreiben, Zeit im Umgang mit dem Wörterbuch aufbringen müssen. Ich denke auch, dass es wichtig ist, sich handschriftliche Notizen machen zu können. Das gelingt nur, wenn man auch sicher mit dem Stift schreiben kann. Besonderes Gewicht hat für mich die Erkenntnis, dass die Handschrift in Bezug auf die Erinnerungsleistung und das Denkvermögen von großer Bedeutung ist, wie es in M3 geschildert wird. Gerade für das Lernen in der Schule finde ich dies sehr entscheidend. Ich möchte auf keinen Fall auf meinen althergebrachten Spickzettel verzichten und bin froh, sowohl handschriftlich als auch per Tastatur schreiben zu können.

F 5 Aufgabentyp 4b: Das Smartphone – Unser ständiger Begleiter (selbstständiges Üben)

Seite 128
Mögliche Schülerlösung:

Alle Materialien beschäftigen sich damit, wie der Gebrauch des Smartphones unser tägliches Leben prägt und beeinflusst. Im Zeitungsartikel „Das Smartphone – Unser ständiger Begleiter" von Jana Krause, erschienen am 01.10.2017 in der Limberger Tageszeitung, wird allgemein darüber informiert, welche Rolle das Smartphone mittlerweile in unserem Leben spielt. Material 2 ist ein bitkom-Schaubild mit dem Titel „Smartphone als mobiler Alleskönner im Alltag". Es stellt dar, wie viel Prozent der Smartphone-Nutzer verschiedene Funktionen ihres Gerätes nutzen. Material 3 basiert auf einem Zeitungsartikel namens „Menschen, die auf Smartphones starren" von Helmut Hetzel. Der Text ist in der Hannoverschen Allgemeinen Zeitung vom 16.01.2016 erschienen und beschreibt, dass man täglich an Supermarktkassen, im Bus oder in der Schlange beim Bäcker beobachten kann, dass die Menschen nicht mehr einfach warten, bis sie bedient werden, sondern stattdessen nur noch mit ihrem Smartphone beschäftigt sind.

Material 1 macht deutlich, wie stark das Mobiltelefon unseren Alltag verändert hat. So gibt es in 99 Prozent aller deutschen Haushalte mittlerweile mindestens ein Smartphone. In der Altersgruppe der 12- bis 19-Jährigen besitzen ebenfalls 99 Prozent der Jugendlichen ein Smartphone. Die Möglichkeiten, diese Geräte zu nutzen, werden immer vielfältiger und komplexer. So ist ein Smartphone gleichzeitig Fotoapparat und Videokamera, Vokabeltrainer, ein Gerät zum Abspielen von Musik, ein Navi usw. Über ihr Mobiltelefon sind die Menschen heute ständig erreichbar und erwarten dies auch von ihren Mitmenschen. Trotzdem geht mehr als die Hälfte der Telefongespräche und Nachrichten über das Handy nur an durchschnittlich vier bis sechs Menschen, nämlich an die engsten Verwandten und Freunde. Forscher sehen in dieser Zahl den Beweis dafür, wie stark das Mobiltelefon zum festen Bestandteil der Privatsphäre geworden ist.

Auch Material 2 macht deutlich, welche tragende Rolle das Smartphone heutzutage im Leben der Menschen spielt. Schon der Titel des Schaubildes „Smartphone als mobiler Alleskönner im Alltag" zeigt, dass das Smartphone nicht mehr einfach nur ein Gerät ist, mit dem man unterwegs telefonieren kann. Das Smartphone bietet den Menschen noch viele weitere Funktionen, die ihnen den Alltag erleichtern sollen – und die sie auch gerne nutzen. So verwenden alle Smartphone-Besitzer, also 100 Prozent, ihr Smartphone zum Telefonieren. Knapp dahinter, mit 90 Prozent, folgt die Nutzung zum Fotografieren bzw. als Videokamera. Immerhin noch 79 Prozent nutzen ihr Smartphone als Suchmaschine, um damit im Internet bestimmte Informationen ausfindig zu machen. Um Musik zu hören, Nachrichten zu versenden und für die sozialen Netzwerke benutzen es noch knapp 70 Prozent aller Smartphone-Besitzer. Selbst als Navigationsgerät oder als Kartendienst wird das Smartphone noch von 64 Prozent aller Nutzer eingesetzt. Dass das Smartphone mittlerweile in jeder Lebenslage präsent ist, zeigt sich auch daran, dass mittlerweile sogar die Bankgeschäfte von gut der Hälfte der Nutzer über ihr Smartphone laufen (46 Prozent). Gut ein Viertel aller Nutzer nutzt das Smartphone sogar zum Dating, also um einen Partner oder eine Partnerin kennenzulernen! Material 2 macht somit sehr deutlich, dass sich mit steigender Anzahl der genutzen Funktionen auch die Rolle des Smartphones ändert. Es wird ein immer wichtigerer Teil unseres Alltags, ohne den man sich das Leben kaum noch vorstellen kann.

Material 3 beschreibt, wie sich viele Handy-Nutzer täglich an Supermarktkassen, im Bus, in der Schlange beim Bäcker oder im Restaurant verhalten. Sie warten nicht einfach nur, bis sie an der Reihe sind, sondern sind stattdessen nur noch mit ihrem Smartphone beschäftigt. Deshalb hat nun ein Bäcker seinen Kunden in der Warteschlange verboten, das Handy zu nutzen. Er findet, es sei unhöflich und beleidigend für das Personal (Z. 9–10). Er ist nicht der Einzige, den dieses Verhalten stört. In bestimmten Restaurants werden Gäste nicht mehr bedient, die mit ihrem Smartphone am Tisch telefonieren, weil andere Gäste nicht gestört werden sollen (Z. 15–18).

Alle drei Materialien verdeutlichen, dass das Handy bzw. Smartphone heute eine zentrale Bedeutung für unser Leben hat. M1 wägt dabei recht sachlich die Vor- und Nachteile des Smartphones gegeneinander ab. Als deutliche Vorteile werden dabei die immer vielfältiger werdenden Nutzungsmöglichkeiten genannt. Die Aussagen und Beispiele der positiven Nutzung, z.B. Posten in sozialen Netzwerken, vielfältige Kamerafunktionen oder um Musik zu hören (Z. 9–12), werden anhand der Aussagen von M2 durch entsprechende Prozentzahlen belegt. Als deutlicher Vorteil wird in M1 (Z. 21–24) der kommunikative Aspekt des Smartphones, wie das Verschicken von netten SMS oder fröhlich machenden Videos, genannt.

Deutlich negativer wird die Handy-Nutzung in M3 gesehen. Hier werden vor allem die Nachteile des Smartphones genannt. Anhand konkreter Alltagsbeispiele wird aufgezeigt, dass die Verwendung des Handys eher die Kommunikation mit den Menschen, die unmittelbar um den Nutzer herum agieren, hemmt. So werden Verkäufer beispielsweise von den telefonierenden oder surfenden Kunden ignoriert (Z. 8–10). Auch in M1 werden Nachteile des Handy-Gebrauchs genannt. So bewirkt die starke Handy-Verbreitung, dass es für die überwiegende Anzahl der Smartphone-Nutzer selbstverständlich ist, ständig erreichbar zu sein und dass dies auch von den Mitmenschen erwartet wird (Z. 5–7, Z. 13–14). Somit kann die ständige Verwendung des Handys zu einer starken Beeinträchtigung der Privatsphäre führen.

Der Aussage des Schülers, dass er nicht mehr in ein Restaurant gehen würde, in dem ein Handy-Verbot herrscht, stimme ich nicht zu. Ich möchte in einem Restaurant in Ruhe essen und mich unterhalten, denn das ist für mich Entspannung. Deshalb würde es mich sehr stören, wenn ich die Telefongespräche der Leute am Nachbartisch mitverfolgen müsste. Daher kann ich die Aktion des Restaurantbesitzers, wie sie in M3, Z. 15–19 beschrieben ist, gut verstehen. Ich denke auch, dass man als Smartphone-Besitzer nicht überall erreichbar sein muss. Deshalb schalte ich mein Handy auf lautlos, wenn ich in einem Restaurant esse. Das erwarte ich auch von anderen Gästen. Falls dann tatsächlich mal ein wirklich wichtiger Anruf käme, stört der Klingelton niemanden und ich könnte außerhalb des Restaurants telefonieren, ohne jemanden zu belästigen.

Schreibplan zu Kapitel C 1.5
Seite 32/33
5.–10.

Aufgabe Material	❶ a) Überschrift	❶ b) Mirjam Pressler vorstellen	❶ c) Themen ihrer Bücher	❶ d) Verknüpfung ihrer Lebenserfahrung mit der Welt ihrer Figuren	❶ e) Wieso Kinder-/ Jugendbücher?	Daran muss ich denken:
M 1	---	– 1940 in Darmstadt geboren – unterschiedliche Jobs – 1 Jahr Aufenthalt in Kibbuz in Israel – viele Auszeichnungen (Literaturpreise, Bundesverdienstkreuz) – mehr als 30 veröffentlichte Bücher – lebt heute in Bayern	---	– uneheliches Kind einer jüdischen Mutter – wuchs in Pflegefamilie und Kinderheim auf	---	– Material sichten – Informationen zu den Teilaufgaben markieren – Randbemerkungen – Stichworte aus den Materialien in den Schreibplan übertragen – verwendete Materialien notieren
M 2	---	– aufgewachsen in Pflegefamilie und Kinderheim	– Themen: Kinder ohne Eltern, Kinder mit Behinderungen, keine heile Welt (Stichwort: beschädigte Kindheit)	– wuchs in Pflegefamilie und Kinderheim auf – Geschichten waren für Pressler als Kind sehr wichtig (konnte oft nicht einschlafen) – Geschichten gegen die Langeweile (Stichwort „Tagträumerin")	– keine heile Welt = Situationen die Kinder nicht ändern können – Kinder sollen durch ihre Geschichten lernen, dass sie keine Schuld an den Umständen tragen, unter denen sie leben – will Kindern den Mut geben, über ihre Situation zu sprechen, ihnen so die Scham nehmen und sie entlasten	
M 3	---	---	– Heimkind Halinka	– Figur Halinka erinnert an Pressler als Kind: lebt im Heim, denkt sich Geschichten aus	---	
M 4	---	– mit mehr als 30 veröffentlichten Büchern eine der erfolgreichsten Kinder- und Jugendbuchautorinnen in D. – vielfach ausgezeichnet, auch für ihre Übersetzungen	– Geschichten von Außenseitern (übergewichtige oder behinderte Kinder, Schulversager, Heimkinder)	---	– zeigt Einfühlungsvermögen in die komplizierte Seelenlage von Kindern	
M 5	---	---	– Helden ihrer Bücher sind Außenseiter – Geschichten kompromisslos und realistisch – Geschichten gehen nicht immer gut aus	---	– will Kinder mit ihren Schwierigkeiten ernst nehmen – will sie zu stabilen Persönlichkeiten machen	

Schreibplan zu Kapitel C 2.6

Seite 44 – 47
6. – 12.

Teilaufgaben	Stichworte zur Bearbeitung
❶ a) Einleitung: TATTE-Satz	– <u>Titel</u>: Der Freund – <u>Autorin</u>: Gina Ruck-Pauquèt – <u>Textart</u>: kurze Erzählung (epischer Text) – <u>Thema</u>: freundschaftliche Beziehung von zwei Jugendlichen mit unterschiedlichen Wertvorstellungen und Lebensweisen, die aufgrund von Enttäuschungen des Mädchens durch den Jungen endet – <u>Erscheinungsjahr</u>: 1987
❶ b) Inhalt zusammenfassen	– Therese und Bull sind befreundet, obwohl sie unterschiedlich sind: Therese kommt aus behüteten Verhältnissen, während Bull mit seinen 14 Jahren noch nicht einmal mehr die Schule besucht und auch nicht das tut, was Erwachsene von ihm erwarten würden; ebenso arbeitet er nicht – Therese bringt ihrem Vater häufiger Essen in die Gärtnerei; ihr Vater ist nicht gesprächig, kümmert sich nicht weiter um sie – dort trifft sie Bull zum ersten Mal; er liegt im Gras und spielt Mundharmonika; er erzählt, dass er aus einer schlechten Gegend kommt – sie treffen sich fortan jeden Tag und vertreiben sich die Zeit mit Spielereien; Therese genießt die lustige Zeit mit Bull, obwohl sie vermutet, dass er stiehlt – in der Schule wird ein gelber Wollschal gestohlen; Therese stellt Bull wegen des Schals zur Rede, doch er leugnet die Tat und lacht sie aus; sie zweifelt daraufhin, muss sich aber anstrengen, lustig zu wirken – Tage später fehlt in der Schule eine dicke Winterjacke; Therese ahnt, wer sie gestohlen hat – als sie zur Gärtnerei kommt, sieht sie Bull in der Jacke und fordert ihn auf, diese herauszugeben; er reagiert schroff und glaubt nicht, dass sie ihn verrät – Therese verfällt in einen inneren Konflikt und überlegt sich in Gedanken Entschuldigungen für Bulls Tat; schließlich fasst sie einen Entschluss: Sie fährt zur Lehrerin, um ihr die Wahrheit zu sagen
❶ c) Darstellung der Art der Beziehung zwischen Therese und Bull (das Besondere)	– im ersten Absatz wird erzählt, dass Therese keine Schulfreunde hat (Z. 4 – 7); auch zu ihrem Vater scheint sie kein inniges Verhältnis zu haben (Z. 37 – 38, Z. 45 – 47), obwohl sie ihm oft das Essen in die Gärtnerei bringt (Z. 29 – 31) – dabei lernt sie Bull kennen, der dort einfach im Gras herumliegt (Z. 28 – 29); Bull genießt das Leben, er ist unkompliziert (Z. 48 – 56) → die Beziehung ist für Therese besonders, weil Bull einfach in den Tag hineinlebt; seine Lebensweise unterscheidet sich sehr von der Thereses (Z. 7 – 11, Z. 23 – 27), die mit ihren Eltern eher konservativ und traditionell lebt, während Bull das macht, was ihm Spaß macht; er kennt allerdings auch keine Regeln – das Besondere an der Beziehung ist, dass sie sich gut verstehen und miteinander Spaß haben können, z. B. Mundharmonika spielen, Sonnenblumenkerne weitspucken oder Seifenblasen pusten (Z. 72 – 81, 93 – 95) → „Mit Bull war alles anders, leichter, fröhlicher." (Z. 98 – 100)
❶ d) Erklärung dazu, warum Therese zu Hause nichts von Bull erzählt	– Thereses Mutter bezeichnet die Häuser am Stadtrand als „Silos" (Z. 68) – sie meint, dass in den „Wohnmaschinen" (Z. 69) nur „Gesindel" (Z. 71) leben würde → somit wertet sie gleichzeitig Bull als Person ab, denn der ist in dieser Siedlung zu Hause – Therese weiß auch, dass die Eltern die Lebensweise Bulls nicht gutheißen würden („Seifenblasenfabrikant", Z. 93 – 94), denn sie selber arbeiten den ganzen Tag (Z. 33 – 36) und erziehen Therese nach den gängigen Werten und Normen der Gesellschaft; ihnen ist Ehrlichkeit wichtig, und das merkt man später an Thereses Handeln (Z. 199 – 203) – Therese glaubt, dass die Eltern nicht verstehen würden, warum sie sich so gut mit Bull versteht (Z. 101 – 103); deshalb erzählt sie zu Hause nichts von ihm; sie würden den Umgang mit ihm vermutlich nicht gutheißen – zudem vermutet Therese auch, dass Bull die Sonnenblumenkerne aus der Gärtnerei ihres Vaters gestohlen hat (Z. 84 – 88)

❶ e) Erläuterung dazu, warum die Freundschaft Therese in einen inneren Konflikt stürzt + Untersuchung der formalen und sprachlichen Gestaltung (Erzählform und -verhalten, Satzbau) + Textbelege	– Bull kann nicht damit aufhören, zu stehlen; er besorgt sich die Dinge, die er im Leben braucht, einfach ohne zu fragen und ohne dafür Geld zu bezahlen; er bestiehlt ihren Vater und ihre Klassenkameraden (Z. 84–88: Sonnenblumenkerne, Z. 112–116: gelber Wollschal, Z. 158–161: dicker, grauer Janker) – das ärgert Therese maßlos und sie wünscht sich zu Beginn noch, dass sie Unrecht mit ihren Vermutungen hat – sie erkennt, dass Bull unehrlich ist und stiehlt, während sie selber eher offen und ehrlich ist; daher spricht sie den Diebstahl des gelben Wollschals in der Schule in seiner Gegenwart an (Z. 120–123), doch Bull grinst nur und sagt gar nichts dazu (Z. 126–127); daraus zieht sie ihre Schlussfolgerungen → sie verurteilt sein Handeln: „Das war gemein von dir!" (Z. 119–120) – nach dem dritten Diebstahl wird Therese richtig wütend (Z. 174–182), denn Bull meint, das gehe sie nichts an (Z. 178); nach ihrer Drohung, etwas zu sagen, macht er sich sogar über sie lustig („"Das machst du nie!" Bull lachte.", Z. 178–181); sie zählt bis drei (Z. 181); und da sie ein konsequenter Mensch ist, fährt sie weg – genau diese Konsequenz stürzt sie in einen inneren Konflikt, denn sie mag Bull eigentlich, doch durch die Er-/Sie-Erzählform mit personalem Erzählverhalten werden auch die Gedanken Thereses deutlich: als Aufzählung von Nebensätzen (Z. 185–188); sie sucht zunächst nach Entschuldigungen für sein schlechtes Verhalten; dann reagiert sie vernünftig, denn ihr ist klar, dass Bulls Verhalten nicht zu tolerieren ist (Z. 190–193): „Dass er es trotzdem nicht durfte. Weil kein Mensch das Recht hat, einem anderen etwas wegzunehmen." → Erzählform und -verhalten sorgen dafür, dass der Leser Thereses inneren Zwiespalt und ihren Entschluss, der Lehrerin am Ende die Wahrheit zu sagen (Z. 194–203), nachvollziehen kann; gleichermaßen lassen die kurzen Dialoge mit Bull Rückschlüsse auf dessen Charakter zu
❶ f) Text aus der Sicht Thereses verfassen	Text aus der Sicht Thereses in der Ich-Form verfassen, dabei folgende Inhalte berücksichtigen: <u>1. erläutern, warum Therese (=ich) Bull zunächst interessant findet</u> – Bull ist und lebt so ganz anders als ich, deswegen fand ich ihn gleich interessant – er geht nicht mehr in die Schule und macht nur das, worauf er Lust hat – er interessiert sich für mich und ich kann mit ihm lachen und Blödsinn machen, ich verbringe gerne Zeit mit Bull, denn mit ihm ist alles leichter und fröhlicher – seit ich Bull kennen gelernt habe, bin ich endlich nicht mehr so alllein <u>2. erläutern, wie Therese (=ich) auf Bulls Lügen reagiert</u> – der erste Verdacht, dass Bull stiehlt, kam mir, als ich ihn in der Schule gesehen hatte; danach fehlte ein Schal – nachdem ich ihn zur Rede gestellt hatte, grinste er nur – und ich wusste, dass er mich anlog, als er sagte, er würde nicht stehlen – ich war verzweifelt, schließlich ist Bull mein Freund, trotzdem hat er nicht das Recht andere Menschen zu bestehlen. – dann fehlte auch Jochens Wolljanker – und nachmittags hatte Bull genau diesen den Janker an; nachdem ich ihm auf den Kopf zugesagt habe, dass er den Janker gestohlen hat und Bull wieder abweisend reagierte, wurde es mir zu viel und ich habe beschlossen, Bull meiner Lehrerin zu melden <u>3. erläutern, wieso Therese (=ich) während des Besuchs bei ihrer Lehrerin traurig ist</u> – ich wusste, dass Bull das Gefühl haben würde, dass ich ihn verraten habe – mir war klar, dass unsere Freundschaft vorbei ist und ich wieder allein sein würde – es hat mich sehr bedrückt, dass Bull nicht ehrlich zu mir war, eben weil ich dachte wir seien Freunde; er hätte mir doch sagen können, dass er Hilfe braucht, dann hätte ich ihm auf ehrliche Weise Winterkleidung besorgt

25

Schreibplan zu Kapitel C 2.7

Seite 51 – 53
6. – 11.

Teilaufgaben	Stichworte zur Bearbeitung
❶ a) Einleitung: TATTE-Satz	– <u>Titel</u>: Wolke 4 – <u>Autor</u>: Philipp Dittberner & Marv – <u>Textart</u>: Liedtext (lyrischer Text) – <u>Thema</u>: Beziehung zwischen 2 Partnern – <u>Erscheinungsjahr</u>: 2015
❶ b) Inhalt zusammenfassen	– das lyrische Ich schildert, wie es seine jetzige Beziehung einschätzt – vergleicht den Beziehungszustand mit der Wolke 4 und 7 – nennt Beispiele aus dem jetzigen Beziehungsalltag (=Wolke 4) – äußert den Wunsch, auf Wolke 4 zu bleiben
❶ c) Einstellung zur Beziehung darstellen/Unterschied „Wolke 4/Wolke 7" erläutern	– das lyrische Ich vergleicht die Beziehung mit der Stufe „Wolke 4" (V. 1) – erklärt den Unterschied zur Stufe „Wolke 7" (man fällt nicht so tief (V. 3), „Wolke 7" = frühere Beziehung – das lyrische Ich bittet darum, die derzeitige Stufe der Beziehung (Wolke 4) beizubehalten. – war schon auf einer höheren Beziehungsstufe (Wolke 7), hat dort schlechte Erfahrungen gemacht – ist lieber auf Stufe der Wolke 4 als ohne Partnerin bzw. Partner (V. 4) Strophe 2: – schildert Alltag (nichts Großartiges passiert, nur Kleinigkeiten (V. 5/6) – sieht nicht die Wirklichkeit („maskiert", V. 5) Strophe 4: – geht auf Wolke 7 ein: hat nicht in Zukunft geguckt (V. 13), ist dann sehr verletzt worden (V. 14) = Liebeskummer – seine Tage sind für ihn dunkel (V. 15) = Alltag = Wolke 4, auch Lächeln der neuen Partnerin tröstet nicht (V. 16), ist aber beständig
❶ d) Einstellung mithilfe von sprachlichen Mitteln erklären	– Lyrisches Ich hat schlechte Erfahrungen auf Wolke 7 gemacht (V. 3), ihm reicht „Wolke 4" (V. 1) = höflicher Imperativ: bittet darum, bleiben zu können – Vergleich: gibt sich mit weniger zufrieden (V. 4: „Lieber … als…) – Vorstellungskraft durch Redensart „auf Wolke 7 schweben" wird aktiviert (V. 2) – Wirklichkeit trägt Maske (V. 7) = lyrisches Ich verdrängt die Wirklichkeit, will sie nicht sehen – sachliche Sprache („gut zu wissen", „funktioniert") – lyrisches Ich hat großen Liebeskummer(= Herz wurde zerbombt" = es wurde zerstört, nicht nur verletzt) – „Lächeln" = „kleine" Freude im Gegensatz zu „Lachen", Zeichen für Wolke 4
❶ e) Stellungnahme zur Aussage der Schülerin	Ich stimme zu: – ist nicht die große Liebe – lyrisches Ich gibt sich mit weniger zufrieden – Verhalten des lyrischen Ich ist unfair gegenüber dem neuen Partner bzw. der neuen Partnerin

Schreibplan zu Kapitel C 3.5

Seite 63 – 65
7. – 12.

Teilaufgaben	M 1	M 2	M 3
❶ a) TATTE-Satz = Vorstellen der Materialien/	Titel: **Computerspiele** als Chance Autor: Harald Stöveken, unter Verwendung verschiedener Materialien Textart: informierender Text Erscheinungsjahr: 2016	Titel: Sind sechs Stunden täglich zu viel? Autor: erschienen im Neustädter Tageblatt Textart: Interview Erscheinungsjahr: 2016	Titel: **Spieldauer** von Jugendlichen **am Computer** Autor: Erhebung der Hauptschule Immerfeldt Textart: Diagramm Erscheinungsjahr: –
Benennen des gemeinsamen Themas	Computerspiele		
❶ b) erklären, wieso der Verfasser von M1 Computerspiele als Chance bezeichnet	– Computerspiele ermöglichen das Lernen, sind Lernspiele und Lernhilfe – fördern Kompetenzen in 5 Bereichen: Sensomotorik, kognitive Kompetenz, Medienkompetenz, soziale Kompetenz, persönlichkeitsbezogene Kompetenzen – dahinter stehen Fähigkeiten, die im Berufsleben des 21. Jh. dringend benötigt werden (→ logisches Denken, Konzentrations- und Planungsfähigkeit, Umgang mit Computersoftware, Teamfähigkeit, usw.)		
❶ c) wesentliche Aussagen von M2 und M3 erläutern		Ein Medienforscher sagt: – zur Feststellung einer Sucht nach Computerspielen sind mehrere Anzeichen über einen längeren Zeitraum notwendig (→ Steigerung der Spielzeit, oft trotz Verbot, Verheimlichen des Spielkonsums, Vernachlässigen der Freunde und bisheriger Interessen/Hobbies, schulische Auffälligkeiten) – übermäßiges Spielen führt zu lästigen Nebenwirkungen – die Auswirkungen von Computerspielen mit gewalttätigen Inhalten sind umstritten – Spiele allein rufen keine Gewalttaten hervor, können aber eine deutlich aggressionsfördernde Wirkung haben	– Spieldauer von Jugendlichen am Computer, pro Woche – Jungen vs. Mädchen – 0 – 2 Std: Jungen ca. 30%, Mädchen ca. 80 % – 3 – 6 Std. in der Woche: Jungen ca. 22 %, Mädchen ca. 9 % – 7 – 14 Std. in der Woche: Jungen ca. 20 %, Mädchen ca. 9 % – mehr als 14 Std. in der Woche: Jungen ca. 30 %, Mädchen ca. 5 % Fazit: Jungen spielen weitaus länger als Mädchen, gut 70 % der befragten Jungen spielen 3 Std. in der Woche und mehr; gut ein Drittel der befragten Jungen spielt sogar mehr als 14 Std. in der Woche!

❶ d) M1 mit M2 und M3 vergleichen: erläutern, ob Computerspiele wirklich eine Chance darstellen, dabei die Spieldauer und das unterschiedliche Spielverhalten von Jungen und Mädchen berücksichtigen	**M1 nennt nur positive Auswirkungen von Computerspielen und bezeichnet sie deshalb als Chance:** – fördern Kompetenzen in fünf Bereichen: Sensomotorik (z. B. in der Auge-Hand-Koordination), kognitive Kompetenzen (z. B. im logischen Denken), Medienkompetenz (z. B. im Umgang mit Computersoftware), soziale Kompetenz (z. B. Teamfähigkeit durch das Spiel in der Gruppe), persönlichkeitsbezogene Kompetenzen (z. B. im Umgang mit Erfolg und Misserfolg) → diese Fähigkeiten werden im Berufsleben des 21. Jahrhunderts unbedingt benötigt → Text geht in keiner Weise auf Nachteile ein, die das Spielen von Computerspielen mit sich bringt **M2 behandelt das Thema kritischer und macht deutlich, dass Computerspiele nur unter bestimmten Bedingungen eine Chance darstellen:** – informiert detailliert über bestimmte negative Auswirkung von Computerspielen (Sucht, gesundheitliche Probleme durch übermäßiges Spielen, aggressionsfördernde Wirkung von Spielen mit gewalttätigen Inhalten) → M2 zeichnet ein ganz anderes, viel kritischeres Bild als M1; es wird deutlich: Computerspiele stellen nur dann eine Chance für die Spielenden dar, wenn sie in Maßen gespielt werden **M3 nennt keine Vor- und Nachteile von Computerspielen, sondern informiert allgemein über die Spieldauer von Jugendlichen am Computer:** – macht deutlich, dass es unter den Jugendlichen durchaus eine nennenswerte Zahl an Vielspielern gibt, insbesondere unter den Jungen → M3 unterstreicht die Aussagen aus M2, indem es deutlich macht, dass das übermäßige Spielen am Computer und die damit verbundenen Probleme realistische Gefahren sind und Computerspiele deshalb insbesondere für Jungen nicht von vornherein eine Chance darstellen, sondern auch ein bestimmtes Gefahrenpotential bergen			
❶ e) Stellungnahme zur Aussage des Medienforschers + Begründung (→ kein Verkauf von Computerspielen mit aggressiven Inhalten an Jugendliche unter 18, damit diese nicht süchtig oder sozial auffällig werden)			– kein sicherer Nachweis, dass sich Computerspiele mit gewalttätigem Inhalt negativ auf die Spielenden auswirken – können aber zu verringertem Mitleidsgefühl und Abstumpfen gegenüber Gewalt führen → aggressionsfördernde Wirkung – viele jugendliche Amokläufer haben harte Ballerspiele gespielt	– Zahlen aus Diagramm weisen darauf hin, dass insbesondere bei Jungen Suchtgefahr bestehen könnte